Time Is Running Out

Reinhard Bonnke, Time Is Runnig Out
Previously published by Regal Books,
A division of Gospel Light, Ventura, California, U.S.A. as
ISBN 0-8307-2466-4

Time Is Running Out
Korean Translation copyright 2007 Seorosarang Publishing

E-R Productions Pte Ltd
All rights reserved. No part of this publication may be reproduced or transmitted in any form or by any means, electronic or mechanical including photo-copying, recording, or any information storage and retrieval system, without permission, in writing, from the marketing companies.

E-R Productions Pte Ltd
451 Joo Chiat Road #03-05,
Singapore 427664 : For further information of the world-wide ministry of Christ for All nations, or for details of other publications,
please contact E-R Productions Pte Ltd at sea@e-r-productions.com.

//www.w3.org/2001/XMLSchema-instance"

11시 59분
시간이 다가오고 있다

라인하르트 본케 지음 / 이혜림 옮김

서로사랑

11시 59분 시간이 다가오고 있다

1판 1쇄 발행 | 2007. 6. 21
1판 2쇄 발행 | 2007. 7. 25

지은이 _ 라인하르트 본케
옮긴이 _ 이혜림
펴낸이 _ 이상준
펴낸곳 _ 서로사랑(알파코리아 출판 사역기관)

편집 _ 김복희, 박미선, 안현숙
이메일 _ publication@alphakorea.org
영업 _ 김관영
컨퍼런스 _ 이정자, 정낙규
행정 _ 한대훈, 박미경, 김희정
사역 _ 윤종화, 김윤관, 이진경, 엄지일

등록번호 _ 제 21-657-1
등록일자 _ 1994. 10. 31
주소 _ 서울시 서초구 방배동 918-3 완원빌딩
전화 _ (02)586-9211~4
팩스 _ (02)586-9215
홈페이지 _ http://www.alphakorea.org

* 이 책은 서로사랑이 저작권자와의 계약에 따라 발행한 것이므로
  본사의 허락 없이는 어떠한 형태나 수단으로도 이 책의 내용을 이용하지 못합니다.
* 잘못된 책은 바꿔 드립니다.
* 가격은 뒷표지에 있습니다.

차례

서문 7
들어가면서 – 문제는 시간이다 9

1장 꺼림칙한 전도자 21
2장 전도와 세상 46
3장 주인에게서 배우라 73
4장 믿음과 전도 97
5장 기적의 그리스도를 전파하라 124
6장 선교를 위한 기름부음 151
7장 전도의 청사진 164
8장 사도행전의 행함 187
9장 평범한 사람의 비범한 메시지 210
10장 복음과 죄 244
11장 복음서의 전도 259
12장 사도 바울의 전도 288
13장 전도와 영성 309
14장 정치·사회적 공의를 외치는 사회에 선포하는 심판의 메시지 338

각주 365

서문

1996년 11월, 리젠트 신학대학은 독일 출신의 전도자 라인하르트 본케를 캠퍼스로 초청해 세계 복음 전도에 대한 강의를 듣는 특권을 누렸다. 우리는 지난 10년간 탁월한 사역을 펼친 헌신된 복음 전도자로서 그가 바라보는 세계 전도에 대해 강의를 해 줄 것을 요청했다.

본케가 이 역사적인 강의를 위해 도착했을 때 캠퍼스는 기대감으로 들떴다. 개교 이래 가장 많은 수의 학생들이 감동과 영감으로 가득 찬 본케의 강의를 듣기 위해 로버트슨 홀 무트 코트에 모였다. 본케는 하루 종일 강의를 하고 난 후에도 저녁이면 사람들이 발 디딜 틈 없이 빽빽하게 들어찬 파크웨이 템플 교회에서 말씀을 전했다.

마침내 그 역사적인 강의를 책으로 펴낼 수 있게 됐다. 이 책은 이 시대에 예수 그리스도를 위해 영혼들에게 다가가고자 하는 사람, 라인하르트 본케의 성경적 비전의 집대성이다. 본케는 전도의 최전방에서 일하고 있다. 본케가 인도한 한 아프리카 전도 집회에는 한 번에 160만 명의 인파가 운집하기도 했다. 기사와 이적이 따르는 그의 복음 전파는 세계를 놀라게 하고 있다. 그리고 그 결과 예수 그리스도의 나라에 수백만 명이 더해졌다. 본케를 통해 교회들이 새로이 폭발적인 성장을 경험하고 있으며, 어두움의 세력이 발각되어 쫓겨나고 있다.

찰스 G. 피니(Charles G. Finney)의 '종교의 부흥운동' 강의가 우리 선조들에게 성령의 위대한 역사를 일으키실 하나님을 신뢰하고자 하는 감동을 불어넣어 주었듯이, 라인하르트 본케의 리젠트 대학 강의를 다듬어 묶어 낸 이 책이 앞으로 다가올 세대들에게 소중한 자원이 되기를 소망한다.

빈슨 사이난(Vinson Synan)
버지니아 주 버지니아 비치
리젠트 대학 신학대학원 학장

들어가면서

문제는 시간이다

통계에 따르면 당신이 다니고 있는 교회 주변 인구가 1만 명이라면 한 주 평균 사망자는 네 명이다. 그렇다면 매주 1만 명당 단 한 명만이 구원받고 있는 현실이 만족스러울 수 있겠는가? 복음 전파는 이 세상에서 가장 긴박한 일이다! 이 세상 가장 위대한 일은 복된 소식을 전파하는 것이요, 이 세상에서 가장 긴급한 필요는 복음에 대한 필요다.

이 세상은 그리스도의 변화의 능력이 절실히 필요한 응급 상태에 빠져 있다. 하지만 원수는 이 명백한 사실을 보지 못하게 우리 눈을 가리려고 책략을 꾸미고 있다. 구세주의 탄생을 막기 위해 원수는 살인과 대학살을 계획했고(마 2:16-18 참고), 후에는 예수님의 부활을 막으려 했지만 모두 실패로 돌아가고 말았다. 사탄에게 남은 방법은 복음 전파를 막는 것뿐이었다.

이를 위해 사탄은 핍박과 거짓 복음을 사용했다. 하지만 사탄은 수백 년 동안 또 다른 가공할 만한 무기도 개발해 냈다. 사탄이 즐겨 사용하는 은밀한 무기는 우리의 우선순위를 뒤집어 놓는 것이다. 우리가 하는 일을 통해 복음이 전파됨으로써 자신이 세운 악의 왕국이 치명타를 입지 않는 한 사탄은 우리가 출석하는 교회를 위해 얼마나 열심히 일을 하건 전혀 신경 쓰지 않는다.

조심하라! 우리는 교리를 연구하고, 성도와 교제하고, 형통함을 전하고, 우리 영혼을 갈고 닦을 수 있다. 그리고 그 과정에서 온 땅에 복음을 전하라는 그리스도의 명령을 성취하는 데 가까이 다가갈 수 있다. 하지만 속아서는 안 된다. '좋은' 일에 열심을 내느라 가장 긴박한 일이 뒤로 밀려나고 있다면, 속고 있다는 증거다.

복음을 향한 다급함

강둑 위의 물고기가 물을 찾아 헐떡이듯 구원받지 못한 한 영혼, 한 영혼이 복음을 향해 울부짖고 있다. 이 세상 많은 이들이 소망을 포기해 버렸다. 과학과 기술, 의학, 정치, 교육의 한계에 부닥친 사람들은 이 사실을 잊기 위해 마약과 술, 신비주의를 탐닉한다. 그리스 신화의 괴물 히드라(헤라클레스가 죽인 머리가 아홉인 큰 뱀 - 옮긴이)처럼 우리가 대적의 머리를 하나 잘라낼 때마다 그 자리에서 두 개의 머리가 나온다. 오직 그리스도의 십자가의 검으로 심장을 찔러야만 비로소 이 괴물을 죽일 수 있다.

> 강둑 위의 물고기가 물을 찾아 헐떡이듯 구원받지 못한 한 영혼, 한 영혼이 복음을 향해 울부짖고 있다.

이 세상의 상처는 오직 복음으로만 치유할 수 있다. 복음을 전하지 않는 것은 약을 숨기고 환자에게 주지 않는 것만큼 끔찍한 짓이다! 이사야는 "온 머리는 병 들었고 온 마음은 피곤하였으며"(사 1:5)라고 기록했다. 병이 저절로 낫는 경우도 가끔 있다. 하지만 대개는 약이 필요하다. 그런데 구원의 문제에 있어서는 인간에게 어떤 약도 없다. 오직 초자연적인 복음의 능력으로만 구원받을 수 있다. 당신과 내가 할 일은 복음이라는 이 놀라운 치료제를 제시하는 것이다. 환자가 약을 먹지 않겠다고 결심한다면 억지로 약을 먹일 수는 없는 노릇이다. 복음을 거부하는 사람은 긍휼하신 하나님의 개입 없이는 결국 죽고 말 것이다.

왜 인류는 고통받는가?

언론과의 인터뷰에서 가장 많이 받는 질문은 '왜 하나님이 이 세상에 고통을 허락하십니까?' 이다. 나도 종종 같은 질문을 나 자신에게 해 본다. 닳고 닳은 기자들과 같은 생각을 하고 있기 때문이 아니다. 다른 이들이 고통받는 모습을 보면서 나 역시도 고통스럽기 때문이다. 그렇다면 왜 하나님은 이 세상에 고통을 허락하실까? 이런 질문을 하고 싶다면 미 교통부 장관에게 왜 고속도로에서 사고가 나도록 내버려 두는지도 물어야 한다. 교통부 장관은 분명 이 비난조의 질문이 간과하고 있는 부분을 지적할 것이다. 잘 정비된 도로교통 규정을 언급하며 이런 말을 할는지도 모르겠다.

"도로교통법을 위반할 때마다 법을 위반하는 사람은 자신뿐 아니라 타인까지도 위험에 빠뜨리게 됩니다. 그 결과 사고가 나고 고통이 생겨나게 되는 것이지요."

사람들이 고통받는 주된 이유는 한 가지다. 하나님의 규정집, 성경을 무시하기로 선택했기 때문이다. 그 결과 모든 것들이 처참할 정도로 어긋나고 말았다. 사랑의 창조주는 우리가 어떻게 만들어졌으며 무엇이 우리에게 해를 끼칠 수 있는지 정확히 알고 계시다. 때문에 우리를 보호하고자 하는 안타까운 마음으로 "너희는 … 하지 말찌니"라고 말씀하신다. 하나님의 계명은 우리의 흥을 깨뜨리기 위해 고안된 일방적인 칙령이 아니다. 하늘의 발명자가 주시는 사용 설명서다. 하나님은 우리 정신이 죄에 제대로 대처할 수 없음과 그릇된 행동으로 인해 우리가 결국 괴로워하다 무너지게 되리라는 것을 아신다. 새로운 기기를 사용하기 전에 사용 설명서를 읽어야 한다는 상식을 거부하는 사람은 좀처럼 없다. 사람들은 CD 플레이어나 새로 구입한 식기세척기를 망가뜨리지 않기 위해 세심한 주의를 기울인다. 하지만 이상하게도 죄가 뿜어내는 독가스가 자신의 영과 혼을 파괴하는 데는 전혀 개의치 않는다.

왜 복음이 절박하게 필요한지, 왜 하나님이 복음을 전하라고 그리 끈질기고, 절절하고, 애타게 부르짖으시는지 분명히 이해되는가?

탕자별

복음의 가장 놀라운 신비는 복음 가운데 드러나는 생명의 현현(顯現)이다. 영생토록 사라지지 않을 가늠할 수 없는 영속성으로 가득 찬 생명의 현현인 것이다. 다른 종교들은 개개인의 현세의 참상에 대한 답을 제시할 수 있다고 주장한다. 하지만 자연과 조화를 이룬다 한들 자기 영혼을 잃는다면 인간에게 무슨 유익이 있겠는가?

예수님은 지금 우리에게 영원한 생명을 제시하신다. 예수님은 말씀하셨다. "나는 부활이요 생명이니 나를 믿는 자는 죽어도 살겠고 무릇 살아서 나를 믿는 자는 영원히 죽지 아니하리니 이것을 네가 믿느냐"(요 11:25-26). 전도가 긴박하냐고 묻는가? 이 세상에는 영생이라는 예수님의 귀한 선물이 지금 당장 필요하다.

하나님은 이 세상을 만드시면서 세상을 마르지 않는 순수한 기쁨으로 가득 채우셨다. 모든 경이와 풍미와 기쁨은 당신의 자녀를 향한 하나님의 사랑의 마음으로부터 흘러나왔다. 하나님의 길을 따라 걸을 때, 온 세상이 우리 것이다. 하지만 그분을 거부할 때, 우리 삶을 향한 그분의 영광스런 계획을 가로막게 될 뿐 아니라 그분의 선한 선물에 등을 돌리게 되고 만다.

인류는 파괴 기술 부문에서 탁월한 업적을 이뤘다. 학교에서 자행되는 총기 난사 사건, 정부 허가 하에 운영되는 낙태 클리닉, TV에서 흘러나오는 상상 속과 현실에서의 살육 장면, 무분별한 자연환경 파괴, 끝없는 대량 살상 무기 시험. 우리를 둘러싼 모든 것들이 죄의 참상을 보여 주는 확실한 증거다. 우리는 싸우고, 증오하고, 아름다운 지구를 짓밟고, 하나님이 우리에게 주신 모든 것을 더럽힌다.

이는 하나님에게서 멀어진 결과다. 인류가 겪는 재난의 대부분이 인재(人災)다. 하지만 복음에는 이 끔찍한 과정을 뒤집을 능력이 있다. 진리는 우리를 자유케 할 것이다. 우리를 향한 변함없이 선하신 하나님의 뜻으로 돌이키라고 복음은 우리들을 부를 것이다. 하나님은 탕자별, 지구를 사랑하신다. 우리가 돌이키기만 한다면 우리는 언제고 우리를 기쁘게 맞이하시는 아버지를 누릴 수 있다.

내가 눈으로 보았다

하나님은 구원의 길을 내시며 복음으로 전 세계를 휩쓸고 계신다. 나는 죄 사함을 받고, 인종 간에 화해를 이루고, 범죄가 사라지고, 부부 관계가 회복되며, 가족이 하나 되며, 악인이 성도로 변하고, 중독자들이 자유케 되며, 불치병에 걸린 자가 치유되고, 많은 신유의 기적이 일어나는 모습을 직접 목도해 왔다.

아프리카에서 전도 집회를 한 후, 범죄율이 급격하게 감소했다는 지역 경찰의 보고를 들은 적도 여러 차례 있었다. 사람들의 삶이 변화되고 있는 것이다! 부르키나파소에서 사람들이 회개한

후 집에서 훔친 물건들을 제하고 싶은 마음에 훔친 냉장고와 다른 가구들을 집회장으로 가져오던 모습을 나는 결코 잊을 수 없다. 이 물건들을 실어 가기 위해 경찰에서 트럭을 몇 대씩이나 동원해야 했다! 많은 나라에서 이 감격스러운 장면을 다시 볼 수 있었다.

복음은 복음을 받아들이는 모든 이들에게 하나님의 아들과 딸이 되는 특권과 지위를 부여한다.

거칠고 난폭하기 짝이 없는 사람들이 거듭나서 왕자와 공주로 살아간다. 할렐루야! 복음을 전해야 할 또 다른 이유가 왜 필요하겠는가? 이보다 더 짜릿하고 흥미진진하며 가치 있는 일이 또 어디 있겠는가? 삶을 헌신할 만큼 값진 일이 이 외에 무엇이 있겠는가?

> 복음은 복음을 받아들이는 모든 이들에게 하나님의 아들과 딸이 되는 특권과 지위를 부여한다.

우리에게 맡겨진 과업은 다름 아닌 이 세상의 구원이다. 예수님은 병든 자를 고치고, 힘없는 군중을 먹이시는 일을 시간 낭비로 여기지 않으셨다. 핍박을 받게 되리라는 사실을 알면서도 손 마른 자를 고치셨다. 손 마른 자를 고치신 그 순간부터 예수님의 목에 현상금이 붙었다(마 12:10-13 참고). 그럼에도 예수님은 손 마른 자를 소중히 보셨다. 그의 손을 회복시키셔야만 했다. 인자에게 어떤 개인적 대가가 따르더라도 말이다.

실체의 반영

왜 그리 많은 이들이 음악을 사랑하는가? 영감으로 가득 찬 음악에 마음이 동하는 순간, 영생을 조금이나마 엿보게 되기 때문이다. 허나 음악은 무한함을 엿볼 수 있게 해 줄 뿐, 선율은 결코 채울 수 없는 요원한 위대함을 그저 흉내만 낼 뿐이다. 하나님, 그분이 바로 무한함 그 자체시다. 음악은 예수 그리스도를 통해 구원을 받고, 그분을 경배하기 시작할 때 우리에게 주어지는 것일 뿐이다.

하나님은 우리 본연의 거주지다. 우리는 하나님 안에서 살며 움직이며 존재한다(행 17:28). 복음을 듣고 순종하기 전까지, 그분을 찾기 전까지 우리는 새장에 갇힌 새일 뿐이다. 남녀노소를 불문하고 도처에서 모두가 불신앙과 물질만능주의의 창살에 머리를 부닥치고 있다. 부(富)의 포로가 되어 살아가고 있다. 하지만 우리 영혼의 저 깊은 곳에서, 저 높은 곳을 향한 부르짖음이 들려온다. 예술과 시와 심미적 활동은 자유롭게 대기를 가르며 산 위를 날아다니던 영광을 희미하게나마 기억하는 새장 속 피조물의 몸짓일 뿐이다. 이러한 몸짓도 그 자체로 아름답기는 하지만, 기실 실체의 단순한 투영에 불과하다. 우리가 보고 행하는 모든 것 너머에 계신 궁극적 실체는 바로 예수님이다. 예수님의 복음은 우리를 결박에서 자유케 하며 하나님이 우리를 향해 예정해 두신 그 유업, 진정한 우리의 모습 가운데로 들어갈 수 있게 한다!

이 진리를 발견하고 받아들이지 않는 한, 이 세상 사람들은 광야의 쓰레기 더미를 헤집고 다니고, 절대 동이 트지 않는 지평선을 바라보며, 결코 찾을 수 없는 행복의 묘약을 찾아 헤맬 수밖에 없다. 불신자들은 분노와 의심, 증오의 마른 땅에서 뭔가를 찾으려 몸부림치며, 거기서 얻은 것들을 마셔 본다. 하지만 하나님의 말씀은 기록한다. "성령과 신부가 말씀하시기를 오라 하시는도다 듣는 자도 오라 할 것이요 목마른 자도 올 것이요 또 원하는 자는 값 없이 생명수를 받으라 하시더라"(계 22:17).

복음 안에는 완전한 그 날로 통하는 생명의 길이 있다. 복음을 전해야 할 이유가 이 외에 더 필요한가?

다시 오심

사람들이 예수님께 물었다.

"저희가 모였을 때에 예수께 묻자와 가로되 주께서 이스라엘 나라를 회복하심이 이 때니이까 하니 가라사대 때와 기한은 아버지께서 자기의 권한에 두셨으니 너희의 알 바 아니요 오직 성령이 너희에게 임하시면 너희가 권능을 받고 예루살렘과 온 유대와 사마리아와 땅 끝까지 이르러 내 증인이 되리라 하시니라 이 말씀을 마치시고 저희 보는데서 올리워 가시니 구름이 저를 가리워 보이지 않게 하더라 올라가실 때에 제자들이 자세히 하늘을 쳐다 보고 있는데 흰옷 입은 두 사람이 저희 곁에 서서 가로되 갈릴리 사람들아 어찌하여 서서 하늘을 쳐다 보느냐 너희 가운데서 하늘로 올리우신 이 예수는 하늘로 가심을 본 그대로 오시리라 하였느니라" (행 1:6-11).

예수님은 제자들에게 종종 하나님 나라에 대해 말씀하셨다. 그러니 제자들도 당연히 하나님 나라에 대해 물었다. 제자들은 언제 하나님 나라가 임할 것인지, 과연 이스라엘이 다시금 그 위세를 떨치게 될 것인지 알고 싶었다. 예수님은 이런 일들은 제자들이 걱정할 바가 아니라고 하시면서 이렇게 덧붙이셨다. "오직 성령이 너희에게 임하시면 너희가 권능을 받고 예루살렘과 온 유대와 사마리아와 땅 끝까지 이르러 내 증인이 되리라 하시니라" (행 1:8). 제자들은 예수님께 언제 그 일을 행하실지 묻고 있었다. 하지만 예수님은 제자들의 질문을 뒤집어 제자들이 그 일을 해야 한다고 말씀하셨다.

> 제자들의 할 일은 때와 시기를 걱정하는 것이 아니었다.

제자들의 할 일은 때와 시기를 걱정하는 것이 아니었다. 증인이 되는 것이었다. 제자들은 다니엘서와 다른 책에서 읽은 예언의 말씀을 알고 있었고, 천사들도 예수님이 다시 오실 날을 이야기했다. 때문에 제자들은 나가서 복음을 전했고, 예수님의 재림은 이들이 세상에 전하는 메시지의 중요한 요소였다.

예수님의 재림을 전하는 것과 그 때가 언제가 될지를 고심하는 것은 다르다. 지난 2천여 년 동안, 심지어 오늘날까지 예수님의 재림에 대한 예측이 끊이지 않았다. 예언을 연구하면서 사람들은 그 때와 시에 대해 고민하고, 이런저런 구절을 들어 나름대로 추측했다. 예언서의 해석을 미미하기 짝이 없는 한 학문분야로 발전시키고는 종말론이라는 이름을 붙였다. 미래의 청사진을 깔끔하게 그리기도 했다. 시선을 확 끄는 도표와 그래프를 통해 미래에 펼쳐질 모든 일을 담아낸 책들이 쏟아져 나왔다. 1930년에는 「앞으로 일어날 세계의 대(大)사건」(The World's Next Great Event)이라는 제목으로 그리스도의 재림에 대해 쓴 책이 출간되기까지 했다. 사실 다음으로 일어난 세계의 대사건은 제2차 세계대전이었다. 이런 계산과 분석은 예수님의 재림에 대한 교회의 복음 증거를 흐릴 뿐이다.

우리가 외쳐야 할 말은 "보라 신랑이로다 맞으러 나오라"(마 25:6)와 "보라 세상 죄를 지고 가는 하나님의 어린 양이로다"(요 1:29)이다. 예수님이 다시 나타나실 그 순간까지 우리의 변치 않는 책임은 "너희가 내 증인이 되리라"는 예수님의 과업에 우리의 시간과 돈과 노력을 쏟아 붓는 것이다.

우리가 어찌하여 서서 하늘만 바라보고 있는가? 주님의 과업에 뛰어들자! 지체할 시간이 없다. 예수님은 곧 다시 오신다!

The Reluctant Evangelist

1장

꺼림칙한 전도자

달을 숭배하는 부족이 있었다. "달은 밤을 밝혀 줍니다. 어두울 때는 빛이 필요하죠. 하지만 저 바보 같은 태양은 한낮에 빛을 냅니다. 이미 사방이 환하게 밝은데 말이죠." 어떻게 이보다 더 터무니없을 수가 있을까?

물론 낮에는 사방이 밝다. 하지만 그건 태양이 떠 있기 때문이다. 마찬가지로 이 땅에 빛이 있는 것은 복음의 빛이 비취기 때문이다. 하지만 이 세상에는 칠흑처럼 어두운 곳이 많이 있다. 지금까지의 내 모습이 이 땅 어두운 곳에 빛을 전하는 달과 같았다는 생각이 든다. 바울이 드로아에서 밤중까지 말씀을 전했을 때, 말씀을 듣던 중 유두고가 깊이 잠이 들었다. 그런데 성경은 바울이 말씀을 전한 그곳의 "윗다락에 등불을 많이"(행 20:8) 켜 두었다고 기록한다. 지금 이 땅에는 밝히 빛나는 등불이 많이 있다. 이 책을 읽고 있는 모든 그리스도인은 그 많은 등불 중 하나다. 당신을 향한 부르심은 빛을 숨기는 것이 아니라, 부정한 이 세대를 비추라는 것이다(마 5:15, 막 4:21, 눅 11:33).

지적으로 빛나며, 주옥같은 말을 쏟아내는 이들도 있다. 전도자의 일이 이 세상에서 가장 중요한 일이라고 믿기는 하지만, 나는 그저 평범한 전도자일 뿐이다. 내게 가장 자연스럽게 느껴지는 환경은 대학 강단도 아니요, 컴퓨터 앞도 아닌, 아프리카 벌판의 강대상 앞이다. 앞으로 이어질 장에서 혹시 어떤 빛이라도 드러난다면 그것은 전적으로 성령님으로부터, 하나님의 말씀에서부터 비롯된 것이다. 내 소망은 "많은 사람을 옳은데로 돌아오게 한 자는 별과 같이 영원토록 비취리라"는 다니엘서 12장 3절의 약속이다.

교회를 향한 하나님의 메시지

사람들은 하나님이 교회에게 무슨 말씀을 하시는지 묻는다. 하나님은 항상 하시던 말씀을 오늘도 하신다. "만민에게 복음을 전파하라"(막 16:15). 예수님이 최후 심판을 목전에 두고 있는 이 말세에 설교단에 서셨다면 그분 역시 사도행전 1장 8절에서 제자들에게 남기신 마지막 말씀을 되풀이하셨을 게다. "오직 성령이 너희에게 임하시면 너희가 권능을 받고 예루살렘과 온 유대와 사마리아와 땅 끝까지 이르러 내 증인이 되리라 하시니라." 이 명령을 완수하지 않는 한 예수님은 그 다음 명령을 내리시지 않는다.

교회가 회심한 이들을 받아들이기에 적합한 모습으로 준비될 때까지 유예기간을 둬야 한다는 말을 하는 이들이 어느 때나 있다. 한두 주 안에 준비가 끝날 수 있다면야 나도 그 생각에 굳이 반대하지 않겠다. 하지만 그리스도께 순종하지 않으면서 적합한 모습으로 준비되기를 기대하는 것은 어불성설이 아닐까? 회심한 이들을 교회 안으로 데려오라는 것이 바로 우리를 향한 예수님의 명령이다.

영적 훈련과 제자도가 물론 중요하지만, 나 자신의 거룩함을 주된 초점으로 삼는다고 다른 이들에게 복음을 전할 준비가 되는 것은 아니다. 분명 예수님은 우리를 거룩하게 만드시기 위해 부르셨다. 하지만 세상을 향해 나아가는 것 역시 성화의 한 부분이다. 성화는 은밀한 곳에서만 이루어지지 않는다. 거룩함을 위해서는 잃어버린 자들이 있는 저 밖을 내다봐야 한다.

밖으로 나가 그리스도를 위해 사람들을 얻는 것이 영성을 개발하는 가장 확실한 방법이라고 믿는다. 다들 아는 바와 같이 복음을 전할 때는 실질적이어야 하며, 진심을 담아야 한다. 살아 있는 교회를 원한다면 전도가 모든 활동의 근간이자 원동력

> 밖으로 나가 그리스도를 위해 사람들을 얻는 것이 영성을 개발하는 가장 확실한 방법이라고 믿는다.

이 되어야 한다. 전도를 경시하는 교회가 어떻게 교회의 정체됨과 황폐함을 막을 수 있겠는가? 그리스도를 위해 사람들을 얻는 것을 총체적 목적으로 삼지 않는 하나님의 백성들은 몸은 움직이지 않은 채 듣기만 하고, 설교를 감정(鑑定)하고, 성가대를 평가하며 교회 지도부를 판단하게 될 뿐이다. 교회는 영적인 미식가들

> 교회는 영적인 미식가들을 위한 레스토랑이 아니라 일꾼들을 위한 간이식당이다.

이 강대상에서 나오는 음식의 풍미를 평가하기 위해 미각을 기르는 레스토랑이 아니다. 교회는 일꾼들을 위한 간이식당이다. 할 일이 있는 교인들은 비판할 시간이 없다. 짐을 끄는 말은 결코 발길질을 하지 않는다.

교회의 목적

기도 모임, 성경공부, 청년부 모임, 성가대 연습, 성만찬을 비롯해 교회의 모든 예배와 모임의 주된 목적은 전도여야 한다. 왜 모든 예배를 외부인들에게 개방하지 않는가? 특히 떡과 포도주를 나누는 성만찬이 있는 예배에 최대한 많은 불신자들이 참석할 수 있도록 해야 한다. 포도주가 담긴 잔이야말로 온 세상에서 가장 위대한 설교자다. 이 잔은 죄인들, 즉 잃어버린 자들이 십자가의 희생을 받아들이도록 초청할 기회가 된다. 일부 교회들은 불신자들이 성만찬에 참여하지 못하게 한다. 그런 소중한 기회를 놓치다니! 예수님의 보혈은 모든 죄에서 우리를 깨끗케 한다. 이미 깨끗함을 받은 자만 샘으로 나아가야 하겠는가?

교회가 전도에 있어 시행착오를 겪고 실패를 거듭해 왔다면 이제 전도를 위한 교회의 노력을 진지하게 재평가해야 한다. 전도만큼 집중적인 사고를 요하는 일은 없다. 교회 재정부의 역할은 영혼을 구하는 것이지, 돈을 아끼는 것이 아니다. 남는 교회 재정은 100퍼센트를 교회의 본업, 즉 세상을 구하는 데 투자해야 한다.

예정론과 전도

하나님이 우리의 전도 노력과 아무 상관없이 모든 믿는 자들을 미리 선택하셨다는 교리인 예정론은 신학적 토론의 단골 학술주제다. 하지만 나는 이론에 치중하는 대신 전도자의 일을 하는 데 초점을 맞추고 싶다. 길고 지루한 논쟁에 대한 나의 생각이 궁금한가? 이제 논쟁을 그치고 행동을 시작하라.

'선택받은 자'이든 그렇지 않든 나는 남녀노소 모두가 복음을 듣기를 바란다. 나는 교리적 연역법이나 이론을 근거로 영혼의 영생을 방치하지 않을 것이다. 우리가 복음을 전해서는 안 된다는 말은 신약에 단 한마디도 없다. 사람들이 하나님 나라에 들어갈 수 있도록 하기 위해 최선을 다하지 말라는 구절은 그 어디서도 찾아볼 수 없다. 그래서 나는 말씀에 기록된 대로 행한다.

무엇이 진리인지는 하늘나라에 갔을 때 비로소 알 수 있다. 하늘나라에서 내가 만나는 모든 사람들이 미리 예정된 사람들이라면, 좋다. 아무 문제없다. 하지만 나는 하늘나라에서 그 어떤 사람에게서도 이런 말을 듣고 싶지 않다. "당신은 내가 선택받은 자라는 걸 확신하실 수 있었나요? 왜 당신은 제게 복음을 전하지 않았나요? 당신이 옳을 거라는 데 판돈을 걸고 주사위를 굴려 내 영혼의 운명을 결정하려 하신 것 아닙니까? 전 이곳이 아니라 지옥에 갈 수도 있었단 말입니다."

꺼림칙한 전도자

창세기부터 성경을 차례대로 읽어 가다 보면 전도에 대한 직접적인 언급이 전혀 등장하지 않는다는 것을 발견할 수 있다. 그러다 구약의 마지막 부분에서 요나서라는 책을 만나게 된다. 요나서는 전도자가 매일 들고 다니면서 참고해야 하는 휴대지침서 같은 책이다.

많은 이들이 요나의 이야기를 익히 알고 있지만, 일부 그리스도인들을 포함해 대부분은 요나서가 실화라고 믿지 않는다. 사람들은 요나서에 의심스러운 구석이 있다고 생각한다. 하지만 예수님과 당시 사람들은 요나서를 우화나 비유가 아닌 역사적 사실로 간주했다. 누가 요나서를 기록했는지 모르지만, 글 쓰는 법을 제대로 아는 사람이었음에 틀림없다. 요나서는 주목하여 살펴볼 만한 가치가 있는 책이다.

요나 선지자는 예수님 초림 800여 년 전 사람이다. 요나는 앗수르 제국의 마지막 수도인 니느웨로 가라는 하나님의 음성을 들었다. 니느웨는 요나가 살던 곳에서 동편으로 약 1천 킬로미터 정도 떨어진 티그리스 강가에 세워진 성읍이었다. 요나는 니느웨로 가는 대신 서편, 그러니까 정반대 방향인 다시스로 가는 선표(船票)

를 산다. 요나는 자신의 의무에서 도망치고 싶었다. 세상에서 가장 가기 싫은 곳을 꼽으라면 그는 주저 없이 니느웨를 꼽았다.

요나의 여행이 어떤 식으로 기록되었는지 주목하라. 요나서 1장 3절은 요나가 욥바로 '내려갔다'고 기록한다. 그리고는 배 밑층에 '내려가서' 누웠다(5절). 폭풍이 몰아쳤을 때, 선원들은 요나를 바다로 '내던지고', 큰 물고기가 요나를 삼킨다. 요나는 큰 물고기의 뱃속으로 '내려간다'. 요나는 분명 아래로, 아래로 내려갔을 것이다. 그때 요나는 여호와께 기도한다. "주께서 나를 깊음속 바다 가운데 던지셨으므로 … 내가 산의 뿌리까지 내려갔사오며"(욘 2:3, 6). 하나님이 말씀하셔서 물고기가 요나를 토해냈을 때의 모습을 성경은 이렇게 기록한다. "요나가 … 일어나서"(3:3). 하나님이 우리를 보내서서 복음을 전하러 나가는 것은 곧 올라가는 것이다. 우리는 일어나게 된다!

사실 우리는 요나의 심정을 이해해야 한다. 니느웨는 악명 높은 성읍이었다. 앗수르의 왕들은 잔혹하기 그지없었고, 그 누구에도 견줄 수 없을 만큼 악한 왕들도 있었다. 대량학살과 만행을 저지르며 쾌감을 느꼈던 앗수르 왕들의 이야기는 현대인들에게도 가히 충격적이다. 자세히 설명해 주면 오늘 밤 잠을 이루지 못할 테고, 다행히 잠이 든다한들 밤새 악몽에 시달릴 것이다. 그런 사람들 앞에 서서 얘기를 해야 한다니, 요나는 당연히 하나님이 주신 임무가 달갑지 않았을 것이다. 하물며 타국인이 이런 포악한 사람들에게 하나님의 말씀을 전하고 무사하기를 기대할 수 있었겠는가? 물론 요나는 결국에는 니느웨로 갔고, 니느웨 성읍은 그 악한 길에서 돌이켰다. 요나의 선포는 효과가 있었다.

하지만 요나는 최종 결과가 영 탐탁지 않았다. 그는 하나님의 심판이 니느웨 성에 떨어지는 걸 보고 싶었다. 사실 누가 요나를 비난하겠는가? 요나는 니느웨 성읍 사람들에게 하나님이 그 성읍을 멸하실 것이라고 경고했다. 니느웨 성읍의 악함이 하나님의 귀에 상달되었고, 기실 그들은 심판을 받아 마땅했다. 하지만 온 성읍이 회개했을 때 하나님은 한시적으로나마 심판을 거두셨다 (이로부터 200년이 채 지나지 않아 니느웨 성은 완전히 파괴됐다).

요나의 심오한 통찰력

요나의 이야기의 진정한 핵심은 이후에 이어진다. 하나님의 일을 하기 위해 한 번이라도 나아간 적이 있는 모든 전도자에게 해당이 되는 말씀이다. 요나는 심판을 선포했다. 하지만 심판은 임하지 않았다. 요나가 두려워했던 상황이 벌어진 것이다. 요나는 성읍에 임할 심판을 전하기 싫어했다. 성공적으로 심판에 대한 경고를 전하면 하나님이 심판에 대한 마음을 돌이키실까 두려웠기 때문이다! 이후 요나는 하나님을 힐난한다. "여호와여 내가 고국에 있을 때에 이러하겠다고 말씀하지 아니하였나이까 그러므로 내가 빨리 다시스로 도망하였사오니 주께서는 은혜로우시며 자비로우시며 노하기를 더디하시며 인애가 크시사 뜻을 돌이켜 재앙을 내리지 아니하시는 하나님이신 줄을 내가 알았음이니이다"(욘 4:2).

요나는 하나님의 성품에 대한 심오한 통찰력을 가지고 있었다. 구약 39권 중에서 요나 선지자의 이 선언은 단연 눈에 띈다. 요나는 하나님의 마음에 무엇과도 견줄 수 없는 선하심이 있음을 알았다. 나아가 하나님의 자비는 이스라엘의 경계를 넘어 적국의 땅까지 미치며, 하나님이 이방인까지 감싸 안으신다는 사실을 요나는 알고 있었다. 이스라엘 백성 중에서 이 사실을 믿을 사람은 거의 없었다. 영적 암흑기에 오직 성령님만이 이 진리를 요나에게 보이실 수 있었을 게다. 요나는 하나님이 이스라엘에게 은혜를 베푸시듯 이 땅에서 가장 악한 이방인에게도 은혜를 베푸실 수 있는 분이심을 알았다. 요나에게는 악한 앗수르가 마땅히 벌을 받기를 원하는 마음이 있었다. 동시에 요나는 하나님의 마음은 자기 마음과 다름을 알았다. 요나는 복수를 원했다. 하지만 하나님은 그때나 지금이나 용서의 하나님이시다.

요나는 하나님의 긍휼하심을 알았지만 정작 그 자신에게는 긍휼함이 없었다. 그리스도를 전하기 위해 일어서는 모든 이들은 요나의 지식을 가져야 한다. 구원받은 이들은 하나님이 사랑의 하나님이시며, 은혜가 많으시고, 자비하시며 긍휼하신 분이심을 당연하게 안다. 하지만 우리가 과연 개인적으로 잃어버린 자들에 대해 그분과 동일한 마음을 가지고 있는가? 요나에게는 그 마음이 없었다. 요나는 복종의 의무를 다하기 위해 심판을 선포했다.

전도자를 비롯해 하나님의 말씀을 전하는 이들에게 이보다 심각한 결점은 없다. 전도는 단순히 하나님의 긍휼과 사랑의 말씀을 옮기거나 신학을 풀어 설명하는 것이 아니다. 전도자의 심장은 하나님의 심장박동에 맞추어 뛰어야 한다. 전도자의 심장은 그분의 마음의 갈망과 긍휼을 뿜어낼 수 있어야 한다.

전도를 위해서는 두 가지가 있어야 한다. 진리와 그 진리를 비추어 줄 사람이다. 어떤 이들은 '바른 내용을 선포함'으로 충분하다고 이야기한다. 하지만 그렇지 않다. 우리 마음에 부족한 부분을 채워 주시는 성령님이 필요하다. "우리에게 주신 성령으로 말미암아 하나님의 사랑이 우리 마음에 부은바 됨이니"(롬 5:5). 그리스도 안에서 나타난 하나님의 사랑은 체계적인 신학 이론, 그 이상이다. 하나님의 사랑은 그 사랑을 선포하는 이들을 통해 살아 숨 쉬어야 한다. 우리 안에 하나님의 불이 타오를 때 우리는 비로소 불같은 복음을 선포할 수 있다. 그렇다면 어떻게 우리 안에 하나님의 불이 타오르게 할 수 있을까? 하나님의 말씀을 알아야 한다. 당신을 향한 하나님의 말씀 말이다.

요나는 성공을 원치 않았다는 점에서 선포자요, 선지자로서 참 드문 경우라 하겠다. 요나는 니느웨에서 자신이 선포하는 메시지에 아무도 귀 기울이지 않기를 바랐다. 그러나 심지어 보좌에 앉은 왕까지도 자신의 죄를 깨닫고 무언가를 해야겠다는 결단을 내렸다. 하나님의 말씀을 입술에 담으려 한다면, 우리는 먼저 우리가 무엇을 하고 있는지 정확히 알아야 한다. 하나님의 말씀은 화력이 너무나 세다. 하나님의 말씀을 가지고 '장난을 하는' 일은 있을 수 없다.

이스라엘을 넘어: 잃어버린 자를 향한 세계 비전

구약의 선지자들 중에 요나를 제외하고는 그 누구도 이스라엘 영토를 떠나지 않았다. 구약에서 여호와의 말씀을 타국 거리에서 공개적으로 전한 선지자로는 요나가 유일무이하다. 요나와 예수님 간에는 영적으로 유사한 점이 있다. 예수님이 개인적으로 자신과 결부시켜 말씀하신 유일한 선지자가 바로 요나다. 예수님은 이스라엘의 표적으로서 요나의 표적을 말씀하셨다(마 12:39). 요나는 하나님으로부터 이방 성읍에 대한 부담을 받았다. 다음으로 그 부담을 가지신 분이 예수님이시다. 예수님의 마음은 온 이스라엘과 이방 세계 전체를 품고도 남을 만큼 넉넉하셨다.

이스라엘 역사에서 요나 외에 바깥 나라에 하나님의 말씀을 전한 선지자는 없었다. 선지자 자신이 전쟁포로로 잡혀간 경우를 제외하고는 말이다. 바벨론에서 이스라엘의 하나님 여호와를 증거한 이들이 있었다. 다니엘서와 에스더서에서 그런 경우를 기록하고 있다. 하지만 포로로 잡혀간 북왕국 족속들은 앗수르 제국에 흡수되어 결국 완전히 사라져 버렸다. 시편 137편은 이렇게 기록한다. "우리를 사로잡은 자가 거기서 우리에게 노래를 청하며." 사로잡은 이들은 또 이렇게 말한다. "자기들을 위하여 시온 노래 중 하나를 노래하라." 하지만 그에 대한 응답은 "우리가 이방에 있어서 어찌 여호와의 노래를 부를꼬"였다(시 137:3-4). 이스라엘 족속들의 노래를 통해 살아 계신 하나님을 이방에 전할 수 있었을 텐데 이 얼마나 애석한 일인가.

피조물을 향한 하나님의 안타까운 마음은 하나님을 가장 처절하게 배신한 악한 이들에게까지 동일하게 미친다. 하지만 요나의 마음은 그렇지 못했고, 그는 자신에게 주신 하나님의 사명에 전혀 공감할 수 없었다. 요나는 하나님에게서 도망치려 했다. 하지만 요나를 보내기로 작정하신 하나님은 그가 도망치려 할 때 폭풍을 보내셨다. 불쌍히 여기는 마음이 조금도 없는 요나의 태도에 대한 하나님의 항변이 담긴 폭풍이었다.

하나님은 요나를 그 누구와도 다른 예외적인 인물로 만드셨다. 하나님은 이스라엘이 마땅히 해야 하지만 한 번도 하지 않은 일을 요나에게 명하셨다. 하나님은 온 땅 가운데 하나님의 이름을 알게 하라고 이스라엘을 세우셨다(시 67, 96편, 겔 36:23). 하지만 심지어 초대 교회조차도 처음 20여 년간은 오직 유대인들만의 공동체였다. 이렇게 보면 요나는 그의 결점에도 불구하고, 어쩌면 가장 위대한 선지자라 하겠다.

전도는 하나님이 주도하신다

니느웨를 구한다는 생각은 요나가 아닌 하나님으로부터 시작되었다. 하나님은 그 누구도 멸망하기를 원치 않으시며 모든 사람이 회개하게 되기를 바라시기 때문이다(벧후 3:9). 전도는 하나님이 주도하신다. 전도를 위해 하나님은 우리를 부르시고 준비시키신다. 어떤 이들을 복음 전하는 자로 삼으신 분도 하나님이다(엡 4:11). 처음에 요나는 자신에게 주도권이 있는 양 행동하며 반대 방향으로 움직였다. 동편으로 가는 대신 서편에 있는 다시스로 갔다. 요나의 이런 행동에 하나님은 광풍으로 응답하셨다. 하나님은 하나님 자신의 계획을 축복하시고 도우신다고 약속하신다. 하지만 우리 자신의 계획대로 행할 때 우리는 하나님의 복을 기대할 수 없다.

요나는 어디로 가고 있었던 것일까? 다시스는 어디인가? 다시스가 어디인지 찾아내기 위해 다양한 전문가들이 연구를 해 왔다. 다시스라는 단어는 광석, 은, 금, 주석 등의 제련과 밀접한 관계가 있다. 다시스의 선박은 비싼 수하물을 싣고 다니는 것으로 유명한 일종의 보물선이었다. 즉, 다시스의 선박은 부와 권력, 교만의 상징이었다. 요나가 보기에 니느웨에서 얻을 수 있는 건 희생뿐이었다. 위협이 도사리는 니느웨로 갈 것인가, 아니면 돈이 넘치는 다시스로 갈 것인가? 선택은 자명했다.

혹 당신과 내가 가장 돈을 많이 주는 곳에서 일을 하려 하지는 않는가? 직업과 직장을 정할 때 돈이 가장 결정적인 요인이 되는가? 맘몬과 참된 사역은 조화를 이룰 수 없다. 맘몬신은 그의 말을 가장 잘 듣는 사람에게 가장 많은 물질을 주기 때문이다.

당신이 어디로 가든 하나님은 거기 계신다

다시스로 가는 배의 선원들은 요나가 선지자라는 사실을 몰랐다. 이들은 요나의 하나님도 알지 못했다. 선원들은 이교도들이었다. 하지만 이들은 폭풍 한가운데서 할 일을 하지 않고 게으름을 부리고 있는 하나님의 선지자를 꾸짖는다. "자는 자여 어찜이뇨 일어나서 네 하나님께(네가 믿는 신에게) 구하라 혹시 하나님이 우리를 생각하사 망하지 않게 하시리라"(욘 1:6).

이 세상 사람들은 자신들이 동의하든 않든 간에 선지자가 일어나 선포하기를 기대한다. 기독교의 도덕적 가치관이나 자신들을 향한 하나님의 길을 받아들이려 하지 않을지는 모르지만, 그래도 여전히 다른 이들이 도덕성을 실천해야 한다고 믿는다. 불신자들도 우리가 이미 무언가를 믿고 있다고 알고 있는데, 우리가 만약 그 가치관과 신념에 대해 선포하지 않는다면, 이들은 속았다는 생각을 하고, 실망을 금치 못할 것이다. 교회는 무엇이 옳고 그른지에 대해 분명한 어조로 이야기할 수 있어야 한다.

궁지에 몰린 요나는 자신이 누구인지 선원들 앞에서 실토했고, 요나의 말을 들은 선원들은 경악한 나머지 겁에 질렸다. 이 선원들은 말하자면 잠재적 회심자였다. 이들은 이미 하나님의 능력과 권위를 인정했다. 요나의 보잘것없는 간증을 통해 이들은 요나의 하나님을 믿게 됐다. "그 사람들이 여호와를 크게 두려워하여 여호와께 제물을 드리고 서원을 하였더라"(욘 1:16).

하나님에 대한 경이로운 진리를 알고 있는 사람과 함께 있었음에도 불구하고 선원들은 그의 하나님이 누구신지 물어야만 했다. 요나가 그 배에 탔다면 그의 하나님이 누구신지 모든 사람들에게 분명히 밝혔어야 했다. 당신의 하나님이 누구신지 당신은 분명히 밝히는가?

하나님의 정체성이 인간과 연결되어 있다니, 충격이 아닐 수 없다. 처음에 하나님은 아브라함의 삶을 통해 자신을 알리셨으며, 아브라함의 하나님이라 불리셨다. 이 세상은 하나님이 누구신지를 아브라함이 어떤 사람인가를 통해 처음으로 보았다. 아브라함의 삶은 그가 믿는 하나님의 초상화가 되었고, 또한 하나님을 믿으라는 무언의 권고로 사람들에게 다가갔다.

형 에서의 살인 위협을 피해 집에서 도망쳤을 때, 야곱은 하나님을 자기 조상 아브라함과 이삭의 하나님이라 불렀다. 하나님이 조상들의 삶을 어떻게 빚으셨는가가 야곱이 그분을 어떻게 이해했는가를 결정했기 때문이었다. 그 하나님을 생각할 때 야곱 안에서는 경외의 마음이 일어났다. 야곱은 언젠가 조상의 하나님이 자신의 하나님이 되시기를 기도했다(창 28:21). 야곱은 자신의 삶을 통해 하나님이 나타나지 않는 한, 조상의 하나님이 자신의 하나님이 되실 수 없음을 알았다. 하나님이 야곱의 하나님으로 불리시는 것이 그의 조상의 하나님의 이름에 누가 되지 않기를 바랐다.

전도는 누군가 "나는 내 어머니의 하나님을 믿습니다", "잭의 하나님을 믿습니다", "진의 하나님을 믿습니다"라고 고백하게 되는 것이다. 사람들은 복음을 간단명료하게 제시할 방법을 논하지만, 사실 복음은 복음을 전하는 사람을 통해서 진정으로 드러난다. 복음은 죽은 후 천국에 가기 위한 공식이 아니다.

> 복음은 생명을 건져 주는 구명조끼를 주는 게 아니라 생명 그 자체를 준다.

복음은 생명을 건져 주는 구명조끼를 주는 게 아니라 생명 그 자체를 준다. 하나님이 어떤 분이신지 보여 주는 것이 복음의 본질이다.

예수님은 하나님의 영은 증거하는 영이라고 제자들에게 말씀하셨다(요 15:26). 복음을 확증하는 기사와 이적이 함께하는 '능력 전도'에 대한 이야기를 자주 듣는다. 하지만 예수님은 예수님이 전혀 알지 못하는 악한 자들도 권능을 행할 것이라 말씀하셨다(마 7:22-23). 바울 역시 성령의 나타나심에 대해 기록하지만(고전 2:4) 사도 바울이 매일의 삶에서 복음의 실체를 드러내는 모습에 깊은 감동을 받지 않는 이는 없으리라. 바울은 고린도 교인들에게 그들의 삶이 뭇사람이 알고 읽은바 된 편지라고 이야기한다(고후 3:2). 우리를 보며 과연 불신자들이 "당신의 하나님이 그런 모습이군요?"라고 말할 수 있을 것인가?

전도의 참된 영

전도는 예수님을 권하는 것이다. 예수님이 가르치신 전도 방법은 우리의 말뿐 아니라 삶으로 예수님을 권하는 것이었다. 우리는 '예수님의 사람'이, 보다 엄밀히 말하면 '복음서에 있는 예수님의 사람'이 되어야 한다.

우리는 세상의 빛이다. 이에 대해서는 선택의 여지가 없다(마 5:14). 요나는 하나님의 임재에서 도망쳤지만 그의 영혼에는 빛이 있었다. 그 빛은 아무리 막으려 해도 비집고 나와 주위를 밝혔다. 요나는 그가 욥바에서 탄 배의 선장과 선원들에게 간증을 하지 않았다. 오히려 그의 간증을 숨겼다. 하지만 요나는 하나님을 알았고, 심지어 그가 하나님에게서 도망치려 할 때조차도 그 사실을 숨길 수는 없었다. 풍랑에 흔들리는 배의 선원들은 그 사실을 감지했고, 결국 그 실체를 보게 됐다.

요나는 하나님이 어떤 분이신지 온몸 세포 하나하나에 이르기까지 절절히 느끼고 알고 있었다. 하나님은 은혜로우시다. 그런데 어떻게 그토록 친절하시고 자비하신 하나님을 완벽에 가깝게 아는 요나가 니느웨에 심판을 전할 수 있겠는가? 하나님은 회개의 조짐이 보이는 바로 그 순간 니느웨의 악함을 용서하실 분이시다. 그래서 요나는 하나님의 낯을 피해 도망쳤다(욘 1:3). 하나님이 계신 곳에 머무는 것은 곧 하나님의 은혜의 향기를 온몸에 가지고 다니는 것이었다. 하나님이 계신 곳에는 온 대기가 하나님의 긍휼로 가득 찼다. 하지만 요나는 긍휼을 보이고 싶지 않았다. 요나는 니느웨의 괴물 같은 주군들에게 상냥하게 웃어 주고 싶지 않았다.

전도는 심판으로부터의 구속이다. 하지만 요나는 니느웨가 심판을 받아 마땅하다고 확신했다. 요나의 태도도 사실 납득이 간다. 시편 곳곳에서 시편 기자도 요나와 같은 심정을 토로한다(시 18:37-42 참고).

제자들과 사마리아를 두루 다니시다가 예수님은 사마리아의 한 마을에서 하룻밤 머물려 하신다. 하지만 사마리아 거민들은 유대인들에게 적대적이었고, 예수님의 무리를 받아들이려 하지 않았다. 제자들이 예수님이 주신 권세를 가지고 나아가 하나님의 권능으로 병든 자를 치유하는 기쁨을 만끽하고 막 돌아온 때였다. 또한 엘리야가 명했을 때 하늘에서 불이 내려와 엘리야를 잡으러 온 병사들을 살랐다는 말씀(왕하 1:8-14)을 기억하고 있었던지라 제자들은 그 마을을 똑같이 쓸어버리자고 예수님께 제안한다. 하나님도 소돔과 고모라에 같은 일을 행하지 않으셨던가. 하지만 예수님은 제자들에게 말씀하셨다. "너희는 너희가 어떤 영을 지녔는지 알지 못하고 있도다. 인자는 사람들의 생명을 멸하려고 온 것이 아니라 구원하려고 왔느니라"(눅 9:55-56, 한글 킹제임스).

세례 요한도 비슷한 문제에 봉착했다. 세례 요한은 불 심판을 전했다. 그는 엘리야의 영과 능력을 가진 사람이었다. 세례 요한은 이렇게 선포했다.

"독사의 자식들아 누가 너희를 가르쳐 장차 올 진노를 피하라 하더냐 … 이미 도끼가 나무 뿌리에 놓였으니 좋은 열매 맺지 아니하는 나무마다 찍혀 불에 던지우리라 … 손에 키를 들고 자기의 타작마당을 정하게 하사 알곡은 모아 곡간에 들이고 쭉정이는 꺼지지 않는 불에 태우시리라"⁽눅 3:7, 9, 17⁾.

엘리야의 선포가 불길이 치솟을 정도로 무시무시한 것이라 누가가 이어 덧붙인 "또 기타 여러가지로 권하여 백성에게 좋은 소식을 전하였으나"⁽3:18⁾라는 말이 어색하게 들릴 지경이다. 좋은 소식? 지옥 불?

요한은 후에 예수님의 사역을 보게 됐다. 하지만 심판의 불은 내려오지 않았다. 그래서 요한은 사람을 보내 혹시 자신이 메시야를 잘못 알아본 것은 아닌지 예수님께 물었다. 예수님은 요한이 보낸 자들에게 병든 자들과 죽어 가는 자들 가운데 나타나는 하나님의 자비하심에 대해 말씀하시고는 이런 말씀을 덧붙이셨다. "누구든지 나를 인하여 실족하지 아니하는 자는 복이 있도다"⁽눅 7:23⁾.

참된 전도의 영은 사랑이다.
우리는 활화산 주위를 걸어 다니는 우리 자녀들을 보는 심정으로
사람들에게 지옥의 위험에 대해 경고해야 한다.

엘리야는 바알과 이세벨, 그리고 이세벨의 바보 같은 남편 아합에 대한 회초리였다. 하지만 예수님은 회초리로 이 땅에 오시지 않았다. 예수님은 우리의 등이 아닌 자신의 등을 기꺼이 회초리 앞에 내놓으셨다. 예수님은 온 우주 뒤에 숨겨진 궁극적 실체,

그분의 피조물 하나하나를 향한 그분의 무한한 갈망과 안타까움 그리고 그분의 심장 박동을 보여 주셨다. 사실 사람들이 아래로, 더 아래로 침잠할수록 예수님은 더욱더 그들을 위해 피 흘리셨다. 이런 사랑이 바로 참된 전도의 영이다.

나는 사람들이 지옥에 가리라는 사실을 안다. 그들을 염려하고 아낀다면 그들에게 경고해야 마땅하다. 하지만 나는 활화산 주위를 걸어 다니는 내 아들딸을 보는 심정으로 그들을 바라보며 경고해야 한다. 우리의 복음 전파에 미움은 조금도 없어야 한다. 우리의 사명은 긍휼이다. 지옥이 죄인들을 삼키려 그 입을 벌리고 있기 때문에 우리는 긴박감과 초조함으로 죄인들의 영혼을 바라봐야 한다. 지옥에 떨어질 죄인들을 바라보며 만족감에 들뜨고 기뻐 소리치는 일은 있을 수도, 있어서도 안 된다. 경고와 협박은 전혀 다르다. 요나는 심판을 선포하기가 힘들었다. 진노를 선포하기는 즐거웠지만, 하나님이 노하기를 기뻐하지 않으신다는 사실을 알았기 때문이다. 하나님은 오래 참으신다.

사랑의 음성

나는 예수님의 음성이 어땠을까 종종 궁금하다. 예수님이 도시들에 임할 일곱 가지 재앙을 말씀하신 적이 있다(계 2:1-3:22). 그 말씀을 하시는 예수님의 음성은 어땠을까? 나는 예수님이 슬픈 음성으로 도시들에 임할 심판을 말씀하셨을 것 같다. 거절당하러 예루살렘으로 가실 때 그분의 음성을 채운 그 사랑, 그분의 눈에 고인 그 눈물을 생각해 보라!(마 23:37) 그분의 마음은 아마 그 음성을 통해 고스란히 드러났을 게다. 특권을 누린 소수의 사람들만이 들을 수 있었던 그 음성은 대체 어땠을까?

누가복음 4장 22절은 이렇게 기록한다. "저희가 다 그를 증거하고 그 입으로 나오는바 은혜로운 말을 기이히 여겨." 예수님을 잡으러 온 성전 수비대들은 넋이 나가 무방비 상태로 돌아와서 이렇게 말했다. "그 사람의 말하는 것처럼 말한 사람은 이때까지 없었나이다"(요 7:46). "아버지여 저희를 사하여 주옵소서 자기의 하는 것을 알지 못함이니이다"(눅 23:34)라고 부르짖으실 때 예수님의 음성은 어땠을까?

D. L. 무디(D. L. Moody)는 초청을 받아 런던에서 천 명 가까이 되는 이성주의자들 앞에 서서 강연을 하게 됐다. 전반적인 분위기는 사뭇 적대적이었다. 하지만 무디는 수염을 타고 흐르는 눈물을 닦지도 않은 채 그리스도께 돌아오라고 이들에게 간청하며 정말로 흐느껴 울었다. 갑작스레 적대적인 분위기가 깨어지면서 그날 수백 명이 그리스도께로 돌아왔다. 그날 그들의 삶은 완전히 변했다. 복음이 울고 짜는 신파극이 되어야 한다는 의미가 아니다. 예수님의 음성은 사람들의 감성을 자극하는 것을 훨씬 뛰어넘었다. 사람들의 반응은 눈물이 아닌 기쁨이었다. 예수님은 제자들에게 예수님이 주시는 것은 평강과 기쁨이라고 말씀하셨다 (요 14:27, 15:11). 사실 예수님의 말씀과 가르침에는 사람들의 감정을

자극하는 비장함이나 달콤 씁싸래한 감성주의가 전혀 없었다. 복음을 전하는 음성은 승리와 확신, 기쁨으로 가득해야 한다.

물론 심판을 눈앞에 둔 니느웨에 경고의 메시지를 전하는 요나의 목소리는 이와는 거리가 멀었다. 하지만 예수 그리스도를 통해 은혜와 진리가 밝히 드러났다. 사랑은 이 세상에서 가장 큰 소리로 울리는 종이다.

의분과 옳은 우선순위

하나님은 박 넝쿨이 무럭무럭 자라 요나에게 그늘을 만들어 주고는 이윽고 말라 죽은 일을 통해 요나에게 말씀하셨다. 요나는 무슨 일이 벌어질지 보기 위해 성읍 밖으로 나가 기다렸다. 뜨거운 태양을 피하기 위해 초막을 지었다. 하나님이 공급하신 박 넝쿨은 타는 듯한 열기를 조금 더 피할 수 있게 해 줬지만 결국은 하룻밤 사이에 말라죽어 버렸다. 벌레가 박 넝쿨 뿌리를 갉아먹었기 때문이다(욘 4:7).

요나는 분을 참지 못했다. 하지만 하나님은 "네가 이 박 넝쿨로 인하여 성냄이 어찌 합당하냐"고 말씀하셨다. 요나는 자신이 화를 내는 것이 마땅하다고 생각했을 뿐 아니라 심지어는 너무 화가 나서 차라리 죽는 것이 낫겠다고 주장한다(9절). 그제야 하나님은 당신의 생각을 풀어놓으신다. 요나서의 마지막 부분은 다음의 하나님의 말씀을 기록하고 있다.

"여호와께서 가라사대 네가 수고도 아니하였고 배양도 아니하였고 하룻밤에 났다가 하룻밤에 망한 이 박 넝쿨을 네가 아꼈거든 하물며 이 큰 성읍, 니느웨에는 좌우를 분변치 못하는 자가 십 이만 여명이요 육축도 많이 있나니 내가 아끼는 것이 어찌 합당치 아니하냐"(욘 4:10-11).

요나에게는 사람들의 생명보다 박 넝쿨이 더 중요했던 모양이다. 요나의 모습에서 무엇이 우리에게 중요한지에 대한 교훈을 얻게 된다. 현대 사회에는 의로운 대의들이 넘쳐난다. 미국은 특히 환경문제와 같은 도덕적 사안들에 관한 법안 상정을 위한 강력한 로비를 펼치는 것으로 해외에 정평이 나 있다. 그리스도인들 가운데서도 이러한 사안에 정치적으로나 학문적으로 적극 참여하는 이들이 있다. 그렇게 해서 안 될 이유는 절대 없다. 하지만 중요한 건 우리가 어떤 문제에 대해 가장 격분하는가 하는 것이다.

사회, 환경, 도덕적 문제는 우리가 가벼이 지나칠 문제가 아니다. 현대 사회의 무지막지한 행태에 우리는 분개해야 마땅하다. 하지만 영생의 구원 문제에 대해 우리는 어떠한 태도를 보이는가? 생명 옹호론자들은 태어나지 않은 아기의 생명을 지키기 위해 (마땅한) 싸움을 싸우고 있다. 하지만 내가 살고 있는 도시의 거리를 걸어 다니는 수백만의 영혼들을 위해 우리는 무엇을 하고 있는가?

우리 모두가 설교자가 될 수는 없다. 모두가 전도자가 될 수도 없다. 각기 맡겨진 일을 성실히 하는 사람들이 있어야 우리 사회가 유지되고, 우리 교회가 움직일 수 있다. 하지만 결국 죽을 수밖에 없는 인간의 생명이나 사회 문제에 대해 우리가 얼마만큼 우려하고 있든지 간에 만민에게 복음을 전파하라는 그리스도의 부르심은 우리의 궁극적 목표가 되어야 한다.

우리도 박 넝쿨이 말라죽자 그늘이 사라져 버렸다며 눈앞에 닥친 문제에만 급급했던 요나처럼 될 수 있다. 혹여 그리스도를 거절한 이들이 처한 영생의 위험보다 북대서양의 멸종 위기 동물들에 대해 더 염려하고 있지는 않은가?

죽은 자 가운데서 살아나신 후 하늘로 올라가시기 직전 예수님은 하나님 나라에 대해 가르치셨다(행 1:3). 제자들은 예수님께 물었다. "주께서 이스라엘 나라를 회복하심이 이 때니이까"(6절). '이스라엘 왕국이 회복될 수 있는가'는 제자들에게 우선적인 문제였을 뿐 아니라, 하나님 나라에 대한 나름의 해석이었다. 즉 이들에게 하나님 나라는 민족주의적 문제였다. 제자들은 때와 시기가 궁금했다. 이들의 질문에 예수님은 이렇게 대답하신다.

"때와 기한은 아버지께서 자기의 권한에 두셨으니 너희의 알 바 아니요 오직 성령이 너희에게 임하시면 너희가 권능을 받고 예루살렘과 온 유대와 사마리아와 땅 끝까지 이르러 내 증인이 되리라"(행 1:7-8).

이것이 예수님이 이 땅에서 남기신 마지막 말씀이었다. 물론 모든 사람이 다 사람 낚는 어부가 되기 위해 배를 버릴 수 있는 건 아니다. 하지만 그렇다 하더라도 지상명령이 모든 믿는 자들의 최우선 순위가 되어야 한다.

미래전도

이 세상은 대부분의 사람들이 예상하는 것보다 더 빨리 복음화될 수 있다. 새 천 년을 시작하는 지금도 이 사실은 변함이 없다. 예수님이 이 땅을 떠나실 때 믿는 자의 수는 고작 몇 천이었다. 인구 2만 명당 그리스도인은 한 명 정도밖에 되지 않았을 게다. 하지만 그로부터 300년도 채 되지 않아 로마 제국 전체가 '공식적인' 기독교 국가가 됐다. 그리고 현재 이 지구상에는 6억 명의 거듭난 그리스도인들이 있는 것으로 추정된다. 이 땅 위의 열 명당 한 명이 그리스도인이다.

우리가 다른 문제에 마음을 빼앗기고, 단순한 정치·사회적 관심사에 우리의 시간과 돈과 에너지를 쏟아 부을 때, 복음 증거는 쇠하게 된다. 그러나 그렇게 되어서는 안 된다. 복음 증거는 흥해야 한다. 우리는 세상의 나머지 아홉 명에게 복음을 전하기 위해 총력을 기울여야 한다. "복음이 모든 민족에게 증거되기 위하여 온 세상에 전파되리니 그제야 끝이" 오게 될 것이다(마 24:14).

Evangelism And The World

2장

전도와 세상

지상명령의 범위와 의미를 생각해 보면 지상명령이 곧 온 세상을 향한 하나님의 사랑의 표현이라는 사실을 깨닫고 벅찬 감동을 느끼게 된다. 때문에 어떤 분야에서 어떤 일을 하고 있든 모든 그리스도인의 본업은 전도여야 한다. 전도는 기독교 사역의 필수적인 부분이다.

빛이 있으라

드로아를 찾은 바울은 밤중까지 강론을 하게 됐다. 바울이 설교를 하는 중에 유두고라고 하는 청년이 졸다가 창밖으로 떨어지는 사건이 발생한다. 다행히 그 자리에는 유두고를 다시 일으켜 줄 바울이 있었다.

바로 앞 부분에 기록된 말씀은 "우리의 모인 윗다락에 등불을 많이 켰는데"(행 20:8)이다. 우리가 살고 있는 이 세상에도 등불이 많이 있다. 신랑의 비유에 등장하는 모든 처녀들은 등을 들고 있었다. 하지만 등불의 절반이 꺼지고 만다(마 25:8). 모든 등불이 절반씩만 불타고 있었다는 의미가 아니다. 빛을 절반만 내는 경우는 없다. 빛을 내든지 캄캄함 속에 있든지 둘 중 하나다.

가끔 열 처녀 비유에서처럼 그리스도인들도 50대 50이 아닐까 하는 생각이 든다. 열 처녀 중 절반은 잠이 들었다. 유두고도 잠이 들었다. 그에게 일어난 일을 생각해 보라! 일을 하다 잠이 든 사람들, 기름이 없기 때문에 등불이 꺼져 버린 사람들은 넘어질 수밖에 없다. 그래서 성경은 "잠자는 자여 깨어서 죽은 자들 가운데서 일어나라 그리스도께서 네게 비취시리라"(엡 5:14)고 기록하고 있다.

어두움을 내어 쫓고 싶다면, 어두움에 대고 소리쳐야 아무 소용없다. 불을 밝히기만 하면 된다! 논쟁술은 진리와 성령을 대체할 수 없다. 아무리 짙은 어두움이라도 작은 촛불에서 나오는 빛만으로 완전히 쫓겨간다.

> 아무리 짙은 어두움이라도 작은 촛불에서 나오는 빛만으로 완전히 쫓겨 간다.

예수님은 요한이 "켜서 비취는 등불"(요 5:35)이라고 말씀하셨다. 요한복음 1장 5절과 7절은 "빛이 어둠에 비취되"라면서 요한이 "빛에 대하여 증거하고"라고 기록한다. 만약 이미 빛이 비치고 있었다면 왜 요한이 필요했을까? 태양이 뜨면 온 세상이 태양이 뜬 줄 안다. 이제 낮이 되었노라고 굳이 설명할 필요가 없다. 그렇다면 빛에 대한 '증언'이란 무엇일까? 구름 한 점 없는 밤에 하늘을 올려다보면 달이 환히 빛나고 있다. 인류는 달을 탐사했고 그 결과 달이 자체적으로 빛을 내지 못한다는 사실을 밝혔다. 달뿐 아니라 달을 둘러싸고 있는 모든 공간에는 빛이 없다. 만약 달을 둘러싼 공간이 온통 어두움뿐이고 달도 자체적으로 빛을 내지 못한다면, 어떻게 그렇게 밝은 빛을 내면서 우리에게 빛을 비춰 주는 걸까? 다 알다시피 달은 빛을, 정확하게 말하자면 태양이 발산하는 빛을 반사할 뿐이다. 그런데 태양빛이 달에 미치기까지 통과하는 그 공간은 왜 온통 어두움뿐인가? 심지어 달 주변의 공간마저 어두움뿐인 이유는 뭘까?(초등학교 1학년도 알 만한 답이다!)

빛 그 자체는 눈에 보이지 않는다. 빛이 사물에 가서 부딪힐 때에야 비로소 우리는 빛의 존재를 알게 된다. 우주의 대부분은 완전히 텅 빈 상태다. 태양에서 발산되는 빛이 달에 미치기 전까지는 그 빛을 잡아 둘 수 있는 것도, 빛의 움직임을 가로막을 수 있는 것도 없다. 사실 우주는 수억 개의 태양이 발산하는 빛으로 가득하지만, 그럼에도 여전히 칠흑 같이 어둡기만 하다.

우주는 하나님으로 가득 차 있다. 하나님은 빛의 아버지시며, 모든 빛이 그분에게서 나온다. 하지만 수백만의 사람들이 여전히 칠흑 같은 어두움 속에 살아가고 있다. 어떻게 이런 일이 있을 수 있을까? 온 우주가 하나님의 빛으로 터질 듯 가득 차 있는데, 어떻게 영적 어두움 속에 사는 사람이 있을 수 있을까?

이런 사람들은 누군가 빛을 잡아 반사하여 보여 주기 전까지는 보이지 않는 빛을 인식하지 못한다. 대기의 분자들과 먼지와 습기가 빛을 반사하지 않는다면 태양광선은 지구상에서 그 모습을 드러낼 수 없다. 태양빛은 수십억 킬로미터를 여행하지만, 어딘가에 부딪혀 그 빛이 반사되기 전까지는 지나간 흔적조차 알아볼 수 없다. 빛이 있다는 사실을 우리가 보기 위해서는 뭔가가 필요하다. 달은 태양빛에 대한 증언이다. 태양이 발한 빛으로 빛나고 있는 달은 태양이 빛나고 있다는 증거가 된다. 달은 보이지 않는 태양빛을 힘입어 하늘을 가르며 우리의 밤길을 밝혀 준다.

디모데전서 1장 17절은 '영원하시며 썩지 아니하고 보이지 아니하는 왕'에 대해 이야기한다. 하나님의 밝은 빛은 영원하다. 절대 그치지 않는다. 하지만 누가 그 빛을 볼 수 있는가? 어두움 가운데 다니는 사람이 볼 수 있다. 하지만 이들이 오직 어딘가에 반사된 빛만을 볼 수 있다는 것은 부인할 수 없는 자명한 사실이다. 요한이 "켜서 비취는 등불", 즉 빛의 증인이었던 것과 마찬가지로 모든 믿는 자들도 빛의 증인이 되어야 한다. 주님은 우리에게 "빛 가운데 행하라"(요1 1:7)고 명하신다. 우리가 빛 가운데 행하지 않으면 세상에 빛이 있을 수 없기 때문이다. 영적으로 잃어버린 자 된 이 세상의 운명은 빛을 반사하는 자들에게 달려 있다. 우리가 복음을 숨긴다면 복음은 영영 잃어버린 자들에게 숨겨지고 말 것이다(고후 4:3-6).

여기서 한 가지 짚고 넘어가고 싶은 부분이 있다. 바울은 모세의 얼굴이 하나님의 영광으로 빛났지만, 모세가 수건으로 얼굴을 가렸다고 기록한다(고후 3:13). 모세가 비록 겸손한 사람이었지만, 그 때문에 얼굴을 가린 것은 아니다. 영광은 점차 사라질 것이고, 그 모습을 미신적인 이스라엘 백성들이 보지 않는 편이 훨씬 나으리라는 사실을 알았기에 모세는 얼굴을 가렸다. 영광이 사라지는 모습을 보면서 이스라엘 백성들은 잘못된 결론을 내릴 것이 분명했다. 때문에 모세는 얼굴을 완전히 가려 백성들이 그의 얼굴이 빛나는지 아닌지 아예 보지 못하도록 했다.

바울이 전하고자 하는 요지는 신약의 기독교 시대에는 하나님의 빛, 하나님의 영광이 쇠하지 않는다는 것이다(고후 3:18). 하나님의 빛은 영원하다. 영광이 얼마 후면 사라질까 두려워할 필요가 없으니 수건을 벗을 수 있다. 하나님의 성령은 우리 삶 주변에서 위태롭게 깜박거리는 도깨비불이 아니다. 성령님은 우리와 함께 거하신다. 우리는 이제 수건을 벗은 얼굴로 당당하게 이 세상 앞에 행하며 사람들에게 우리 안에 있는 하나님의 영광을 보일 수 있다.

야고보는 "각양 좋은 은사와 온전한 선물이 다 위로부터 빛들의 아버지께로서 내려오나니 그는 변함도 없으시고 회전하는 그림자도 없으시니라"(약 1:17)라고 기록한다. 태양의 자전 때문에 그림자가 생기고, 그림자는 태양의 움직임과 함께 움직인다. 해시계를 보면 그 사실을 알 수 있다. 그렇다면 그림자가 없을 때는 언제인가? 태양이 천정(天頂)에 있을 때다. 하나님은 항상 가장 높은 곳, 가장 중심 되는 곳에 계시기 때문에 하나님께는 그림자가 없다. 하나님은 그 완벽한 자리에서 절대 움직이시지 않는다. 하나님의 빛은 결코 그치지 않으며, 영원히 비춰어 항상 눈이 부시다.

하나님은 우리가 영생토록 반사해야 할 영원한 빛이시다. 그분의 영광은 결코 사라지지 않으니 우리는 얼굴을 가려서는 안 된다. 우리는 "영광으로 영광에"(고후 3:18) 이르도록 변화받고 있다. 점점 더 큰 영광이 우리에게 주어진다!

이 땅에 어두움이 임할 것인가?

그런데 왜 내가 전도자로서 미국에 온 것일까? 이미 미국에는 인도나 이집트, 베냉보다 더 많은 빛이 있지 않을까? 물론 미국에는 빛이 있다. 미국에는 복음이 있다. 미국 어디를 가든 교회 첨탑이 손가락처럼 뾰족이 솟아 하나님을 가리키고 있다. 이미 빛이 넘쳐나는 곳에 내가 빛을 가져오려 노력하고 있는 것일까? 또 유럽의 상황은 어떤가?

달을 숭상하는 부족에 대한 얘기를 앞서 전했다. 이 부족은 환한 대낮에 빛을 내는 태양이 아무짝에도 쓸모없다고 생각했다. 이들은 낮이 환한 이유는 태양이 비추고 있기 때문이라는 사실을 깨닫지 못했다.

미국과 유럽의 거리에 빛이 있는 이유는 전적으로 빛을 비추는 그리스도인들이 있기 때문이다. 예수님은 "너희는 세상의 빛이라"(마 5:14)고 말씀하셨다. 때문에 나는 미국에 와서 여러분과 함께 빛을 발할 수 있음이 기쁘다. 우리는 언제나 더 많은 빛을 비출 수 있다. 그리스도인이 없다면 금세 많은 나라에 어두움이 임하고 말 것이다. 불신자들이 원하는 대로 살 수 있을지는 모르지만, 얼마 지나지 않아 자신들이 뿌린 대로 거두게 될 것이다. 길을 인도해 주는 빛이 없다면 그 결과는 총체적 혼란뿐이다.

미국과 유럽의 많은 이들이 기독교 없이도 도덕적인 삶을 살 수 있다고 이야기한다. 정말 그럴까? 많은 미국인들이 미국의 도덕성의 근원이 하나님을 믿는 건국의 아버지들에게서 비롯되었음을 망각하고 있는 듯하다. 숨을 쉬지 않는다고 당장 죽지는 않는다. 하지만 아주 잠시 잠깐만 버틸 수 있을 뿐이다. 물 없이, 식량 없이 버틸 수 있는 시간은 그보다는 좀 더 길다. 빛이 없이도 잠시 동안은 살 수 있을지 모른다. 하지만 영원히 빛 없이 살 수는 없다.

앞 세대의 믿는 자들이 미국에 투자한 영적 자산은 언젠가는 소진되고 말 것이다. 믿음의 선조들의 투자에 대한 배당금으로 연명하는 삶이 언제까지나 계속될 수는 없다. 우리는 부의 창출자가 되어야 한다. 영적인 부, 믿음의 자산의 중개인이 되어야 한다. 사람들의 존경을 받는 그리스의 철학자들이 이 시대에 살았더라면 아마 상당수가 아동 성도착자로 감옥에 들어갔을 것이다. 유럽을 구원한 이는 플라톤이 아니라 그리스도다. 그리스도만이 미국을 구원하실 수 있다. 사람들은 자유를 누리는 대신 경계 태세를 늦춰서는 안 된다고 말한다. 하지만 하나님을 믿는 믿음 없이 경계심만 있다면 종국에는 실패할 수밖에 없다. 자유는 경건함의 부산물이다. 원인 없이 결과는 존재할 수 없다. 하나님을 믿는 믿음 없는 자유는 결국 노예의 삶으로 귀결된다.

내가 지금까지 방문한 많은 국가에는 정책의 형성에 영향을 미칠 만한 기독교 전통이 전혀 없다. 성경의 믿음으로 다져진 기초야말로 한 나라가 두각을 나타낼 수 있는 근간이 된다. 하지만 만약 그런 믿음을 버린다면, 결국 그 나라의 불은 꺼지고 만다. 나의 조국 독일에서 일어난 일이 바로 그랬다. 수백 년간 자유주의적이고 합리주의적인 사상을 강조하면서 성경을 비판하는 과정에서 독일의 기독교 신앙은 희석되고 말았다. 물의 끓음처럼 불안정하고 나약해진 이 지역은 더 이상 탁월해질 수 없었다(창 49:4). 이런 상황에서 도덕성이라고는 전혀 찾아볼 수 없는 정권이 쉽사리 권력을 차지했다. 독일은 히틀러와 나치 제국의 야만적 정책을 별 저항 없이 받아들였다.

18세기에 그리스도 없는 국가의 이상을 시험한 결과로 시작된 프랑스의 공포시대는 결국 200만 명의 대학살로 이어졌다. 영국만이 이런 참상을 빗겨갈 수 있었다. 웨슬리와 휫필드의 부흥운동의 영향이 그 주된 이유다. 러시아가 70년간의 무신론적 통치의 영향에서 벗어나기까지는 최소한 30년 이상이 소요될 것이다.

하지만 상상을 초월하는 수준으로 부패하고 난도질 된 무분별한 기독교 아류들은 이런 참상들보다 더 처참하다. 이들은 불신앙적 이론과 터무니없는 미신과 우상 숭배로 복음의 가치를 떨어뜨린다. 뒤틀릴 대로 뒤틀린 기독교 아류들은 결코 진리를 보여 줄 수 없기에 결코 자유 또한 선사할 수 없다. 이 세상은 보혈로 가득 찬 복음 전도를 갈구하며 애타게 부르짖고 있다.

전도자의 일

그리스도의 입술에서 직접 선포된 지상명령은 사복음서와 사도행전에 다양한 형태로 기록되어 있다. 하지만 매번 방점이 열방에 찍혀 있음을 보게 된다. 지상명령은 전 세계에 흩어져 있는 구원받지 못한 다수를 강조한다. 마태복음은 "그러므로 너희는 가서 모든 족속으로 제자를 삼아"(28:19)라고 기록한다. 마가는 "너희는 온 천하에 다니며 만민에게 복음을 전파하라"(16:15)고 전한다. 요한은 예수님이 아버지에게 이야기하시는 가장 고결한 순간을 기록한다. "아버지께서 나를 세상에 보내신 것 같이 나도 저희를 세상에 보내었고 … 세상으로 아버지께서 나를 보내신 것을 믿게 하옵소서"(17:18, 21).

어떤 이들은 전도자가 1년에 한 번 교회에 찾아와서는 분위기를 쇄신해 주고 가는 부흥사라고 생각한다. 하지만 전도자의 본업은 그리스도를 위해 사람들을 얻는 것이지, 졸고 있는 그리스도인들에게 설교하고 죽은 교회를 살리는 것이 아니다! 전도 집회와 교회 잔치를 혼동해서는 안 된다. 전도자가 사역의 초점을 하나님의 성도들에게 두고 있다면, 분명 방향이 잘못되어 있다.

전도의 은사는 그리스도를 위해 아직 믿지 않는 형제자매들에게 다가가라고 주어졌다.

모든 그리스도인을 향한 전도

신약은 전도가 그리스도를 따르는 모든 이들의 당연한 소임임을 분명히 밝힌다. 사실 예수님의 주된 일이 바로 전도였기에, 전도는 곧 그리스도를 따르는 것이다. 믿음과 믿음의 선포는 동전의 양면과 같다. 믿는 자에게는 선택권이 없다. 다른 사람들에게 자신의 믿음에 대해 이야기하거나, 아예 믿음에 대해 전하는 일을 업으로 삼거나 둘 중 하나뿐이다.

종교마다 나름대로의 신성한 의무를 제시한다. 시크교도는 터번을 둘러야 한다. 힌두교들은 동물성 지방을 먹어서는 안 된다. 무슬림들은 자신들의 기도문을 반복한다. 그리스도인들에게는 그리스도를 증거할 신성한 의무가 있다. 증거는 기독교 신앙의 본질이다. 교회는 복음을 선전하기 위한 모임이다. 교회가 처음 생겨난 1세기에 사람들은 위험을 감수해야 하는 상황에서도 자신들이 당연히 복음의 증인이 될 거라 기대하며 교회에 들어갔다.

> 교회는 복음을 선전하기 위한 모임이다.

회심 전의 바울조차도 다른 이들에게 그리스도에 대해 전하는 것이 믿는 자들의 의무임을 알았다. 그리고 마땅히 해야 할 신성한 의무를 다한 교회를 핍박했다. 회심 이후 바울은 자신의 믿음을 사람들과 나누기 위해 환난에 처하는 것도 마다치 않았다. 하지만 사도로서 바울은 하나님이 자신에게 복음을 맡기셨다는 자부심을 숨기지 않았다. 바울은 항상 자신이 복음을 맡은 자가 된 것이 가장 뜻밖의 횡재였다는 듯이 이야기하곤 했다.

교회는 양적으로 성장해야 한다. 신약 곳곳에서는 양적 성장에 대해 직간접적으로 이야기하고 있다.

> "보내심을 받지 아니하였으면 어찌 전파하리요 기록된바 아름답도 다 좋은 소식을 전하는 자들의 발이여 함과 같으니라" (롬 10:15).
> "그리하여 온 유대와 갈릴리와 사마리아 교회가 평안하여 든든히 서 가고 주를 경외함과 성령의 위로로 진행하여 수가 더 많아지니라" (행 9:31).

우리가 보는 세상

나는 신약에서 '세상'이 중심 개념의 하나로 떠올랐다는 것이 신약과 구약의 주된 차이라고 생각한다. 구약은 주로 실망스럽기 짝이 없는 이스라엘의 역사에 초점이 국한되어 있다. 하나님의 백성들의 가장 큰 소망은 국수주의적인 것이었고, 이들의 세계관은 단순히 이스라엘만 들여다보는 '내부관(觀)'에 지나지 않았다. 하지만 신약에 이르면, 그림 자체가 바뀐다.

갑자기 분주함과 흥분이 느껴진다. 그리스도에게서 복음을 전하라는 사명을 받고 난 후, 이스라엘 백성들은 가는 곳마다 주님의 이름을 선포하는 세계 여행자가 된다. 예수님은 요한복음 10장 16절에서 이들에게 말씀하셨다. "이 우리에 들지 아니한 다른 양들이 내게 있어 내가 인도하여야 할터이니 저희도 내 음성을 듣고 한 무리가 되어 한 목자에게 있으리라."

예수님은 자신의 사명과 교회의 사명에 대해 말씀하시면서 양 떼를 치고, 곡식을 추수하는 것을 이야기하셨다. 또한 물고기를 낚는 것도 이야기하셨다. 하루는 예수님이 물가를 걸으시던 중에 갈릴리 어부 청년 몇이 일을 하는 모습을 보셨다. 시몬과 안드레는 그물을 내리고 있었고, 얼마 떨어지지 않은 곳에서는 요한과 야고보가 그물을 깁고 있었다. 그중 누군가는 아직 스무 살도 채 되지 않았을 게다. 예수님은 이들에게 말씀하셨다. "나를 따라오너라 내가 너희로 사람을 낚는 어부가 되게 하리라"(마 4:19). 이들이 양 떼처럼 보였는지, 물고기처럼 보였는지는 중요치 않다. 그리스도는 사람들을 당신께로 모으기를 원하셨다. 사람을 예수님께로 모으는 것. 지금도 변함없는 예수님의 이 위대한 목적이 바로 우리의 목적이 되어야 한다.

고기잡이

먼저 고기잡이와 바다가 이스라엘 백성들에게 어떤 의미인지를 이해해야 한다. 이스라엘 백성들은 바다에 대해 대단한 애착이 없었다. 지중해에 나가기보다는 주로 호수에 불과한 갈릴리 바다에서 고기를 잡았기 때문이다. 이스라엘에는 이렇다 할 선단도 없었다. 때문에 요나가 욥바에서 올랐던 배처럼 외국인 선원들이 주류를 이루는 다시스 배를 이용했다.

구약에 바다가 언급된 부분이 있기는 하지만, 긍정적으로 묘사된 곳은 거의 없다. 유대인들에게 바다는 불가사의한 심연이며, 기어 다니는 동물들과 뱀처럼 생긴 이리저리 구불거리는 리워야단이 있는 곳이었다(시 104:25-26). 이사야 27장 1절은 리워야단을 꼬불꼬불한 뱀, 바다에 있는 용으로 표현한다. 시편 74편은 물 가운데 있는 용들과 리워야단에 대해 기록한다. 요나를 삼킨 것은 바다 괴물이었다. 계시록의 마지막 부분에서 요한은 "바다도 다시 있지 않더라"(계 21:1)며 안도의 숨을 내쉰다.

이스라엘 백성들에게 바다는 인간의 통제를 벗어난 거칠고 불안정하기 짝이 없는 존재였다. 오직 하나님만이 바다를 잠잠케 하실 수 있다. 시편 104편 6절과 7절은 이렇게 기록한다. "옷으로 덮음 같이 땅을 바다로 덮으시매 물이 산들 위에 섰더니 주의 견책을 인하여 도망하며." 하나님은 이스라엘 백성들을 위해 홍해에 길을 내셨다. 하지만 하나님의 명령에 바로 그 홍해가 애굽의 군대를 수장시켰다.

시편 기자는 "광풍이 일어나서 바다 물결을 일으키는도다 저희가 하늘에 올랐다가 깊은 곳에 내리니"(시 107:25-26)라고 기록했다. 이 구절에서 선원들의 모습은 이렇게 묘사된다. "이리 저리 구르며 취한 자 같이 비틀거리니 지각이 혼돈하도다"(27절).

이스라엘 백성들에게 바다는 죽은 자들이 머무는 곳, 울부짖는 영혼들의 처소였다. 계시록 20장 13절은 "바다가 그 가운데서 죽은 자들을 내어주고"라고 기록한다. 바람이 불면 고통 중에 있는 잃어버린 영혼이 소리치는 듯이 들렸다. 바다 위를 걸으시는 예수님을 보고 제자들은 유령이라고 생각하고는 겁에 질렸다(마 14:26).

열방에 대한 그림에서도 바다는 암울하게 표현된다.

> "슬프다 많은 민족이 소동하였으되 바다 파도의 뛰노는 소리 같이 그들이 소동하였고 열방이 충돌하였으되 큰 물의 몰려옴 같이 그들도 충돌하였도다 열방이 충돌하기를 많은 물의 몰려옴과 같이 하나"
> (사 17:12-13).

시편 2편 1절은 이방 민족이 분노한다고 이야기한다. 예수님도 누가복음 21장 25절과 26절에서 열방을 설명하는 데 유사한 표현을 사용하셨다. "땅에서는 민족들이 바다와 파도의 우는 소리를 인하여 혼란한 중에 곤고하리라 사람들이 세상에 임할 일을 생각하고 무서워하므로 기절하리니."

하지만 이런 위험에도 불구하고 예수님은 제자들을 불러 어부가 되게 하셨다. 예수님은 "내가 너희로 사람을 낚는 어부가 되게 하리라"(마 4:19)고 말씀하셨다. 갈릴리에만 머무는 어부가 아닌 "땅 끝까지"(행 1:8) 이르는 어부가 되라고 하셨다. 인류의 바다로 나아가는 어부. 온 열방을 향한 어부. 예수님의 부르심을 받은 갈릴리 어부들은 세상에 대해 아는 바가 거의 없었다. 평생 작은 어촌을 떠난 적이 거의 없는 사람들이었다. 이들은 모험가가 아니었지만, 예수님은 이들이 그 어떤 사람도 경험해 본 적이 없는 원대한 탐험을 하도록 보내신다. 그리스도를 위해 세상의 거친 바다에서 사람을 낚으라고 제자들을 내어 보내신 것이다. 세상의 거친 바다가 바로 이들이 사람을 낚을 낚시터였다. 광풍이 몰아치고, 귀신이 고삐 풀린 채 돌아다니는 심해가 곧 이들의 일터였다. 적대적인 바다의 위협을 받을 것이 분명했다.

하지만 예수님은 제자들을 부르시면서, 당신이 바다의 주인이심을 확실하게 보여 주셨다. 제자들은 직업 어부였다. 하지만 예수님은 '세베대와 아들들' 어업 주식회사의 새로운 총괄 책임자로 취임하셨다. 그리고 배에 오르시고는 어떻게 물고기를 잡아야 하는지 친히 알려 주셨다. 결과가 어땠느냐고? 직업 어부들도 꿈꾸지 못할 만큼의 수확을 거둬들이셨다!(눅 5:1-11)

하루는 제자들이 폭풍이 몰아치는 가운데 갈릴리 바다 한복판에 놓이게 됐다. 제자들이 할 수 있는 일은 구해주십사 간구하며 폭풍이 잦아들기를 기다리는 것뿐이었다. 바로 그때 제자들은 바다 위를 걸어오시는 예수님을 보게 된다. 가장 위대한 사건 중 하나인 이 사건은 사실 최악의 요소들로 이뤄져 있다. 마귀가 갈릴리 호수를 광포하게 했지만 예수님은 조용히 파도 사이를 걸어오신다. 예수님은 깊은 바다의 용도 두려워하지 않으셨다. 울부짖는 바람소리도, 마귀도, 예수님을 일순간도 멈추시게 할 수는 없었다. 예수님이 이들의 주인이시며, 이들을 발아래 밟으셨기 때문이다. 예수님이 바다를 꾸짖으시자, 바다는 마치 채찍을 맞은 개처럼 얌전해졌고, 예수님의 발아래 순식간에 잠잠해졌다(마 14:22-33).

예수님은 제자들에게 열방을 가르치도록 거친 바다 가운데로 제자들을 보내실 것이라고 경고하셨다. 사람들이 하나님을 섬기는 일이라 생각하며 제자들을 죽일 것이라고 말씀하셨다(요 16:2). 제자들이 이리 가운데 있는 양과 같을 것이라고 하셨다(마 10:16). 제자들은 목숨을 내려놓을 준비를 해야 했다. 제자들은 그리스인의 지혜나 거대한 로마 제국에 대해 전혀 알지 못했다. 헤라클레스 기둥(지브롤터 해협) 너머에 무엇이 있는지도 전혀 아는 바가 없었다. 이들에게 세상은 위험으로 가득 찬 미지의 바다였다. 하지만 예수님은 자신이 하늘과 땅의 주인이시며, 바다와 육지의 주인 되심을 분명히 보이셨다. 제자들이 어디로 가든 예수님은 바로 그곳의 주인이셨다.

제자들은 예수님의 말씀을 따라 고기를 잡으러 폭풍이 몰아치는 바다로 나갔다. 마귀가 소리치며 핍박할 때면 비웃었고, 거친 파도가 밀어 닥치면 맞서 싸웠다. 예수님의 명령에 따라 인류의 거친 격랑에 그물을 드리웠다. 그리고 그렇게 잡은 고기로 어선을 가득 채웠다. 오늘을 사는 우리에게 이것은 어떤 의미를 지닐까?

오늘의 세상은 제자들이 살던 때만큼이나 위험하고 험난하다.

> 예수님은 그분의 종 된 우리를 열방으로 보내시면서 성공에 대한 100퍼센트의 확신을 갖고 계셨다.

하지만 복음은 전(全) 방향으로 뻗어 가고 있다. 바위 구석구석을 메우는 밀물처럼 기독교 신앙이 원수의 영토를 휩쓸고 있다. 예수님은 그분의 종 된 우리를 열방으로 보내시면서 성공에 대한 100퍼센트의 확신을 갖고 계셨다. 예수님은 제자들에게 부활하시기 전에 한 번, 부활하신 후 또 한 번, 그물을 던지라고 명하셨다(눅 5:1-11, 요 21:1-14). 처음 잡은 물고기보다 두 번째 잡은 물고기가 더 많았고, 두 번째에는 그물이 찢어지지 않았다. 예언적인 모습이다.

예수님의 제자들은 바다를 두루 다니며 그물을 드리워 물고기를 잡았다. 하지만 우리는 말세를 살고 있다. 전 세계적으로 오순절 때보다 훨씬 더 많은 사람들이 매일 그리스도께로 돌아오는 모습을 우리는 목도하고 있다. 라이베리아의 전도 집회에서는 한 번에 15만 명이 구원의 부름에 응답했다. 나이지리아에서는 총 100만 명이, 포트하커트에서는 110만 명이, 칼라바르에서는 120만 명이, 아바에서는 100만 명이 주님께로 나아왔다. 매일 18만 명의 소중한 영혼이 주님께 돌아온 것이다! 나이지리아의 라고스에서는 6일간 열린 새 천 년 복음 집회(The Millennium Gospel Campaign)에서 340만 명이 결신 카드를 작성했다. 은혜의 물결이 전도 집회를 거듭할수록 더욱 커져 가고 있다.

그렇다면 방법론은?

사도행전 25장과 26장은 바울과 헤롯대왕의 손자인 아그립바 왕의 만남을 기록하고 있다. 바울은 막강한 권력자와 대면해서도 자신의 믿음을 위해 당당히 맞서기를 두려워하지 않는다. 바울은 아그립바 왕에게 이렇게 말한다. "하나님의 도우심을 받아 내가 오늘까지 서서 높고 낮은 사람 앞에서 증거하는 것은"(행 26:22). 바울은 방법론을 전하지 않았다. 회당이든, 강둑이든, 철학자들의 야외 수업장이든, 밀폐된 장소든, 많은 사람들 앞이든, 신전 앞이든, 강가든, 배 위든, 바울은 가리지 않고 언제 어디서나 그리스도를 전했다. 심지어 지진이 일어났을 때 자살하려던 간수에게까지 그리스도를 증거했다.

그리스도를 전하기 위해 사람들에게 어떻게 다가가야 하는지에 대해 교회 안에서 다양한 견해가 있다. 어떤 이들은 부흥은 전적으로 하나님이 주도하시는 일이라고 주장한다. 하나님이 느닷없이 한 지역을 방문하신 후에 선택하신 자들을 구원하시고는 그곳을 떠나신다고 이야기한다. 그러고 나면 그 지역은 추수를 위해 또 다른 곡식이 준비될 때까지 휴면 상태가 된다고 주장한다.

찰스 G. 피니는 우리가 부흥의 법칙을 따를 때 부흥이 일어난다고 가르쳤다. 후에는 전도 집회가 가장 효과적인 방법으로 꼽혔다. 앞선 세대가 제시한 주장에 대한 관찰, 비판을 통해 모든 정형화된 전도 노력에 반대의견을 내는 이들도 있다. 이들은 의미 있는 전도 방식은 오직 일대일 전도뿐이라고 주장한다. 열매는 손으로 직접 따야 하는 법이라는 것이 이들의 생각이다. 이러한 전도 방법 이외에도 미술, 음악, 문학, 청소년 사역, 거리 사역 등등 각각의 전도 방법을 옹호하는 이들이 있다.

사실 전도 방법 분석은 이제 하나의 학문 분야가 됐다. 성공의 법칙과 성공사례 및 커뮤니케이션 심리학을 연구하고, 어떻게 방송을 하고 TV를 통해 깊은 인상을 심어 줄 수 있는지 광고학을 공부한다. 물론 하나님은 주어진 임무를 제대로 수행하기 위해 노력하고자 하는 우리의 자세를 귀히 여기신다. 다만 우리가 강조하는 세미나 혹은 연구가 크고 작은 기회가 주어졌을 때마다 그리스도를 전하며 보여 줬던 바울의 열정에 견줄 만한지가 궁금하다. 어떤 방법이 가장 좋은지에 대한 바울의 답은 "아무쪼록 몇몇 사람들을 구원코자 함이니"(고전 9:22)이다.

방법은 상황에 따라 달라져야 한다. 사람들은 기회가 오면 뛰어들라고 말한다. 하지만 바울은 기회가 올 때까지 계속 뛰었다. 나는 믿지 않는 이들이 많이 모인 곳에서 복음을 전한다. 내게는 그 방식이 맞는다. 하지만 전도 집회에서는 모든 사역과 은사를 두루 활용한다. 발로 걷고 눈으로 보며 손으로 일한다. 최상의 전도 방법은 다른 사람을 흉내 내지 않고 각자의 고유한 방식을 사용해 가장 잘하는 것을 하는 것이다. 확신컨대, 그렇게 할 때 다른 방식으로는 절대 복음이 미칠 수 없었던 이들에게 우리만의 독특한 방식을 통해 복음이 전해질 것이고, 우리는 그 영혼이 구원받는 모습을 보게 될 것이다.

미국의 휫필드

미국에 대해 생각해 보자. 미국은 시작부터 기초가 탄탄했다. 지금까지도 이 사실을 자명하게 볼 수 있다. 청교도들이 지금의 미국 땅에 발을 디딘 지 약 100여 년 후, 미국 건국에 특별한 역할을 하게 될 한 사나이가 등장한다. 그는 정치인이 아니었다. 그는 바로 전도자 조지 휫필드(George Whitefield)다.

휫필드는 2천 년의 역사를 지닌 영국의 글로스터에서 태어나 그곳에서 첫 설교를 했다. 그는 미국으로 일곱 번의 전도 여행을 갔고, 1770년 마지막 전도 여행 중에 사망했다. 사람들이 그를 마지막으로 봤을 때 그는 손에 깜박이는 초를 들고 친구들에게 복음을 전하고 있었다고 한다. 글로스터의 휫필드 기념 교회 석판에는 그의 말이 기록되어 있다. "그리스도의 사랑이 나로 하여금 나팔처럼 목소리를 높이게 한다."

교회 전면에는 같은 지역 출신인 로버트 레이크스의 동상이 서 있다. 그는 1780년, 세계 최초로 주일학교를 시작했다. 아이들이 예배를 드리지 못하고 마치 이교도들처럼 1,400년 된 대성당 그늘에서 놀고 있는 모습을 본 그는 근처 작은 오두막에서 지저분하기 짝이 없는 아이들을 모아 가르치기 시작했다. 이 모두가 청교도들이 역사적인 미국행을 위해 메이플라워호에 몸을 실었던 플리머스에서 얼마 떨어지지 않은 곳에서 일어난 일이다.

관점: 열방

성경에서 이야기하는 전도는 개인을 향한 것이지만, 동시에 열방을 향한 것이다. 구약의 선지자들은 뒷골목에서 사역을 하면서 예언 사역을 홍보하지 않았다. 대신 왕과 통치자들에게 하나님의 말씀을 대언하며 정책에 영향을 미쳤다. 엘리야는 아합 왕 앞에 나타나 3년 치 일기예보를 한꺼번에 다 해 버렸다(왕상 17:1, 18:1). 요나의 선포는 지상에서 가장 강한 도시를 발칵 뒤집었고, 그의 선포는 심지어 보좌에 있는 왕까지도 떨게 만들었다(욘 3:6). 다니엘은 미래에 대한 이상을 통해 제국들의 운명을 예견했다(단 9-11장).

교회사 초기에도 구석에서 은밀하게 행해진 일은 하나도 없었다(행 26:26). 예수님은 이스라엘 지도자들이 결코 무시할 수 없는 공인(公人)이셨다. 예수님이 돌아가신 후에 제자들은 조용히 지역교회를 일구며 손에 익은 작은 그물을 깁는 데 안주하려 하지 않았다. 정원 가꾸기 모임을 만들어 정원 문에 기대서서 지푸라기나 질겅질겅 씹으며 편하게 살려 하지 않았다. 제자들은 성읍의 지도층과 당당히 맞서기 위하여 군중들의 적대감과 고함소리를 견뎌냈다. 바울의 원수들은 바울이 어디 있는지를 알고 싶으면 어디서 소요가 일어나는지만 확인하면 될 정도였다. 하지만 하나님은 바울이 왕들과 통치자들, 심지어 로마 황제 앞에 설 수 있도록 하셨다. 그 후로 정부들과 통치자들은 교회를 무시할 수 없었다.

우리는 가장 높은 차원에서 복음을 이해해야 한다. 한 성읍의 위정자들이 보기에 복음은 급진적이고 새로운 질서지만, 이와 동시에 복음은 한 나라를 구원하는 주체다. 복음은 사람들의 삶에 보탬이 되라고 존재하는, 약간의 영성에 심리학이 곁들여진 주일 오후용 종교가 아니다. 우리의 기도는 쓰디쓴 인생의 커피 잔에 뿌리는 설탕이나 신경안정제가 아니다. 우리가 전하는 것은 기도하면 마음이 편안해진다는 식의 명상도 아니며, 영적인 유산소 운동 강좌도 아니다. 교회는 '나이 든 사람들은 눈을 감고 젊은 사람들은 옷매무새에 신경을 쓰는' 그런 곳이 절대 아니다. 교회는 모든 이들이 생명의 능력을 얻고 일어서도록 설계된 열방을 위한 능력의 집합체다.

> 교회는 '나이 든 사람들은 눈을 감고 젊은 사람들은 옷매무새에 신경을 쓰는' 그런 곳이 절대 아니다.

뉴에이지 철학과 같은 종교와 신념은 복음과 비교해 봤을 때 우리에게 해 줄 수 있는 것이 아무것도 없다. 태양빛을 능가해 보겠다고 몸부림치는 촛불보다도 못하다고 해야 할까! 복음은 모든 사람, 온 세상을 향한 것이다! 복음은 외로운 순례자가 천국에 이르는 길을 찾기 위해 참고하는 길가의 표지판이 아니다. 복음은 우리 삶의 반석이다(왜 주님이 거듭난 6억 명의 영혼을 영광 가운데 데리고 가시지 않고 이 땅에 두셨을까? 하나님이 개인을 통해 역사하시면, 올 한 해 이 6억의 영혼이 6억 명의 친구들을 전도할 수 있기 때문이다).

하나님은 작은 하나님이 아니시다. 하나님은 하늘과 땅의 하나님이시며, 왕들과 왕국들의 하나님이시며, 대통령들과 공화국들의 하나님이시다. 하나님은 우리 모두의 운명을 주관하시는 분이시다. 모든 사역의 초점을 정부나 정계에 맞춰야 한다는 뜻이 아니다. 교회는 정당의 지부가 아니다. 정치는 기독교 정치인들이 할 일이지, 헤아릴 수 없는 그리스도의 부요함을 선포하라고 부름받은 이들이 할 일이 아니다. 우리를 향한 사도적 사명은 이 세상의 잃어버린 자들에게 복음을 전하는 것이지, 환경 프로젝트나 야생동물 문제나 사회 계획이 아니다.

사람들은 대중 전도의 시대가 제2차 세계대전을 기점으로 끝났다고 생각했다. 하지만 진정한 대중 전도는 빌리 그레이엄(Billy Graham) 전도 집회를 통해 비로소 시작되었다. 1949년 아르헨티나에서 있었던 토미 힉스(Tommy Hicks)의 전도 집회 때 한 예배에 40만 명이 모였고, 이 집회를 통해 148개의 교회가 생겨났다.

예수님은 우리에게 약속하셨다. "나를 믿는 자는 나의 하는 일을 저도 할 것이요 또한 이보다 큰 것도 하리니"(요 14:12). 예수님의 이 약속은 치유나 기적에 대한 약속이 아니라 하나님의 진리의 사역, 즉 구원에 대한 약속이다. 이 세대에 이 약속이 성취되는 모습을 우리는 두 눈으로 목도하고 있다.

부흥의 가르침

오늘날 많은 그리스도인들이 부흥을 생각한다. 우리가 '부흥'이라 부르는 일련의 사건들이 있다. 인간의 기준으로 생각했을 때의 부흥 말이다. 우리는 성령의 일반적인 역사와 다른, 특별한 양상을 띠는 사건을 부흥이라 부른다. 우리는 어떤 사건이 부흥이고 어떤 사건이 아닌지를 나름대로 결정한다. 하지만 성경에는 그런 식으로 구분하는 기준이 존재하지 않는다. 사실 성경은 성령님의 역사 가운데 특별히 두드러지게 나타나는 어떤 것에 대해 전혀 언급하지 않는다. 그렇다면 우리는 결국 우리가 만든 잣대를 적용하고 있는 셈이다.

많은 이들이 '부흥'이 성경 용어라도 되는 양 이 단어를 정의하려고 노력하지만 부흥은 성경 용어가 아니다. 혹은 일회적, 혹은 일련의 사건을 임의로 부흥으로 규정해 버린 후에 부흥이라는 단어를 정의하려 든다. 부흥이 무슨 뜻인지도 모른다면, 어떻게 어떤 사건이 부흥이고 또 어떤 사건은 아닌지를 논할 수 있겠는가? 먼저 기준이 명확하게 서야 한다.

우리가 생각해야 할 가장 기본적인 문제는 '하나님이 영적인 역사를 두 가지 다른 차원에서 일으키시는가'이다. 성령님의 일반적인 역사는 항상 어디서나 일어나지만 하나님이 정말 한 도시를 방문하실 때면 그곳에서는 뭔가 더 강력하고 특별한 능력이 운행하게 되는 걸까? 성령님의 역사가 완전한 능력과 반쪽 능력,

이렇게 두 가지 차원에서 일어난다고 생각해야 하는 걸까?

솔직히 나는 이런 질문에 대답할 생각이 없다. 대신 이런 사고방식에 내재되어 있는 위험을 지적하고 싶다. 많은 이들이 하나님이 역사하시기를, 하나님이 그들의 들판에 들어와 주시기를 기다린다. 우리가 생각하는 부흥이 어떤 것이든, 예수님은 만민에게 복음을 전하라고 분명히 가르치셨다. 복음을 전하지 않는데 구원이 일어날 수 없다. "하나님께서 전도의 미련한 것으로 믿는 자들을 구원하시기를 기뻐하셨도다"(고전 1:21).

많은 이들이 전도 집회는 부흥과는 다르다고 말한다. 좋다. 그렇다면 전도 집회를 부흥 집회라 부르지 말자. 어떤 이름으로 불러도 상관없다. 잃어버린 영혼이 사탄과 죄로부터 건짐을 받기만 한다면 명칭이야 전혀 문제가 되지 않는다(행 26:18). 지금 이 순간 일어나고 있는 일을 결코 경시해서는 안 된다. "주님, 다시 한 번 행하시옵소서!"라고 기도하는 사람들도 있다. 이들은 자신들이 머릿속에 그리고 있는 사건을 하나님이 반복해 주시기를 바란다. 앙코르 공연을 보고 싶어 한다. 하지만 과거에 하나님이 행하신 일을 우리가 얼마나 좋아하건 간에 하나님은 앙코르 공연을 하지 않으신다.

부흥이 교회 성장을 의미한다면, 오늘날 우리 눈앞에 펼쳐지는 일들은 역사를 통틀어 전례 없는 부흥이다. 나는 하나님의 은혜로 100만 명이 넘는 이들 앞에서 복음을 전하고 한 예배에서 100만 명이 넘는 이들이 회심하는 것을 목도했다. 현대 교회의 성장과 경험에 비하면 사도행전의 기록은 초라하게 느껴질 정도다. 그리스도인들이 신앙을 가졌다는 이유로 핍박을 감내해야 하는 중국을 생각해 보라. 마오쩌둥 주석 당시 중국에는 100만 명의 그리스도인이 있었다. 1976년 그의 사망 이후 기독교 신앙은 폭발적 성장을 거듭했고, 추정에 따르면 그리스도인에 대한 제약이 여전하고 정부의 협박이 계속되는 상황에서도 중국의 그리스도인이 1억 2천만 명까지 늘어났다.

회심이나 부흥에 대한 전형적인 신학 공식에 들어맞지 않는 많은 일들이 전 세계적으로 일어나고 있다. 예수님을 사랑하고 예수님을 위해 기꺼이 목숨을 내려놓으려 하는 이들, 그리고 실제로 자신의 목숨을 바친 이들을 우리는 결코 이류 신자라 부를 수 없다. 아프리카 평원에서, 인도 스타디움에서 수만 명이 그리스도를 영접하고 기뻐할 때 혹시 사람들이 이야기하는 '부흥'을 볼 수 있을까 하는 생각에 주변을 둘러봤다. 하지만 그런 부흥은 보이지 않았다. 하지만 이 모습이 18세기나 19세기 부흥의 모델에 부합하지 않는다고 해서 부흥이 되기에는 자격 미달이라고 치부해 버릴 수 있는 것일까?

나는 지금 전 세계적으로 부흥이 일어나고 있다고 믿는다. 이미 부흥을 위해 오랜 기간 기도가 쌓였다. 그리스도인들이 부흥을 주시기를 찬양을 통해 간구해 왔다. 그리고 지금 부흥이 일어나고 있다. 불교국가(유교국가)였던 한국 인구의 40퍼센트가 거듭난 그리스도인이며, 군인의 3분의 1이 그리스도인이다. 어떻게 이런 일이 일어날 수 있는 걸까? 모든 형태의 전도 노력이 있었기에 가능했다.

복음의 전파 없이는 진정한 부흥이 일어날 수 없다. 부흥이 일어나기 전에 기도가 먼저 일어나야 한다는 말을 수없이 한다. 물론 맞는 말이다. 부흥이 왔을 때 기도의 결과로 부흥이 일어났다는 말을 하는 이유는 사람들이 항상 기도하기 때문이다. 하지만 역사상 모든 부흥의 공통 요소는 바로 전도였다! 사람들이 나가서 복음을 선포할 때, 가장 어둡고 가장 부흥이 일어나기 힘들어 보이는 때에라도 하나님은 자신의 약속을 지키셨다. 수많은 사람들이 그리스도께로 나아왔다. 많은 경우 전도를 통해 처음으로 하나님의 말씀을 듣게 됐기 때문이었다.

회복된 교회에도 죽어 있는 교회에도 부흥은 올 수 있다. 하나님의 성령은 이 땅 위에 자유롭게 운행하시며 우리가 상상할 수 없을 만큼 다양한 방법으로 역사하신다. 우리가 생각하는 부흥이 어떤 것이든 하나님이 보내시는 바람을 따라 우리의 돛을 펴자. 언젠가 부흥이 올 거라 믿는 사람이 있다 해도 괜찮다. 그때까지도 하나님은 계속해서 수많은 영혼을 구원하실 테니 말이다. 과거의 각성운동이 또 다시 반복되는 것도 너무나 좋을 것이다. 하지만 오늘날 그 어느 때보다 더 많은 이들이 구원을 받고 있다. 우리의 맡은 소임을 다하는 것, 우리가 지금 할 수 있는 일을 하는 것이 곧 많은 이들이 갈망하는 그 부흥을 일으키는 촉매제가 될 것이다.

Learning From The Master

3장

주인에게서 배우라

부흥과 전도라는 중요한 주제에 대해 예수님은 우리에게 많은 것을 가르쳐 주신다. 복음 전파에 사용되는 가장 잘 알려진 구절들을 예수님의 가르침과 요한복음에서 찾아볼 수 있다. 많은 이들이 어린 시절부터 익히 들어 알고 있는 구절이기도 하다. 아래 인용된 말씀은 요한복음의 구절로 아무리 들어도 지치지 않는 노래 같다. 긴장을 풀고 하나님의 말씀에 푹 잠겨 보라! 인류 역사상 가장 위대한 말씀 중 몇 구절을 함께 음미해 보자.

"영접하는 자 곧 그 이름을 믿는 자들에게는 하나님의 자녀가 되는 권세를 주셨으니"(요 1:12).

"보라 세상 죄를 지고 가는 하나님의 어린 양이로다"(요 1:29).

"진실로 진실로 네게 이르노니 사람이 물과 성령으로 나지 아니하면 하나님 나라에 들어갈 수 없느니라"(요 3:5).

"하나님이 세상을 이처럼 사랑하사 독생자를 주셨으니 이는 저를 믿는 자마다 멸망치 않고 영생을 얻게 하려 하심이니라"(요 3:16).

"저를 믿는 자는 심판을 받지 아니하는 것이요 믿지 아니하는 자는 하나님의 독생자의 이름을 믿지 아니하므로 벌써 심판을 받은 것이니라"(요 3:18).

"내가 주는 물을 먹는 자는 영원히 목마르지 아니하리니 나의 주는 물은 그 속에서 영생하도록 솟아나는 샘물이 되리라"(요 4:14).

"우리가 … 그가 참으로 세상의 구주신줄 앎이니라"(요 4:42).

"나는 하늘로서 내려온 산 떡이니 사람이 이 떡을 먹으면 영생하리라 나의 줄 떡은 곧 세상의 생명을 위한 내 살이로라"(요 6:51).

"나는 세상의 빛이니 나를 따르는 자는 어두움에 다니지 아니하고 생명의 빛을 얻으리라 … 너희가 만일 내가 그인줄 믿지 아니하면 너희 죄 가운데서 죽으리라"(요 8:12, 24).

"진리를 알찌니 진리가 너희를 자유케 하리라 … 그러므로 아들이 너희를 자유케 하면 너희가 참으로 자유하리라"(요 8:32, 36).

"내가 문이니 누구든지 나로 말미암아 들어가면 구원을 얻고 또는 들어가며 나오며 꼴을 얻으리라 … 나는 선한 목자라 선한 목자는 양들을 위하여 목숨을 버리거니와"(요 10:9, 11).

> 하나님의 말씀은 어떻게 세상을 구해야 하는지를 가르쳐 주는 최상의 지침서다.

이 말씀들은 요한복음이라는 보석 상자에 담긴 보화요, 보석이다. 하나님의 말씀은 어떻게 세상을 구해야 하는지를 가르쳐 주는 최상의 지침서다. 내가 체험을 바탕으로 분명히 말할 수 있는 한

가지는 요한복음 한 장이 이 세상 어떤 전도자의 경험보다 훨씬 더 강력하고 도전이 된다는 것이다. 모든 영감의 원천인 하나님의 말씀이기 때문이다.

따라서, 앞으로 어떠한 이야기든 모든 것의 원천이 되는 하나님 말씀에 의지하여 말하고자 한다. 예수님이 마태복음 13장 52절에서 말씀하신 집주인처럼 옛것과 새것을 모두 나누기를 원한다.

세례 요한

성경 전체에서 설교의 본문으로 가장 많이 인용되는 곳이 요한복음 3장이라고 해도 무방할 듯하다. 요한복음 3장의 한 부분에서는 신약 최초의 전도자 세례 요한에 대해 기록한다. 세례 요한의 이름은 요한복음을 통틀어 열아홉 번 등장한다.

요한의 목적은 오직 하나, 이스라엘을 하나님께로 돌이키게 하는 것이었다. 이스라엘 나라 전체가 세례 요한의 사역 대상이었다. 구약에서는 개인의 회심을 강조하지 않는데 세례 요한은 이 점에서 구약의 선지자, 정확히 말해 마지막 선지자였다. 요한은 바리새인들을 하나의 집단으로 보았지만, 이들에게는 어떤 소망도 주지 않았다. 심지어 회개의 소망도 제시하지 않았다. 개개인에게 세례를 주기는 했지만, 그 역시도 말라기의 예언을 성취하는 과정에서(말 4:5-6) 이스라엘 온 나라를 하나님께로 돌리는 총체적인 사역의 한 부분이었을 따름이다.

그리스도는 곧 모든 사람, 특히 믿는 자들의 구주(딤전 4:10)시라는 것이 세례 요한의 주된 메시지였다. 요한은 이스라엘에게 다시 시작하라고, 거듭난 나라가 되라고 촉구했다. 이스라엘은 하나님 앞에 잃어버린 영성을 회복해야 했다. 이사야는 이미 세례 요한이 어떤 메시지를 전할지 예언했다. "너희를 떠낸 반석과 너희를 파낸 우묵한 구덩이를 생각하여 보라 너희 조상 아브라함과 너희를 생산한 사라를 생각하여 보라 아브라함이 혈혈단신으로 있을 때에 내가 부르고 그에게 복을 주어 창성케 하였느니라"(사 51:1-2).

요한은 "회개하라 천국이 가까왔느니라"(마 3:2)라고 선포했다. 이스라엘이 하나님 나라가 되는 것이 세례 요한의 소망이었다. 세례 요한은 장차 오실 위대한 이에 대해 전했고, 약속된 메시야가 이스라엘을 승리로 이끄실 거라 기대했다. 이스라엘 백성의 할 일은 메시야의 오심을 예비하며 그를 영접하기에 합당한 자들이 되는 것이었다. 이스라엘은 영광스러운 시절을 보낸 후 계속 쇠락의 길을 걷고 있었다. 이스라엘의 모든 백성은 전통적으로 자기들의 국가적 정체성을 신뢰했다. 이스라엘에 속한 자는 다 안전하다고 믿었다. 모든 이스라엘 백성들은 이스라엘 백성으로 태어나는 순간 하나님이라는 특권이 주어지기라도 하는 듯 이스라엘 백성이기 때문에 하나님께 특별한 지위를 부여받았다고 생각했다. 이들의 믿음은 시편 87편 5절과 6절에 잘 드러난다. "시온에 대하여 말하기를 이 사람, 저 사람이 거기서 났나니 … 여호와께서 민족들을 등록하실 때에는 그 수를 세시며 이 사람이 거기서 났다 하시리로다." 거주 증명서가 곧 천국 입장권이라는 식이다. 나는 하나님 나라 국적을 소유했고, 다른 사람들은 이민 수속을 밟아야 하는 이방인이라는 듯이 말이다.

세례 요한은 바로 이 문제를 지적했다. "속으로 아브라함이 우리 조상이라고 생각지 말라 내가 너희에게 이르노니 하나님이 능히 이 돌들로도 아브라함의 자손이 되게 하시리라"(마 3:9). 도끼가 나무뿌리에 놓였다는 세례 요한의 말에서 나무는 이스라엘, 즉 유대 백성들의 뿌리를 의미한다. 이스라엘 백성들은 자기 조상들의 후손이라는 것을, 이스라엘 나라의 백성임을 자랑했다. 하지만 이스라엘도 도끼에 찍혀 나갈 수 있다. 때문에 요한은 회개의 메시지를 선포했다. 말라기는 엘리야가 돌아와 "아비의 마음을 자녀에게로 돌이키게 하고 자녀들의 마음을 그들의 아비에게로 돌이키게 하리라 돌이키지 아니하면 두렵건대 내가 와서 저주로 그 땅을 칠까 하노라"(말 4:6)고 예언했다. 세례 요한에게 엘리야의 역할이 주어진 것이다.

요한은 이스라엘이 처음부터 다시 시작하기를 바랐기 때문에 이스라엘을 원점으로 되돌리려 했다. 그러기 위해서는 이스라엘이 모세와 함께 시작했던 그 지점으로 다시 돌아가야 했다. 그래서 먼저 백성들은 광야에 있는 요한에게 나아와야 했다. 세례 요한은 성읍 안에서는 한 번도 말씀을 선포하지 않았다. 둘째, 이스라엘 백성들은 모세가 백성들을 이끌고 홍해를 지난 것처럼 물을 지나야 했다. 세례 요한은 요단 강에서 이스라엘 전체에게 세례를 주는 의미로 사람들에게 세례를 줬다. 물을 지남으로써 이스라엘은 거듭날 수 있게 된다. 셋째, 이스라엘 백성들은 그들의 영적인 자리를 되찾아야 했고, 이를 위해서는 회개가 필요했다.

여기서 잠시 오늘날의 교회에 대해 이야기하고자 한다. 회개는 우리가 전하는 복음의 강력한 요소가 되어야 한다. 세례 요한도 이 점을 분명히 했다. 백성들이 회개를 하든지, 아니면 국가적 재앙을 맞이하든지 양자택일의 문제였다. 요한은 탁월한 전도자였다. 전도자가 갖춰야 할 모든 덕목을 갖춘 전형적 인물이다. 그는 담대했고, 죄 문제에 절대 타협하지 않았으며, 하나님의 의로우심과 심판을 선포했다. 사실 예수님도 "회개하라 천국이 가까왔느니라"(마 4:17)는 세례 요한의 메시지를 반복하시며 사역을 시작하셨다.

교회가 도덕적 지도력을 보여 주지 못한다는 비난을 종종 받는다. 교회 안에서 의와 심판의 선포가 마땅히 차지해야 할 자리를 차지하고 있는지 의심스럽다. 복음이 달콤하고 귀에 즐겁고 좋기만 한 것들에 대한 약속으로 전락하지는 않았는가? 하나님은 이스라엘에게 젖과 꿀이 흐르는 땅을 약속하셨다. 하지만 이스라엘의 정중앙에는 율법이 있었다. 교회는 거룩함과 거룩치 못함, 옳은 것과 그른 것, 진리와 거짓, 선함과 악함이 서로 다르다는

> 복음이 달콤하고 귀에 즐겁고 좋기만 한 것들에 대한 약속으로 전락하지는 않았는가?

것을 분명히 선포해야 한다. 사실 세상도 교회가 그렇게 하기를 기대하고 있다.

세례 요한과 니고데모

요한복음 3장의 거의 절반 가까이가 세례 요한에 대한 기록으로 채워져 있다. 하지만 우리는 세례 요한과 밤중에 예수님을 찾아온 한 사내, 니고데모를 서로 연결시켜 생각해야 한다. 니고데모는 요한의 메시지를 들었다. 니고데모는 요한이 선지자이며, 이스라엘이 다시 일어서 강성한 나라로 독립을 쟁취하는 모습을 보기 위해서는 이스라엘 백성들이 죄에서 돌이켜야 한다고 믿었다.

하지만 요한은 아무런 기적도 행하지 않았고, 예수님은 기적을 행하셨다. 니고데모는 하나님이 예수님과 함께 계시며 예수님이 하나님으로부터 온 선생님이심을 알았다. 그래서 니고데모는 이스라엘과 하나님 나라에 대해 더 알고 싶은 마음에 예수님을 찾아온다. 이스라엘의 지도자였던 니고데모는 이스라엘을 향한 진리를 구했다.

예수님은 니고데모가 현실을 직시하도록 도우셨다. 요한은 과거 홍해와 요단 강을 통과함으로써 이스라엘이 국가로 서게 된 것처럼, 현재의 이스라엘이 물을 통과함으로써 다시 태어나야 한다고 가르쳤다. 하지만 예수님은 이스라엘이 거듭나기 위해서는 육체적인 통과를 넘어서는 무언가가 필요하다고 말씀하셨다. 예수님은 "사람이 물과 성령으로 나지 아니하면 하나님 나라에 들어갈 수 없느니라"(요 3:5)고 말씀하셨다. 예수님은 니고데모라는 개인에게 이 말씀을 하셨으나, 동시에 이스라엘의 교사 니고데모를 향한 것이기도 했다. 거듭나야 한다는 말씀을 하실 때 예수님은 단수형으로 '네가' 라는 단어를 사용하지 않으셨다. 거듭남의 메시지는 개인을 향한 것일 뿐 아니라 모든 나라들을 향한 것이다. 열방은 복음 전파를 통해 거듭날 수 있다. 요한복음 3장 16절은 "하나님이 세상을 이처럼 사랑하사 … 믿는 자마다"라고 기록한다. 복음은 온 세상을 향한 것이다. 아프리카를 향한 우리의 목적은 아프리카가 보혈로 씻긴 대륙이 되는 것이다. 부족 간 유혈 분쟁으로 인해 피로 물든 대륙이 될 것인가, 아니면 예수님의 구속의 보혈에 씻긴 대륙이 될 것인가. 이는 아프리카에게 주어진 선택이다.

선지자: 하나님의 확성기

요한은 하나님의 백성 이스라엘을 향한 하나님의 말씀을 선포했다. 엘리야는 이스라엘을 향해 선포했다. 한 사람이 모든 지파들을 향해 하나님의 말씀을 선포한 것이다. 과거 엘리야를 비롯한 선지자들이 했던 역할을 오늘날에는 교회가 하고 있다. 우리는 온 나라를 향해 외쳐야 한다. 교회는 이처럼 예언적 사역을 맡았다. 마치 예언적 사역을 한다고 주장하면서 내심 자신은 남들과 다르다고 내세우는 사람들이 있다. 사실 하나님의 백성들 전체가 예언의 영, 곧 성령을 받았다(고전 12:13, 계 19:10). 복음 자체가 예언적이다.

예수님도 이 사실을 확증하셨다. "여자가 낳은 자 중에 세례 요한보다 큰이가 일어남이 없도다 그러나 천국에서는 극히 작은 자라도 저보다 크니라"(마 11:11). 때문에 성령 안에서 거듭나고 하나님 나라에 속한 사람은 요한보다 크다. 우리에게는 복음의 위대한 예언적 진리가 있기 때문이다.

이것이 우리의 부르심이요, 우리의 책임이다. 선지자들은 예언해야 한다. 증인들은 증거해야 한다. 바울은 "만일 복음을 전하지 아니하면 내게 화가 있을 것임이로라"(고전 9:16)라고 했다. 예레미야는 예언하지 않으려 애썼지만, 하나님의 말씀이 마음에 불붙는 것처럼 골수에 사무쳐 견딜 수가 없었다(렘 20:9). 우리는 요나처럼 주변 모든 사람들이 위험에 빠져 있는데 잠에 빠져 있어서는 안 될 것이다.

불: 하나님의 도구

구원의 선포는 뜨뜻미지근할 수가 없다. 회심은 불 가운데서 일어난다. 전도는 수술처럼 냉정할 수 없다. 손을 델 정도로 뜨겁다. 회심은 성령으로 말미암아야 한다. 회심은 거래가 아니다. 성령님에 대해 선포할 때 신학적 회심이나 표면상의 회심이 아닌, 성령으로 말미암은 회심이 일어난다. 우리는 마음을 다하여 믿는다. 미국이 직면한 문제에 대한 해답은 논쟁이나 토론이 아닌 제대로 믿는 자들의 끈질기고 열정적인 증거에 있다. 다시 한 번 말하지만, 어두움이 물러가기를 바란다면 논쟁은 그만두고 이제 불을 지펴라!

요한복음 4장에서 예수님은 이스라엘을 떠나 사마리아로 가신다. 예수님은 모든 고정관념과 사회적 금기를 무시하시고 이방 여인에게 직접 말을 거신다. 설상가상으로 이방 여인에게 물을 달라고 하신다. 이스라엘 사람들이 부정하다 여기는 그 여인의 그릇에 담아서 달라는 말씀이다. 그 여인은 유대인들이 경멸해 마지않던 사마리아인이었다. 모든 사회적 관습을 깨뜨리시는 예수님의 모습에 충격을 받은 이 여인은 예수님과 대화를 이어 갔고, 예수님은 죄악으로 가득 찬 이 여인의 삶을 드러내셨다. 예수님은 이 여인이 그 마을에서 악명이 높은 여인임을 아셨지만, 이 여인에게 생수를 주셨다. 사마리아 여인은 물동이에 물을 길어 가기 위해 우물에 왔지만, 떠날 때는 물동이를 버려두고 우물을 통째로 가져갔다. 그 여인 안에는 생명의 우물이 생겼다. 그때까지 어떤 이방인에게도 자신을 드러내지 않으셨던 예수님이 이 여인에게는 자신이 누구신지를 밝히셨다.

우리가 좀 더 유심히 살펴봐야 할 부분이 있다. 예수님은 여인에게 가서 남편을 데려오라고 말씀하셨고, 여인은 말씀대로 갔다. 그 여인과 함께 살고 있던 남자가 왔는지는 알 길이 없지만, 여인은 마을에 있는 모든 남편들을 데려왔다! 여인은 마을로 돌아가 "와서 보라"고 외쳤다. 이 여인은 남자에 관한 한 전력이 아주 화려했다. 이미 여섯 명의 남자가 그녀를 거쳐 갔고, 이제 일곱 번째 남자를 맞이한 터였다[일곱 형제와 한 아내에 대해 이야기하며 천국에서 그 여인이 일곱 형제 중 누구의 아내가 되는지 물었던 사두개인들의 질문이 생각난다(마태복음 22:23-28 참고)]. 하지만 그 마을의 어느 누구도 그 여인만큼 멋들어지게 이 일을 해낼 수 없었을 게다. "와서 보라"고 여인은 외쳤고, 사람들은 그 여인의 말대로 왔다.

그 당시에 남자들이 흰 옷을 입었다는 얘기를 이미 읽어서 알고 있으리라 믿는다. 예수님은 눈을 들어 흰 옷을 입은 무리가 그에게 오는 것을 보시고는 제자들에게 이렇게 말씀하셨다. "눈을 들어 밭을 보라 희어져 추수하게 되었도다"(요 4:35). 사마리아 여인은 이미 추수한 곡식을 다발로 묶어 예수님께 데려오고 있었다. 31절부터 33절의 말씀을 읽어 보자.

"그 사이에 제자들이 청하여 가로되 랍비여 잡수소서 가라사대 내게는 너희가 알지 못하는 먹을 양식이 있느니라 제자들이 서로 말하되 누가 잡수실 것을 갖다 드렸는가 한대"

예수님은 제자들에게 이렇게 답하셨다. "나의 양식은 나를 보내신 이의 뜻을 행하며 그의 일을 온전히 이루는 이것이니라"(34

절).

주릴 때 먹는 음식보다 예수님께 더 큰 만족을 가져다준 것이 무엇이었을까? 바로 전도였다. 예수님이 자신의 만족과 기쁨에 대해 말씀하실 때마다 그 기쁨의 원천은 하나님의 뜻을 행하는 것이었다. 예수님의 기쁨은 갑작스레 밀려오는 일시적 감정이 아니었다. 예수님의 기쁨과 만족은 언제나 하나님의 계획을 좇아 한 단계씩 성취해 가는 그 순간에 예수님을 찾아왔다.

제자는 스승을 뛰어넘을 수 없다. 그리스도의 기쁨을 누리기 원한다면 우리도 그리스도가 행하신 대로 해야 한다. 예수님은 세상의 쾌락과 견줄 만한 기독교적 쾌락을 찾는 것에서 만족을 느끼지 않으셨다. 예수님에게 있어 만족은 세속적 업적 대신 교회 내에서의 업적을 기뻐하는 것도 아니었다. 예수님은 세상이 주는 쾌락 대신 비슷한 수준의 종교적 쾌락을 주겠다고 약속하지 않으신다. 예수님의 기쁨은 세상의 기쁨과 완전히 다르다. 그리스도의 기쁨은 하나님의 뜻이요, 또한 그 뜻을 행하는 것이다. 그 어떤 춤도, 콘서트도, 감각적인 영화도 그리스도를 위해 영혼을 추수하는 것에 견줄 수는 없다.

> 그 어떤 춤도, 콘서트도, 감각적인 영화도 그리스도를 위해 영혼을 추수하는 것에 견줄 수는 없다.

"너희가 넉 달이 지나야 추수할 때가 이르겠다 하지 아니하느냐"(요 4:35). 예수님의 제자들이 정말 이런 말을 했다. 사실 이 말은 '로마는 하루아침에 이루어지지 않았다' 같은 경구였다. 하지만 예수님이 말씀하신 추수는 이미 제자들의 눈앞에 펼쳐진 밭을 추수하는 것이었다. 사마리아 여인이 거두어들인 곡식 단처럼 말이다. 이스라엘은 하나님의 역사가 내일 일어날 것이라 기대하는 습성이 있었다. 하나님 나라가 내일 임할 것이다, 사마리아인들이 내일 회개할 것이다, 로마 군대가 내일 떠날 것이다, 이스라엘이 애굽을 떠날 때처럼, 시내 산에서처럼 하나님이 내일 능력으로 나타나실 것이다. 이스라엘 백성들에게 하나님은 어제와 내일에만 계시고, 오늘은 계시지 않는 분이었다.

이런 태도를 오늘날에도 쉽게 볼 수 있다. 스미스 위글스워스(Smith Wigglesworth)는 "우리가 원하는 것은 신학이 아니다. 현재학(NOW-ology)이다"라고 했다. 우리는 씨 뿌림에 대해서는 많이 이야기하면서 거둠에 대해서는 거의 이야기하지 않는다. 예수님은 들판이 무르익어 추수할 때가 되었다고 말씀하셨다. 엄청난 곡식을 추수할 수 있었으나 결국 추수하지 못했던 때가 과거에 분명 여러 번 있었을 것이다. 추수는 전문적인 설교자나 소위 거물급 전도자들에게만 맡겨졌다.

하지만 가능성이 엿보인 때도 있었다. 존 웨슬리(John Wesley) 사망 이후 50년간 영국에서는 감리교 부흥이 그의 생전보다 훨씬 더 광범위하게 일어났다.

윌리엄 부스(William Booth) 사령관은 빅토리아 시대 말기에 누구나 언제고 거리 한구석에 서서 복음을 선포할 수 있으며, 그렇게 복음을 전할 때 사람들이 이를 듣기 위해 모여들 것이라고 말했다. 하지만 영국에서 가장 잘 알려진 전도자 중 한 명은 자신의 성공에 방해가 될지 모른다는 생각에 다른 전도자들의 전도 집회를 저지하려 했다. 심지어 탁월한 전도자들에게 전도를 그만두는 조건으로 대형 교회를 주겠다는 제안까지 했다. 그는 추수기가 영원히 끝나지 않을 거라 착각했다. 하지만 예레미야는 예레미야서 8장 20절에서 이렇게 탄식한다. "추수할 때가 지나고 여름이 다 하였으나 우리는 구원을 얻지 못한다 하는도다." 우리가 나가야 할 기회는 항상 열려 있다. 그러니 바로 지금 나가자!

바울의 선포

고린도후서 6장은 전도에 대해 기록된 가장 위대한 글이라 해도 과언이 아닐 것이다. 유럽에 처음으로 복음을 전한 사도 바울의 심장에서 쏟아져 나오는 강렬한 도전의 말씀이 바로 고린도후서 6장이다. 단어 하나하나까지 고스란히 옮길 수 없는 것이 아쉽기만 하다.

> "많이 견디는 것과 환난과 궁핍과 곤난과 매 맞음과 갇힘과 요란한 것과 수고로움과 자지 못함과 먹지 못함과 깨끗함과 지식과 오래 참음과 자비함과 성령의 감화와 거짓이 없는 사랑과 … 가난한 자 같으나 많은 사람을 부요하게 하고"(고후 6:4-10).

바울이 6장을 어떻게 시작하는지 한번 살펴보자.

"우리가 하나님과 함께 일하는 자로서 너희를 권하노니 하나님의 은혜를 헛되이 받지 말라 가라사대 내가 은혜 베풀 때에 너를 듣고 구원의 날에 너를 도왔다 하셨으니 보라 지금은 은혜 받을만한 때요 보라 지금은 구원의 날이로다 우리가 이 직책이 훼방을 받지 않게 하려고 무엇에든지 아무에게도 거리끼지 않게 하고"(고후 6:1-3).

솔직히 나는 학자도 아니고 헬라어 전문가도 아니지만 당시에 바울이 사용한 표현을 현대어로 번역하는 과정에서 바울의 열정이 희석될 수 있다는 생각이 든다. 설령 제대로 번역이 된다 하더라도 당시의 상황이나 바울의 감정을 온전히 우리 것으로 받아들이기는 힘들다. 하지만 전도자로서 조금이나마 바울이 이야기하고자 하는 바를 엿볼 수 있을지도 모르겠다.

바울은 하나님의 은혜에 대한 경외감에 벅차하고 있다. 바울은 은혜를 받았고, 결코 그 은혜를 그냥 지나치지 않았다. 하나님의 은혜의 선물이 너무나 커서 그 은혜를 나눠야만 한다는 의무감을 갖기에 이르렀다. 그 어떤 종교인도 누리지 못했던, 아니 상상조차 하지 못했던 영적 부요함이 자신에게 주어졌음을 바울은 알았다. 그런 상황에서 그 은혜를 전하지 않는 것이야말로 그가 상상할 수 있는 최악의 선택이었다. 자신이 누리는 영적 부요함을 전하지 않는다면 "하나님의 은혜를 헛되이"(고후 6:1) 받은 것밖에 되지 않았다.

은혜를 받는 것, 좋다. 고린도 교인들도 은혜를 받았다. 고린도 교인들도 그 사실을 알았고, 바울도 알았다. 고린도 교인들은 은혜를 받아 누렸다. 하지만 은혜를 받아 자신들만 간직하고 있는 것은 은혜를 모래에 쏟아 붓는 것이나 마찬가지였다. 어떤 대가를 치르더라도, 무슨 일이 있더라도, 어떤 고난을 겪게 되더라도 최선을 다해, 온 에너지를 쏟아 부어, 인내하며 우리의 온 힘을 다해 복음을 전해야 한다.

바울은 "그리스도의 사랑이 우리를 강권"(고후 5:14)한다고 했다. 그리스도가 모든 사람을 대신하여 죽었다면 곧 우리 모두가 죽은 것(고후 5:14)이라고 확신했기 때문이다. 바울이 전하는 핵심 메시지는 '오늘이 바로 구원의 날' 이라는 것이다.

땅을 일구라

예수님은 제자들에게 말씀하셨다. "내가 너희로 노력지 아니한 것을 거두러 보내었노니 다른 사람들은 노력하였고 너희는 그들의 노력한 것에 참예하였느니라"(요 4:38). 요한이 예수님의 말씀에 약간의 강조를 추가하지 않았나 싶다. 이때까지 제자들은 전혀 노력을 하지 않았다. 하지만 그렇다 해도 원칙은 동일하다. 오늘의 전도가 내일의 전도를 가능케 한다.

> 오늘의 전도가 내일의 전도를 가능케 한다.

현대 사회에서는 지성주의가 유행이다. 교만은 '하나님의 일'을 하기에는 너무 영악하다는 뜻이다. 교만은 현대 문명의 덫이다. 소위 지식인들은 혼란스러워하고 있다. 우리는 온유함과 지혜로 지성주의의 유행을 좇는 이들을 돌이키고 그들을 그리스도를 믿는 믿음 가운데로 인도해야 한다. 하지만 무엇보다 복음이 변질되지 않은 본연의 열정적인 모습 그대로 전해질 때 얼마나 강력한 능력이 드러나는지 깨달아야 한다. 복음에는 기이한 능력이 있다. 복음은 마음의 열린 틈을 찾아 은밀히 마음에 스며든다. 인간의 꾀나 현대 심리학은 그에 비하면 조악하기 짝이 없다. 복음의 능력에 비하면 군중심리를 간파하여 조종하는 능력은 그저 초라하기만 하다.

이전에 다른 책에서 밝혔듯이 나는 데이비드 리빙스턴(David Livingstone)과 C. T. 스터드(C. T. Studd)와 같은 개척자들이 먼저 사역한 곳에서 사역을 했다. 리빙스턴은 자신은 열매를 거의 보지 못하지만, 다른 이들이 더 많은 복음의 빛을 들고 와서 수천의 영혼이 그리스도께 나아감을 보게 될 것이라고 말했다. 내 삶의 가장 벅찬 순간 중 하나는 리빙스턴이 태어난 스코틀랜드의 작은 마을을 따라 이름 지어진 말라위의 블랜타이어(Blantyre)에서 사역을 했던 때였다. 리빙스턴은 그리스도를 위해 노력했고 최선을 다했으나, 노력에 비해 별로 보여 줄 것이 없는 상태에서 죽었다. 하지만 리빙스턴은 다른 이들의 성공을 가능케 했다. 나도 그 수혜자 중 하나다. 블랜타이어에서 한 주 만에 15만 명이 그리스도께 돌아왔다!

바울이 고린도후서 6장에서 이야기한 것처럼 나도 받아들일

만하게 노력하여, 내 뒤에 사역하는 이들이 내가 지나간 땅에 왔을 때는 땅이 덜 척박하기를 기도한다. 어느 날 마태복음 13장의 씨 뿌리는 자의 비유를 읽던 중에 불현듯 어떤 씨앗은 길가에 떨어져 새가 와서 먹어 버렸다는 구절이 눈에 들어왔다. 여기서 길가란 어디였을까? 길가는 바로 씨 뿌리는 자가 걸어 다녔던 그곳이다! 결국 씨 뿌리는 자가 씨를 뿌리고 일을 하면서 자기 밭의 한 부분을 강퍅하게 만들었던 것이다. 이 생각을 하면서 내가 해야 할 일을 하는 중에 다른 이들이 갈 길을 험난하게 만들지 않도록 해 주시기를 하나님께 구했다.

예수님도 다른 이들을 위해 땅을 일궈 주셨다. 잠시 우물가의 사마리아 여인을 다시 생각해 보자(요 4장). 예수님의 부활 몇 년 후, 또 다른 전도자인 빌립이 사마리아로 간다. 그는 사마리아가 복음에 열려 있고 준비되어 있음을 보게 된다. 사마리아 성읍에는 큰 기쁨이 있었다. 예수님은 사마리아에 계시는 동안 아무런 기적을 행하지 않으셨다. 최소한 성경에는 예수님이 사마리아에서 기적을 행하셨다는 기록이 없다. 하지만 빌립이 주님의 발자국을 따라 사마리아로 갔을 때 많은 치유의 기적이 일어났고 귀신이 쫓겨 갔다. 예수님은 어장을 망치지 않으시면서 "나를 따라오너라 내가 너희로 사람을 낚는 어부가 되게 하리라"고 말씀하실 수 있었다. 추수의 기쁨이야말로 진정한 기쁨이다.

> 추수의 기쁨이야말로 진정한 기쁨이다.

예수님은 또한 "거두는 자가 이미 삯도 받고 영생에 이르는 열매를 모으나니"(요 4:36)라고 말씀하셨다. 문득 오랜 찬송가 가사가 마음에 다가온다.

의지하고 순종하는 길은
예수 안에 즐겁고
복된 길이로다

그리스도가 내게 의지하고 순종하라고 부르신 두 가지 의무를 나는 확실히 안다. 바로 사랑과 전도다. 일을 해야 삯이 주어진다. 그러니 일을 하지 않는 한 삯을 받을 수 없다.

예수님의 의무

사마리아에서 예수님이 하신 말씀을 생각해 보자. 모든 상황이 요한복음 4장 4절의 말씀으로 요약된다. "사마리아로 통행하여야 하겠는지라."

이 구절에서 사용된 단어는 헬라어 비인격 동사인 '데이'(Dei)로, '~해야 한다', '~해야만 한다'는 의미다. 신약에 모두 105번 등장하는데, 딱 한 군데서만 육체적인 필요와 관련하여 사용이 되고, 다른 곳에서는 모두 도덕적, 정서적 필요성을 나타내는 데 사용된다. 이 단어가 등장하는 구절은 모두 주님이 성취하실 사명에 대한 주님의 인식, 주님의 의무를 담고 있다. 즉 단순한 육

체적 필요성이 아니라 예수님이 이 땅에 오신 목적 자체를 보여
준다. 몇 가지 예를 찾아보자.

"인자가 많은 고난을 받고"(막 8:31).

"하나님의 나라 복음을 전하여야 하리니"(눅 4:43).

"나를 보내신 이의 일을 우리가 하여야 하리라"(요 9:4).

"인자가 들려야 하리라"(요 12:34).

"그가 죽은 자 가운데서 다시 살아나야 하리라"(요 20:9).

예수님에게 있어 사람을 구원하는 일은 예수님이 하나님과 하나라는 사실만큼이나 중대한 것이었다. 삶을 구원하는 일은 예수님의 존재 그 자체였다. 예수님은 구원하셨을 뿐 아니라, 구원 그 자체셨다. 예수님과 구원의 관계는 불과 열기의 관계와 같다. 예수님께 전도는 당위였다. 예수님은 하나님의 뜻을 행하는 것이 자신의 '양식'이라고 말씀하셨다. 후에 예수님은 제자들을 보내시면서 예수님 당신이 하신 그 일을 행하라고 말씀하신다.

> 예수님과 구원의 관계는 불과 열기의 관계와 같다.

"아버지께서 나를 세상에 보내신 것 같이 나도 저희를 세상에 보내었고"(요 17:18).

"아버지께서 나를 보내신 것 같이 나도 너희를 보내노라"(요 20:21).

요한은 공관복음에서처럼 전도의 의무를 명확하게 언급하지는 않는다. 하지만 요한복음 전체에 걸쳐 전도의 의무를 직간접적으로 보게 된다.

제자들의 의무

예수님은 제자들을 세상으로 보내신다. 세상은 예나 지금이나 변함없이 적대적이고 죄악으로 가득하다. 오늘날의 교회는 고객들에게 접근해 내 사업을 키우는 식의 '교회 성장'에 열을 내서는 안 된다. 우리는 남의 수족관에서 물고기를 훔쳐오는 수족관 관리인이 아니라 사람 낚는 어부로 부름받았다는 얘기를 들은 적이 있다.

미국 교회는 고기를 낚을 거대한 어장이 있다. 유럽에는 그런 거대한 어장이 없을뿐더러 잠재적 회심자도 거의 없다. 유럽은 극도로 세속화됐을 뿐 아니라 일부 국가에서는 종교적 요소를 완전히 배제하는 것이 전통이 됐다. 한 영혼을 얻기 위해 교회들이 온갖 방법을 다 동원해야 하는 상황에 이르렀다. 지도자들이 최선의 노력을 다하고 영혼을 얻기 위해 밖으로 나가지만, 대부분의 씨앗은 열매 맺을 수 없는 불모지에 떨어지는 듯하다.

미국은 종교적인 그룹과 비종교적인 그룹으로 이루어져 있으며, 종교적인 그룹이 비종교적인 그룹을 실질적으로 파고들기가 매우 어렵다는 얘기를 들은 적이 있다. 내가 들은 얘기가 틀렸을 수도 있다. 사실 틀렸으면 좋겠다. 하지만 어떤 이들은 믿지 않는 이들의 세계에 다가가는 것이 시간 낭비라고 여긴다. 하지만 미국에 대한 여러 가지 이야기를 들으면서 불신자들의 세계에 다가가는 것이 결코 불가능하지는 않다는 생각을 하게 된다. 지금도 하나님은 영적으로 죽은 자들 가운데서 나사로를 일으키고 계신다.

믿지 않는 이들에게 다가가는 것이 얼마나 힘들든 간에 그것이 우리에게 주어진 과제임은 분명하다. 미국 교회가 부모에서 자녀에게로 신앙이 이전되고, 기존 교인들이 이동하는 식으로만 존속하는 가족 교회 형태에 머물고 있다면, 우리는 비상사태를 선포해야 마땅하다. 전면전을 위한 전쟁위원회를 소집해야 한다. 우리 본연의 목적대로 잃어버린 자를 전도하자고 교회들을 불러 모아야 한다. 우리는 기독교계뿐 아니라 세상으로 보내심을 받았다. 우리는 양 떼만 먹이는 자가 아니라 사람을 낚는 어부다. 우리는 나라의 절반만이 아닌 나라 전체를 구하기 위해 있다.

바깥세상은 위험한 곳이다. 또한 신앙을 고백하는 이들과 순교자들이 있는 곳이기도 하다. 복음을 증거했을 때 단순히 머리와 입술로만 반대하지 않고 내가 지금까지 보아 왔듯이 총과 칼과 돌로 반대 의사를 표시하는 이들도 있다. 그렇다면 살육의 세상이 예수님의 사랑의 세계를 이기게 될 것인가? 우리가 그렇게 되도록 내버려 둘 것인가?

실망감, 극복할 수 있다

언젠가는 실망감이 찾아온다. 하지만 실망감에 가로막혀 멈춰 서는 안 된다. 요한복음 2장 23절부터 3장 2절까지의 말씀을 장의 구분 없이 읽어 보자.

"예루살렘에 … 많은 사람이 그 행하시는 표적을 보고 그 이름을 믿었으나 예수는 그 몸을 저희에게 의탁지 아니하셨으니 이는 친히 모든 사람을 아심이요 또 친히 사람의 속에 있는 것을 아시므로 사람에 대하여 아무의 증거도 받으실 필요가 없음이니라 … 그런데 바리새인 중에 니고데모라 하는 사람이 있으니 유대인의 관원이라 그가 밤에 예수께 와서"

얄팍하고 천박하며 믿을 수 없는 사람들도 있다. 하지만 모든 사람이 그런 건 아니다. 요한복음 1장은 예수님이 나다나엘을 간사함이 없는 이스라엘 사람이라고 말씀하시는 장면으로 마무리된다. 니고데모도 예루살렘의 지도자 중 한 사람으로 예수님이 십자가에 달려 돌아가신 후 예수님과 함께하는 사람임을 숨기지 않는다(요 19:39-40). 어떤 씨앗은 땅에 떨어져 전혀 열매를 맺지 못한다. 어떤 씨앗은 열매를 조금 맺고, 어떤 씨앗은 조금 더 맺고, 어떤 씨앗은 풍성한 열매를 맺는다. 똑같은 종자를 갖고 같은 사람이 씨를 뿌리지만 땅이 다르기 때문이다. 즉 열매는 누구에게 복음을 전하느냐에 달렸다. 예수님은 한 사마리아 마을에서는 전혀 결실을 보지 못하셨다. 그 마을 사람들은 심지어 예수님이 그 마을에 하룻밤 묵으시는 것조차 허용하지 않았다. 하지만 수가 성에서는 상황이 정반대였다.

아프리카에서 전도 집회 직전에 정부가 집회를 취소하는 바람에 많은 재정을 잃은 적도 있었다. 바울이 에베소에서 보았던 것과 같은(행 19:23-24) 폭동도 보았다. 하지만 그런 건 중요치 않다. 결국에 우리는 이기게 될 것이다(요1 4:4). 예수님이 그렇게 약속하셨다.

바울은 인내와 오래 참음에 대해 자주 이야기했다. 이 두 가지는 모든 전도자들에게 필요한 덕목이다. 하지만 오직 하나님만이 우리에게 인내와 오래 참음을 주실 수 있다. 예수님은 인내와 오래 참음이 무엇인지 보여 주셨다. 그리고 우리에게 말씀하신다. "나를 따라 오너라"(마 4:19). 예수님이 이미 앞서 가셨다. 이제는 누군가 예수님을 따라가야 한다. 당신이 그 누군가가 되지 말라는 법이 있는가?

Faith And Evangelism

4장

믿음과 전도

예수님을 따르기 위해서는 믿음이 필요하다. 사실 믿음이 없이는 예수님을 따를 수 없다. 믿는 사람은 구원을 얻을 것이다[막 16:16 참고]. 전도는 믿는 자가 구원을 받는 사건의 핵심이 되는 부분이다. 전도자는 사람들의 마음에 믿음을 일궈 주기 위해 존재한다. 하지만 그를 위해서는 먼저 자신이 진정한 믿음을 가져야 한다. 믿음은 전염성이 있다. 자신에게 없는 것은 남에게 옮길 수 없는 법이다.

본인이 홍역을 앓지 않고는 다른 사람에게 전염시킬 수 없는 것처럼, 본인이 먼저 믿음에 감염이 된 후에야 다른 사람에게 믿음에 대해 가르칠 수 있다. 누군가가 당신에게 믿음을 전해 주면, 그 믿음이 당신을 통해 다른 사람에게 전해지게 되는 것이다.

> 믿음은 전염성이 있다. 자신에게 없는 것은 남에게 옮길 수 없는 법이다.

사람들은 전도의 은사가 과연 무엇인지 논쟁을 벌인다. 간단히 정의하면 전도의 은사는 전염성이 강한 믿음이다. 다른 사람을 흥분시키기 위해서는 본인이 먼저 흥분해야 하지 않겠는가? 저명한 프랑스의 무신론자 볼테르(Voltaire)는 그리스도인들이 구속받은 듯이 보이지 않기 때문에 그리스도인들이 구속받았다고 생각지 않는다고 했다. 그리스도의 대사들은 음성만 흘러나오는 테이프가 아니다. 시각과 음성이 두루 들어간 비디오 같아야 한다. 빌립이 사마리아로 갔을 때 성경은 "그 성에 큰 기쁨이 있더라"(행 8:8)고 기록한다. 사람들을 환희에 차게 만든 것은 바로 빌립의 삶과 선포를 통해 나타난 그의 믿음이었다.

요한복음에 나타난 믿음

이상하게도 믿음이라는 단어가 유독 요한복음에는 쏙 빠져 있다. 요한이 의도적으로 믿음이라는 단어를 피했다는 생각이 들 정도다. 심지어 세 편의 서신서에도 믿음이라는 단어는 딱 한 번밖에 등장하지 않는다. 믿음[헬라어 피스티스(Pistis)]이 신약에서 244번 등장한다는 사실을 생각할 때 상당히 의아하고 놀랍다. '믿음'이라는 명사를 사용하는 대신에 요한은 '믿다' [헬라어 피스튜오(Pisteuo)]라는 동사를 사용한다. 그런데 다른 세 복음서는 '믿다'나 '믿는' 같은 동사형을 그다지 즐겨 사용하지 않는다. 마태복음에 11번, 마가복음에 15번, 누가복음에 9번 등장하는 게 전부다. 반면 요한복음에는 100번이나 이 동사형 단어가 등장한다.

믿음은 추상적 개념이다. '믿다'는 행동을 의미한다. '믿음'이

정적이라면 '믿다'는 역동적이다. '믿다'는 전도를 이해하는 데 중요한 요한복음의 언어다. 하지만 이 단어와 분리해서 생각할 수 없는 단어가 하나 더 있다. 바로 '증거하다'이다.

요한복음에는 '복음'이나 '전도'라는 단어가 당연히 등장할 거라 생각하겠지만, 사실 요한복음 어디에서도 이 두 단어를 찾아볼 수 없다. 요한은 이번에도 보다 역동적인 다른 단어를 선택한다. 간혹 '증언하다'라고 번역되는 '증거하다'[헬라어 마르투레오(Martureo)]라는 단어다. 요한은 이 헬라어 동사를 33번 사용했다. 계속적이고 역동적인 무언가를 나타내는 '믿다'와 '증거하다', 이 두 단어는 전혀 정적이지 않다. 또한 이 두 단어는 서로 연결되어 있다. 우리가 믿으면 또한 증거하게 되기 때문이다.

요한은 결코 복음을 진리의 언어적 정의, 즉 교리로 여기지 않는다. 요한은 복음을 항상 현재 진행형으로 표현한다. 요한은 복음이 진리임을 알았다. 요한2서 9절에서 요한은 이렇게 말한다. "지내쳐 그리스도 교훈 안에 거하지 아니하는 자마다 하나님을 모시지 못하되 교훈 안에 거하는 이 사람이 아버지와 아들을 모시느니라." 요한은 복음이 역동적인 현재 진행형임을 보여 주기 위해 요한복음을 기록했다(요 20:31 참고). 복음은 진리이자 빛이다. 요한복음의 독자들은 자신이 지금 정확히 어디에 서 있는지, 예수 그리스도를 믿기로 선택했을 때 앞으로 어디로 가게 될지 분명하게 알 수 있다.

요한은 움직임을 표현하는 단어를 애용한다. 예를 들어, 진리에 대해 이야기하면서도 진리가 잠시 잠깐 비추고 사라지는 빛이 아니라 온 세상을 끊임없이 밝히며 빛을 발하는 것으로 표현했다. "참빛 곧 세상에 와서 각 사람에게 비취는 빛이 있었나니"(요 1:9). 헬라어의 '와서'라는 단어는 '각 사람'과 연결될 수도 있고 '참 빛'과 연결될 수도 있는데, 어찌되든 궁극적으로 참 빛이 이 세상에 왔음을 보여 주고 있다.

마찬가지로 요한은 복음의 '지식'이나 하나님을 아는 '지식'에 대해 이야기하지 않는다. 대신 동적인 의미로의 '앎'에 대해 이야기한다. 그리스도에 '대하여' 듣고 아는 것이 아니라, 지금 이곳에서 현재 진행형으로 그분을 알아 가고 경험하는 것을 이야기한다. 그분은 지금 당신과 함께 계신다.

요한에게 믿음은 살아 숨 쉬는 것이다. 믿음은 남의 권유에 따라 받아들이는 신조가 아닌 행함 그 자체다. 스미스 위글스워스가 말했듯 "믿음은 행동이다."

살아있는 믿음

요한의 목표는 기독교 신앙이 정적인 종교가 아니라 살아 있는 존재임을 보여 주는 것이었다. 그리스도는 생명이다. 믿는 것이 생명이다. 그분을 아는 것이 생명이다. 생명의 특징은 재생산과 적응이다. 성경이 가장 좋은 예다. 성경은 살아 있는 말씀이다. 이 말씀은 인간의 경험 가운데 재생산된다. "하나님의 말씀은 흥

왕하여 더하더라"(행 12:24). 성경은 지금도 우리에게 이야기하며 이 세상을 움직이는 힘이다. 하나님의 말씀을 마치 박물관 소장 문서처럼 교회가 보존한 고문서 정도로 이해하는 사람들이 있다. 하지만 성경은 절대 그렇지 않다. 성경은 살아 있다. 성경의 활동은 지금도 계속되고 있다.

성경은 "하나님의 말씀"(롬 3:2)으로 오늘도 우리와 함께하고 있다. 교회가 성경을 보존했기 때문이다. 아니, 오히려 교회를 성경이 보존해 줬다. 현대 사회에는 보존을 위한 다양한 학회가 있다. 환경보존학회, 고(古)건축물보존학회, 전통보존학회, 종(種)보존학회 등등. 하지만 고대성경보존학회는 설립될 이유가 없다는 것이 얼마나 감사한지. 살아 있는 대상이라면 보존할 이유가 없다. 살아 있는 것은 보존액에 담가 보존하지 않는다. 보존액에는 오직 죽은 것만 담는다.

신약에서 '보존'이라는 의미의 단어 'Preserve'는 디모데후서 4장 18절에만 유일하게 등장한다. "주께서 나를 모든 악한 일에서 건져내시고 또 그의 천국에 들어가도록 구원하시리니(Preserve)." 헬라어 원문의 단어 '소조'(Sozo)는 '구원하다'라는 뜻이다. 우리는 보존받은 자가 아니라 구원받은 자다. 우리에게는 영생이 있다! 우리는 미라나 냉동 인간으로 천국에 들어가지 않는다. 맥박이 뛰는 살아 움직이는 영원한 생명이 우리 영혼으로 흘러들어온다.

4장 믿음과 전도 **101**

우리의 역할은 분명히 정해졌다

> 복음이 복음 되기 위해서는 선포되어야 한다.

복음이 복음 되기 위해서는 선포되어야 한다. 이미 알고 있겠지만 '복음' 이라는 단어는 좋은 소식(Good News)을 의미하는 헬라어 '유앙겔리온' (Euangelion)에서 왔다. 뉴스를 남에게 알리지 않고 본인만 알고 있으면 그건 뉴스가 아니다. 뉴스는 널리 알리고 방송되는 정보를 의미한다. 뉴스를 책에 집어넣어 책장에 꽂아 둔다면 그건 뉴스가 아니라 과거의 역사가 되고 만다. 복음은 역사적 진리이기는 하나 지나간 역사가 아니다. 복음은 현재 일어나고 있는 사건이다. 복음은 전해질 때에야 비로소 뉴스가 된다. 신학이든, 말씀이든, 진리든, 원하는 대로 불러도 좋다. 하지만 어떤 이름으로든 그 내용을 분명히 밝히지 않는다면, 복음은 좋은 소식이 될 수 없으며, '복음' 이라는 단어도 더 이상 어울리지 않는다. 진리를 신학 논문 표지로 곱게 싸서 책장에 끼워 두고 '복음' 이라 명명하는 것은 믿음의 행동이 아니다. 물론 복음의 진리를 책으로 기록할 수 있다. 하지만 진정한 복음은 전달 수단에 구애받지 않고 그리스도를 전하는 사람들, 즉 당신과 나다.

우리는 복음을 가두어 놓고 지키는 간수가 아니라 복음의 청지기들이다(고전 4:1, 벧전 4:10). 청지기의 할 일은 진리의 보화를 보호하기 위해 숨겨 두고 감추는 것이 아니라 자신이 관리하는 것을 배가시키는 것이다. 복음을 적에게 보여 주는 것이야말로 믿음을 가장 잘 지키는 방법이다. 복음에는 대적과 맞서 싸울 능력이 넘치도록 있기 때문이다. 우리는 모든 사람을 향한 하나님의 자비하심을 좇아 복음을 지키도록 명령받은 청지기다. 교회는 진리를 완전무결하게 지키기 위한 금고가 아니라 자선단체, 배급소다. 엘리사는 여인에게 기름이 떨어지지 않는 그릇을 줬지만, 하나님은 우리에게 결코 마르지 않는 유전(油田)을 주셨다.

> 엘리사는 여인에게 기름이 떨어지지 않는 그릇을 줬지만, 하나님은 우리에게 결코 마르지 않는 유전(油田)을 주셨다.

믿음과 복음 증거가 함께할 때 폭발이 일어난다. 바울은 복음이 "하나님의 능력"(롬 1:16)이라고 했다. 복음의 선포로 하나님의 능력이 풀려난다. 많은 사람들이 능력받기를 기도한다. 하지만 능력은 복음 안에 내재되어 있다. 말씀을 선포하라. 능력이 풀려남을 보게 될 것이다.

화성의 암석에 포함된 산소량은 대기를 복원하기에 충분한 정도라고 한다. 복음에는 온 세상을 회복시키고도 남을 만큼의 '영적 산소'가 있다! 복음을 선포하라. 그리스도를 선포할 때 이것이 성령의 능력과 복음을 듣는 이들 사이에 상호작용을 일으키는 촉매제가 될 것이다. 예수님을 선포할 때, 사람들의 죄를 확증할 때 성령님은 역사하신다. 하지만 이 모든 과정은 우리가 믿고, 마땅히 해야 할 일을 할 때 시작된다. 믿음을 행동으로 옮기라. 말씀을 선포하라. 그러면 하나님이 움직이실 것이다. 이것이 바로 복음의 역동성이다.

참믿음은 무엇인가?

우리가 '믿지 않는 믿는 자들'이라고 지칭하는 사람들의 특징이 있다. 교리는 탄탄하다. 그런데 신뢰하지 않는다. 자신들이 복음이라고 주장하는 것을 선포하기는 하지만, 그저 정통 교리 선언서에 불과할 뿐 생명이 없다. 한 남자가 한 여인에 대해 묘사한다고 생각해 보자. 객관적으로 사실만 나열할 수도 있다. 하지만 그 여인과 사랑에 빠진 남자라면 얘기가 달라진다. 아마도 그 여인을 살아 숨 쉬는 한 인격으로, 자신이 반해 버릴 만큼 매력적인 존재로 설명할 것이다.

복음의 선포는 하나님께 전적으로 의지한 믿음의 행위가 되어야 한다. 그리스도의 진리의 씨앗은 우리가 뿌려야 한다. 하지만 믿음이 없다면 그 씨앗은 결코 싹 틔울 수 없다. 믿음으로 선포하지 않은 복음은 결코 싹을 틔우고 꽃을 피워 열매를 맺을 수 없다. "성도에게 단번에 주신 믿음의 도를 위하여 힘써"(유 3) 싸우는 것은 정말 중요하다. 하지만 그것만으로는 충분치 않다. 믿음에는 결실이 있어야 한다. 생명을 자아내야 한다. 그 결과 "너희로 믿고 그 이름을 힘입어 생명을 얻게 하려 함이니라"(요 20:31)는 말씀이 이루어져야 한다. 믿음은 살아 움직이는 과정이다. 믿고, 영접하고, 알고, 보고, 그분 안에서 거하는 현재 진행형이다.

믿음의 결과로 우리는 하나님의 공급하심을 누리게 된다. 계속적인 믿음의 결과로 하나님으로부터 공급받는 삶을 살게 된다.

예수님은 '내가 곧 길이요 진리니'라고만 말씀하지 않으셨다. "내가 곧 길이요 진리요 생명이니"(요 14:6)라고 말씀하셨다. 복음은 차디찬 진리가 아니라 활활 불타오르는 진리다.

> 복음은 차디찬 진리가 아니라 활활 불타오르는 진리다.

다윗과 골리앗의 이야기는 능동적 믿음과 수동적 믿음의 차이를 가장 잘 보여 주는 예다(삼상 17장 참고). 이스라엘 백성들에게도 믿음이 있었다. 이들은 여호와가 하나님이심을 선포했다. 여호와의 하나님 되심이 이들에게는 놀라운 진리였다. 하지만 이들의 고백과 믿음은 달이 치즈로 만들어졌다고 고백하는 것이나 별반 다를 게 없었다. 여호와 하나님에 대한 믿음의 선언이 이들의 삶에는 실제로 아무 영향도 미치지 못했으니 실상은 진실하지 못한 고백이나 다름없었다.

맥이 다 풀려 버린 임금을 전장의 지도자로 세우고, 온 이스라엘 군대가 함께 서서 여호와의 이름을 외쳤다. 무기를 높이 치켜들고 소리를 질렀다. 자신들이 하나님의 백성이라 믿으며 하나님이 자신들의 편에 계시다고 믿었다. 하지만 그게 전부였다. 골리앗과 일대일로 싸우겠다고 앞으로 나온 병사는 단 한 명도 없었다. 물론 사울 왕을 포함해 이스라엘 전체에서 신체적으로 골리앗에 필적할 사람은 아무도 없었기 때문에 그렇게 앞으로 달려 나가기 위해서는 진정한 믿음이 필요했다.

어린 목동인 다윗은 사실 외부인이었다. 하지만 골짜기로 다가간 다윗은 하나님을 모독하는 골리앗의 말에 분개하고 자신이 골리앗의 목을 베겠다고 선언한다. 그리고 정말 그렇게 했다. 성경에서 이야기하는 대로 "행함이 없는 믿음은 죽은 것"(약 2:26)이다.

전도를 위해서는 능동적인 믿음이 필요하다. 증언하고, 증거하고, 보고, 알고, 행해야 한다. 하지만 그런 담대한 믿음을 위해서는 견고한 터가 있어야 한다. 하나님을 믿는 것은 어리숭하고 무지하고 백치미 넘치는 것과 전혀 다르다. 믿음을 갖기를 원한다면 행동으로 옮겨 보라. 믿음이 있는지 확인하려거든 물에서 뜰 수 있는지 확인하는 방법을 사용해 보라. 일단 움직여 보라!

변치 않으시는 하나님

하나님을 믿는 믿음은 하나님의 신실하심에서부터 온다. 예레미야애가 3장 22절과 23절은 "여호와의 자비와 긍휼이 무궁하시므로 … 이것이 아침마다 새로우니 주의 성실이 크도소이다"라고 기록한다. 예레미야의 이 고백은 실로 놀랍다. 예레미야는 침탈당하고 완전히 파괴되어 폐허더미로 변한 예루살렘을 바라보며 이 고백을 하고 있다. 예레미야는 파괴된 성읍을 보며 흐느껴 운다. 하지만 동시에 그는 하나님이 신실하심을 알았다. 예레미야의 믿음은 결코 흔들리지 않았다. 시편 119편 90절은 다시 한 번 확증해 준다. "주의 성실하심은 대대에 이르나이다."

하나님은 어떻게 신실하신가? 누구에게, 무엇에게 하나님은 신실하신가? 하나님은 자신에게 신실하시다. 하나님은 언제나 우리에게 자신을 밝혀 주시는 분이시다. 하나님은 결코 하나님의 하나님 되심에 어긋나는 행동으로 자신을 실망시키는 법이 없으시다. 자신의 성품에 대한 하나님의 계시는 하나님의 행하심과 온전히 일치한다. 그분의 어떤 행하심에 대해서도 우리가 결코 "하나님이 아니야! 하나님은 그렇지 않으셔"라고 말할 수 없다. 무엇을 행하시든 하나님은 자신에게 참되시다. 하나님은 그분이 우리에게 말씀하시는 그대로의 존재이시며, 자신이 행하겠다고 말씀하신 그대로 행하시는 분이다. 그런데 만약 하나님이 우리에게 말씀해 주신 그분이라면, 하나님이 행하실 수밖에 없는 일들이 있다. 하나님은 신실하시기에 우리는 그분의 약속을 확실히 신뢰할 수 있다(민 23:19 참고).

> 하나님은 결코 자신의 성품에 벗어나는 행동을 하지 않으신다.

요한복음의 몇 곳에서 예수님은 자신이 행하셔야 할 일에 대해 공개적으로 말씀하신다. 그때도 지금도 변함없는 그분의 정체성 때문에 예수님은 어떤 일들을 행하셔야만 했다. 성경은 "주는 … 자기를 부인하실 수 없으시리라"(딤후 2:13)고 기록한다. 하나님은 자신의 본성에 따라 행하셔야만 한다. 하나님의 본성이 사랑이라면 하나님은 사랑하셔야 한다. 하나님이 의로우시다면 하나님의 심판은 공의로우셔야 한다. 하나님은 자신의 정체성을 따라 하나님 되실 수밖에 없다. 인간인 나는 숨을 쉬고, 먹고, 걸어야 한다. 하나님은 돌보시고, 행하시고, 구원하셔야 한다.

하나님은 처음부터 자신의 진정한 정체성을 드러내셨다. 하나님은 모세에게 "나는 스스로 있는 자니라"(I AM WHO I AM, 출 3:14)라고 말씀하셨다. 이러한 하나님의 선포에 어떤 의미가 담겨 있을지에 대해 전문가들이 연구하고 토론을 벌여 왔다. 문법적으로 그리고 신학적으로 한마디 한마디를 고찰했다. 하지만 결국 어떤 식의 고찰을 하든지 간에 이 말씀의 의미는 아주 명백하다. 하나님은 자신이 신실하시다고 말씀하고 계신다. 하나님은 하나님 되시며, 변치 않으신다고 말씀하신다. 예를 들어, 하나님은 모세를 부르시면서 이전 세대들에 대해 말씀하신 것을 상기시키신다. "내가 아브라함과 이삭과 야곱과 맺은 나의 언약을 기억하노라"(출 6:2-5 참고). 400년의 세월이 흘렀지만, 하나님은 족장들에게 하신 약속을 절대로 잊지 않으셨다. 400년 전이나 400년 후나 하나님은 동일하신 분이었다. 아브라함이 알았던 그 하나님(I AM)을 가리키시며 하나님은 일말의 의심도 없이 모세에게 "내가 바로 그 하나님이다"(I AM WHO I AM)라고 말씀하실 수 있었던 것이다.

하나님이 단 한 번이라도 행하신 일은 곧 하나님의 영원한 모습을 보여 준다. 하나님의 모든 행하심은 하나님이 앞으로 행하실 일에 대한 표징이요, 예언이다. 하나님이 행하시는 모든 일은 변치 않는 하나님의 성품의 표현이다. 하나님도 이 사실을 분명히 밝히셨다. "나 여호와는 변역지 아니하나니 그러므로 야곱의 자손들아 너희가 소멸되지 아니하느니라"(말 3:6). 가장 심각한 도발의 상황에서도 하나님의 마음은 반석처럼 흔들림이 없다. 하나님은 결코 변치 않으신다. 하나님은 완전하시다. 하나님이 하나님 되심에서 분리된다면, 결국 하나님이 완전하지 않으시다는 말밖에 되지 않는다.

하나님을 믿는 믿음이 있다는 것은 곧 지금까지 하나님이 하나님 되셨던 것같이 지금도 그러하시다는 것을 믿는 믿음이다. 하나님이 한 번이라도 기도에 응답하셨다면, 기도에 응답하시는 것이 하나님의 자연스런 반응임을 믿고 안식할 수 있다. 하나님이 한 사람이라도 돌보셨다면, 그것은 하나님이 항상 돌보시는 분이기 때문이며, 때문에 앞으로도 모든 자를 돌보실 거라 신뢰할 수 있다. 고통받는 사람을 한 명이라도 고치셨다면, 그것은 그분이 치유자이시기 때문이다. 사람을 치유하시는 것은 그분의 본성이다. 하나님이 회개하는 단 한 사람이라도 용서하셨다면, 그것은 하나님이 용서하시는 분이시기 때문이다. 하나님이 한 사람이라도 구원하셨다면, 그것은 그분이 모든 사람이 구원받기를 바라시는 우리의 구원자, 하나님 되시기 때문이다.

하나님은 원하신다

하나님은 원하시는 일을 행하신다. 창세기 첫 장도 자발적으로 역사하시는 하나님을 계시한다. 창조의 시간 내내 하나님이 외부의 압력이나 의무감에 의해 억지로 무슨 일을 하신 적은 단 한순간도 없었다. 하나님 옆에 서서 빛을 만드시면 좋을 거라고 나 "궁창의 물과 물을 나뉘게 하면 어떨까요?"라는 식으로 제안하는 천사 위원회도 없었다.

"흠, 아무래도 세상을 만드는 게 좋을 것 같아. 좀 그럴 듯한 세상을 만들어야겠어. 세상을 만들지 않으면 모양새가 좋지 않을 거야. 사람들은 내가 좀 더 잘하기를 바라니까 말이야." 하나님은 이런 생각도 하지 않으셨다. 하나님이 이런 생각에 영향을 받으신 적은 추호도 없었다. 하나님은 자신의 양심을 돌아보지도 않으셨고, 미래에 사람들이 어떻게 할지에 대해서 고민하지 않으셨으며, 역사에 어떻게 기록될지 궁금해 하지도 않으셨다. 하나님은 그저 창조하기를 원하셨다. 그것이 그분의 뜻이요, 바람이며, 본능이며 기쁨이었다. 하나님은 그가 즐기시는 일을 하고자 하신다. 하나님께 무심함이란 있을 수 없다. 무엇을 하시든 하나님은 숭고하고 높은 인자하심으로 마음에서부터 우러나서 하신다.

> 복음은 하나님의 자발적인 역동성을 보여 준다.

복음은 하나님의 자발적인 역동성을 보여 준다. 아담이 타락한 후 하나님은 아담을 그 상태로 내버려 두지 않으셨다. 하나님은 친히 아담을 일으키시고, 회복시키시고, 안심시키시고, 아담에게 옷을 입히시고, 장래를 약속해 주셨다. 하나님은 그런 분이시다. 이것이 성경의 첫 부분에 나타난 하나님의 모습이다. 사실 신구약 성경 전체의 중심이 되는 것이 바로 이런 하나님의 모습이다. 태초부터 인간이 그렇게 해 주시기를 구하든 그렇지 않든 관계없이 인간을 전폭적으로, 끊임없이 생각하시는 하나님의 모습을 우리는 보게 된다. 이 주제는 구약 전체에 걸쳐 뚜렷하게 나타난다. 복음서에 등장하는 원리는 사실 하나님이 구약 시대에 행하신 모든 일을 통해 먼저 드러난다. 이스라엘은 하나님이 자신의 성품을 그리시는 도화지다. 창세기 첫 장에서부터 우리는 분명한 원칙을 보게 된다.

1. 세상은 선하게 창조되었다.
2. 창조는 하나님의 선하심에 기초했다.
3. 역사는 선하게 빚어져 갈 것이다.
4. 하나님과 선하심이 악을 이길 것이다.

예수님을 통해 나타난 하나님의 계시

하나님의 계시는 예수 그리스도를 통해 온전한 영광으로 나타난다. 때문에 우리는 예수님을 전파한다(요 1:8 참고). 예수님은 구약의 하나님을 완벽하게 해석해 내신 분이다. 예수님의 놀랍고 경이로운 삶은 놀랍고 경이로운 아버지를 그대로 드러낸다. 예수님은 하나님이 진정 누구신지를 보여 주시며 하나님에 대한 사람들의 생각을 바꾸어 놓으셨다.

하나님은 자신보다 클 수 없는 분이다. 예수님은 인간이 이해할 수 있는 가장 위대한 개념으로 하나님을 보여 주셨다. 하나님

> 하나님은 옳건 그르건 우리의 철학인 하나님에 대한 우리의 추론에 아무 관심이 없으시다.

은 옳건 그르건 우리의 철학인 하나님에 대한 우리의 추론에 아무 관심이 없으시다. 우리는 오직 하나님이 인간과 맺으시는 관계를 통해서만 하나님의 성품을 추론할 수 있다. 우리에게 주어진 근거는 이뿐이며, 사실 이것만으로 족하다. 하나님은 우리를 사랑하시며 우리를 구원하기 위해 이 땅에 오셨다. 하나님은 우리가 그분의 영광을 알게 되기를 원하신다.

하나님이 우리에게 어떤 분이신가는 십자가에 달리신 예수님의 모습을 통해 가장 분명하게 알 수 있다. 그 사실을 잊어버렸다면 당신은 하나님에 대해 아무것도 알지 못하는 사람이다. 그 이외에는 그저 우리의 추측일 뿐이며 중요하지도 않다. 물론 하나님은 무한한 분이시기 때문에 하나님의 다른 모습이 있을 수도 있다. 하지만 그 모습이 어떤 것인지 우리는 알지 못한다. 구약과 신약도 하나님에 대한 우리의 지식이 제한적이라는 사실을 분명히 밝힌다.

> "오묘한 일은 우리 하나님 여호와께 속하였거니와 나타난 일은 영구히 우리와 우리 자손에게 속하였나니 이는 우리로 이 율법의 모든 말씀을 행하게 하심이니라"(신 29:29).
>
> "우리가 이제는 거울로 보는것 같이 희미하나 … 이제는 내가 부분적으로 아나"(고전 13:12).

그럼에도 불구하고 하나님은 자신의 뜻을 명백하게 밝히셨다. 우리는 하나님이 지금까지 이루신 일들을 통해 이해되는 하나님의 모습으로부터 앞으로 하나님이 무엇을 행하실지 기대할 수 있다.

성경에 나타난 하나님의 계시

하나님의 계시를 찾는 우리가 궁극적으로 참고해야 할 것은 다름 아닌 성경이다. 우리는 성경을 다양한 각도에서 볼 수 있다. 성경은 구원의 책이며, 하나님 나라의 책이며, 생명의 말씀이다. 하지만 무엇보다 성경은 하나님 자신에 대한, 하나님이 어떤 분이신지에 대한 하나님 자신의 계시다. 우리가 하나님께 무엇을 기대할 수 있는지에 대한 하나님의 계시다.

믿음은 하나님이 이래야 한다, 저래야 한다는 우리 나름의 이론을 믿는 것이 아니라 성경의 하나님을 믿는 것이다. 하나님의 전능하심을 알게 되면 사람들은 하나님이 해 주셔야 할 일 목록 50가지를 들이밀 것이다. 인간은 하나님을 축복한 입술로 이웃을 저주하지만, 하나님께는 모순이 있을 수 없다. 일관성이 하나님 성품의 한 부분이기 때문이다. 하나님은 한 순간 이렇다가 다음 순간 바로 돌변하는 분이 아니다.

> 믿음은 하나님이 이래야 한다, 저래야 한다는 우리 나름의 이론을 믿는 것이 아니라 성경의 하나님을 믿는 것이다.

믿음은 하나님이 어떤 분이신가에 근거한다. 그런데 하나님이 어떤 분이신지는 오직 성경을 통해서만 알 수 있다. 성경을 잘 이해할수록 하나님을 잘 이해하게 된다. 성경에 대한 이해를 통해 하나님을 이해하는 것은 평생 동안 지속되는 과업이다. 예수님을 이해하고 싶다면 구약을 살펴보라. 구약에 나타난 하나님의 모습이 곧 신약과 오늘의 예수님의 모습이다. 구약의 하나님을 이해하고 싶다면 신약의 예수님을 살펴보라. 예수님은 여호와의 진정한 성품을 보여 주신다.

영원히 변치 않는 하나님의 신실하심을 이해하지 못하면 구약에서 신약으로 넘어가면서 하나님의 모습이 달라진 듯이 느껴질 수도 있다. 하나님의 전술이 바뀔 수는 있다. 하나님은 사람들이 있는 곳으로 찾아가셔서 사람들에게 익숙한 환경에서 자신을 드러내신다. 하지만 하나님의 사랑의 빛은 검게 칠해진 유리조차도 뚫고 빛을 발한다.

구름 한 점 없는 맑은 대기를 가르는 빛은 붉은 하늘과 지저분한 창, 프리즘을 통과해 반짝거리는 바로 그 빛이다. 여호수아에게 왔던 빛은 모세가 불타는 떨기나무에서 보았던 그 빛이며, 사도들이 오순절 날 보았던 그 빛이다. 사울이 다메섹 도상에서 보았던 그 빛이며, 아브라함이 보았던 그 연기 나는 등잔 빛이다. 하나님의 사랑은 분노로, 심판으로 올 수도 있다. 하지만 그래도 여전히 사랑이다.

하나님이 성경에서 주신 하나님에 관한 모든 계시는 서로 완벽하게 합치된다. 눈을 비비고 찾아봐야 보일 수도 있지만, 하나님에 대한 계시가

> 하나님이 성경에서 주신 하나님에 관한 모든 계시는 서로 완벽하게 합치된다.

합치됨을 분명하게 볼 수 있다. 때문에 우리는 말씀의 핵심이요, 하나님의 온전한 합치인 말씀의 합치를 찾아 끊임없이 말씀을 가까이해야 한다.

어제나 오늘이나 영원토록 동일하신

예수 그리스도는 어제나 오늘이나 영원토록 동일하시다(히 13:8). 하나님이 시간과 유행에 관계없이 변함없으신 분이기 때문이다. 우리 하나님이 변함없이 신실하신 하나님이셔야만 우리는 비로소 믿음을 가질 수 있다. 하나님이 변하셔야 할 이유를 한 가지라도 생각해 낼 수 있게 된다면, 그 순간 우리 믿음은 조건부 믿음이 되고 만다.

자칭 세대주의자들은 하나님이 행하시는 일이 우리가 사는 시대에 따라 달라진다고 믿는다. 한 시대에서 다음 시대로 넘어가는 사도행전의 중반부에서 하나님이 갑자기 바뀌셨단 말인가? 이런 식의 접근은 결국 성경의 한 부분이 다른 부분과 아무런 상관이 없어질 때까지 진리의 말씀을 쪼개고, 하나님의 약속들을 하나하나 분리해 개별 포장해 버린다. 세대주의자들의 관점에 따르면 하나님은 역사적 흐름이 바뀔 때마다 달라지시며, 현재의 질서 내에서 할 수 있는 일만 하시는 분으로 제한된다.

하나님이 특정한 환경 하에서만 동일하시다면 하나님은 변함없으신 분이 아니다. 그렇다면 우리가 환경의 영향을 받아 변하는 것처럼 하나님도 환경의 영향을 받아 변하신다는 말이다. 인간은 세월의 흐름에 따라 변하지만 하나님은 그렇지 않으시다. 하나님은 유연하시지만, 감정에 휩쓸리는 분이 아니다. 하나님의 말씀을 시간 구분에 따라 쪼갤 때 그분의 신실하심은 무의미해지고 만다. "주의 성실하심은 대대에 이르나이다"는 말씀을 기억하라.

지금이 하나님이 역사하셔야 하는 그 때인지 아닌지 알아내야 한다는 책임을 지게 되면 우리의 믿음은 논쟁거리가 되고 불안정해지고 만다. 믿음은 성경을 어떻게 해석하느냐에 달려 있지 않다. 믿음의 근간은 하나님이 태초부터 어떤 분이셨는가에 대한 큰 그림이다. 자신에게 딱 맞는 시대에 살고 있다고 납득이 가야 비로소 하나님이 이런 일, 저런 일을 하실 거라 믿는 사람들이 있다. 하지만 이 부분에 대해 성경은 오해의 소지가 전혀 없는 분명한 메시지를 전한다. 하나님의 신실하심은 날짜에 따라 달라지지 않는다.

하나님과 치유

창세기 20장에는 아브라함과 아비멜렉의 이야기가 등장한다. 이 이야기는 성경에 기록된 최초의 치유 사건이다. 아브라함의 기도를 통해 블레셋 족장 아비멜렉의 집 전체가 용서와 치유를 얻었다. 하지만 아비멜렉의 집을 위해 기도한다는 생각은 아브라함의 머리에서 나오지 않았다. 처음부터 하나님의 생각이었다. 하나님은 아비멜렉에게 병 낫기를 위해 아브라함에게 기도를 요청하라고 말씀하셨다.

하나님은 이처럼 우리가 기도하게 하심으로써 역사하신다. 어떤 일을 행하고자 하실 때 하나님은 기도의 감동을 주신다. 하나님은 아브라함에게 기도하라는 감동을 주셨고, 아비멜렉에게는 아브라함의 기도가 응답될 것을 기대하라는 감동을 주셨다. 하나님이 이 모든 것을 주관하셨다. 또한 블레셋 족장, 이교도 사나이의 가정을 치유하신 그 순간, 하나님은 스스로를 두고 약속하셨다. 하나님은 자신이 어떤 분이신지를 계시하셨으니 다시는 번복하실 수 없었다. 하나님이 그때 보이셨던 그 모습과 다른 모습을 결코 보이실 수 없는 것이다.

하나님이 과거에 행하신 일을 그대로 반복하지 않으실 수도 있다. 사실 하나님은 새로운 계획과 아이디어를 무한하게 가지고 계신 분이시기 때문에 과거에 행하신 일을 복사하시는 일은 거의 없다. 하나님이 모든 사람을 다 치유하지 않으실 수도 있다. 하지만 하나님은 치유자로서의 자신을 계시하셨고, 치유는 하나님이 원하시는 일이다. 하나님의 역사는 그 역사 뒤안길에 숨어 있는 변함없는 하나님의 마음과 성품을 보여 준다. 하나님의 사랑과 뜻은 언제고 변함이 없다. 하나님은 성품에 어긋나는 일을 하실 수 없는 분이시다.

하나님의 당위

이미 살펴본 바와 같이 하나님은 자신의 존재에 부합하는 일을 하실 수밖에 없다. 하나님은 자신의 존재와 행하심 사이에 불일치를 절대 허용치 않으시는 분이다. 하나님이 사랑이시라면 하나님은 사랑하실 수밖에 없다. 하나님이 구원자시라면 하나님은 구원하셔야만 한다. 자신을 치유자로 계시하셨기에 하나님은 치유하셔야만 한다. 요한복음에 기록된 예수님의 말씀에서 이 사실이 드러난다. "(네가) 거듭나야 하겠다"(요 3:7)는 예수님의 말씀은 곧 예수님이 우리를 거듭나게 해 주시겠다는 의미다. 우리는 스스로 거듭날 수 없다. 오직 하나님만이 그렇게 하실 수 있다. 야고보서 1장 18절은 "자기의 뜻을 좇아 진리의 말씀으로 우리를 낳으셨느니라"고 선포한다.

거듭남은 진리의 말씀, 곧 복음을 통해 이루어진다. 이 세상이 구원받기 위해서는 사람들이 복음을 들어야만 한다. 사람들이 복음을 듣기 위해서는 누군가 복음을 전하는 사람이 있어야 한다. "전파하는 자가 없이 어찌 들으리요"(롬 10:14).

> 사람들에게는 복음이 필요하다. 이들의 필요를 보시는 하나님의 마음에도 필요가 생겨난다. 우리를 복음으로 무장시켜 보내실 필요가 생겨나는 것이다.

사람들에게는 복음이 필요하다. 이들의 필요를 보시는 하나님의 마음에도 필요가 생겨난다. 우리를 복음으로 무장시켜 보내실 필요가 생겨나는 것이다. 하나님은 우리가 거듭나야 함을 아신다.

그런데 하나님은 그 사실을 아시면서 아무것도 하지 않고 보좌에 앉아 계실 분이 아니다. 보좌에 가만히 앉아 계시기만 하는 하나님의 모습은 지금까지 그분이 행하신 일과 완전히 상반된 모습이다. 하나님은 우리의 필요를 아시며, 그 필요를 채우고 싶은 마음을 누르지 못하신다.

마찬가지로 하나님의 형상을 따라 창조된 우리가 이 세상 주린 자들의 필요를 안다면 우리도 그 필요를 채우기 위해 뭔가를 해야 한다. 주린 자들의 필요를 보며 그들을 돕고자 하는 필요가 우리 마음에 생겨나야 한다. 당신과 내가 많이 갖고 있어 풍성하게 누리고 있다면, 이웃이 굶주림에 죽어 가는 모습을 그냥 지켜보기만 해서는 안 된다. 영의 양식의 경우에도 마찬가지다. 우리의 영적인 필요를 보실 때 하나님의 마음에는 그 필요를 채우고자 하는 소망이 강하게 일어난다. 다른 사람들을 향한 우리의 자세도 이러해야 한다.

"(네가) 거듭나야 하겠다"는 예수님의 말씀은 예수님이 그 말씀을 하시자마자 바로 말씀하신 "인자도 들려야 하리니"(요 3:14)와 같은 뜻이다. 예수님은 여기서도 '~해야만 한다'는 의미인 'Must'를 사용하셨다. 우리의 필요는 곧 그 필요를 채우고자 하는 주님의 필요가 된다. 예수님은 하나님의 당위를 끊임없이 기억하고 인식하며 사셨다. 우리가 구원받아야 하기에 그분은 구원하실 수밖에 없다. 예수님은 구원받아야 할 "다른 양들이 내게 있어"라고 하시며 "내가 인도하여야 할터이니"(요 10:16)라고 말씀하셨다.

하나님이 주신 이 계시는 우리 믿음과 전도의 근간이다. 성경의 하나님, 우리 주 예수 그리스도, 변치 않으시는 그분은 우리를 절대 실망시키지 않으신다. 우리는 그분의 명령을 따라 그분의 손을 잡고 나아가야 한다. 그리고 지친 이 세상에 그분을 알려야 한다.

의미의 문제

주도권이 우리에게 있지 않고 하나님께 있음을 이 시점에서 기억했으면 한다. 모든 것의 이면에는 하나님의 성령의 역사하심이 있다. 우리는 하나님이 지금 하시는 일에 의미 있는 존재가 될 수도, 그렇지 않을 수도 있다.

우리의 중심은 이 세상이 아닌 하나님이다. 사람들은 그리스도인을 기인(奇人)이라고 부른다. 중심에서 벗어나 이리저리 휘청거린다고 얘기한다. 하지만 성경은 '이 세상'이 그렇다고 이야기한다. 기이한 것은 믿는 자, 전도자, 증인, 그리스도인이 아니라 이 세상이다. 이 세상은 자기 자신을 중심으로 움직이며 휘청거린다. 하지만 그리스도인은 하나님께 중심을 둔다.

교회 안에서 복음을 사람들에게 의미 있는 방식으로 전하자는 얘기가 나오기도 하는데, 대개 그 저변에 깔린 생각은 복음이 이 세상 산업과 오락, 상업과 공통점이 있음을 보여 줘야 한다는 것이다. 그러나 복음의 메시지가 이 세상과 공감할 수 있는가가 아니라 이 세상이 복음의 메시지에 공감할 수 있는가가 관건이다. 세상이 복음의 메시지에 공감하지 못한다면, 결국 이 세상은 십자가에서 심판을 받게 될 것이다. 복음에 공감하지 못하는 세상은 결국 닻 없는 배처럼 표류하게 될 것이다.

전도자들이 세상이 묻지 않는 질문에 답해 줘야 한다는 얘기를 하는 사람들도 있다. 세상이 묻지 않는 질문에도 전도자가 답할 수 있게 하신 하나님을 찬양한다! 우리는 세상이 제대로 된 질문을 하기로 결심할 때를 대비해 대답을 제시하고 있다. 지금은 세상이 온통 잘못된 질문만 하고 있기 때문에 질문에 대한 답이 틀릴 수밖에 없다.

의미는 결국 초점과 위치의 문제다. 우리는 성령님이 행하시는 일에 함께할 때에만 의미 있는 존재가 될 수 있다. 시대에 맞춘 사역을 해야 한다는 말을 종종 듣는다. 물론 그리스도의 구속의 사랑을

> 우리는 성령님이 행하시는 일에 함께할 때에만 의미 있는 존재가 될 수 있다.

사람들에게 보여 주기 위해 새로운 형식과 방법을 사용할 수도 있다(왕상 9:22 참고). 하지만 우리가 전하는 메시지의 내용은 변하지 않아야 한다. 우리는 우리 자신을 하나님께 맞춰야 한다. 바퀴 안에 또 바퀴가 있는 천국 기계가 돌아가고 있다. 우리 생각의 초점이 되어야 할 것은 세상의 기계가 아니라 천국 기계. 세상을 중심으로 맞출 때 결국 우리의 복음을 물질주의의 지류로 만들게 된다. 복음을 돈과 상품을 긁어모으기 위한 방편으로 전락시키게

된다. 복음을 환경에 맞춘다고 우리가 의미 있는 존재가 되는 것은 아니다. 성경은 "이 세대를 본받지" 말라고(롬 12:2) 분명히 말한다. 우리의 참된 의미는 세상이 그리스도의 진리에 반응하느냐에 달려 있다. 사실 하나님께 반응하지 않는다면 이 세상은 아무것도 아니다.

우리는 우선순위를 바로 해야 한다. 타락한 세상을 향한 하나님의 사랑이라는 계시의 큰 흐름에 뛰어들지 않는다면 우리는 그저 신학적 논쟁과 교회 정치의 잔해로 가득 찬 웅덩이 안에서 표류하게 된다. 성령님의 우선순위가 우리의 우선순위가 되어야 한다. 성령님은 왜 여기 계시는가? 성령님은 우리를 증인으로 만들기 위해 우리에게 오셨다. 성령님의 일은 그리스도가 행하신 일을 조명하시며 인간의 삶에서 그리스도의 행하심을 일으키시는 것이다(요 16:9-11, 행 1:8 참고). 성령 안에서 행하기를 원한다면 우리도 성령님께서 행하시는 그 일에 동참해야 한다.

성령 안에서 행한다고 말하면서 마치 자신들이 성령님을 움직이는 듯이 생각하고 행동하는 사람들도 있다. 이는 결코 성경적인 태도가 아니다. "누가 여호와의 신을 지도하였으며 그의 모사가 되어 그를 가르쳤으랴"(사 40:13). 성령님은 은밀히 운행하지 않으신다. 성령님은 영적인 특권층 몇몇 사람들만 볼 수 있게 갑작스레 전혀 예상치 못한 방향으로 움직이시는 분이 아니시다. 우리는 죄악되고, 아무런 소망이 없고, 버려진 낮은 자들 가운데 역사하시는 하나님을 지금도 보고 있다. 성령 안에서 행하라는 말을 더 잘 표현하면 '예수님을 따르라' 이다. 그분을 따르라. 그러면 그분이 가는 곳으로 가서 "착한 일을 행하시고 마귀에게 눌린 모든 자를" 고치신(행 10:38) 그분과 같은 일을 직접 행하게 될 것이다.

5장
Preaching A Miracle Christ

기적의 그리스도를 전파하라

> 하나님의 아들 되시는 예수님의 계시를 이해하지 않는 한 우리는 결코 예수님의 능력이 우리 사역 가운데 풀어지는 것을 경험할 수 없다.

하나님의 아들 되시는 예수님의 계시를 이해하지 않는 한 우리는 결코 예수님의 능력이 우리 사역 가운데 풀어지는 것을 경험할 수 없다. 「예수의 인간경영과 마케팅 전략」이라는 책이 있다. 이 책의 원제는 「The Man Nobody Knows」(아무도 알지 못하는 남자)다. 물론 예수님도 자신에 대해 "아버지 외에는 아들을 아는 자가 없고 아들과 또 아들의 소원대로 계시를 받는 자 외에는 아버지를 아는 자가 없느니라"(마 11:27)고 말씀하셨다. 예수님은 여기서 인간이 이해할 수 있는 수준을 훌쩍 뛰어넘어 육체 가운데 나타나신 하나님의 신비에 대해 말씀하신다. 하지만 그분의 무한한 위대하심을 우리가 다 알지 못한다 하더라도 우리는 구세주 되시는 그분을 알 수 있다.

사람이 다른 사람을 안다고 했을 때 그 정도가 다 다르지만, 그렇다고 해서 사람의 본질까지 꿰뚫어 볼 수 있는 건 아니다. "대체 우리 집사람은 이해할 수가 없어요!"라는 말을 다들 한 번씩은 들어 봤을 것이다. 우리는 하나님을 알 수 있다. 하지만 예수님이 우리에게 계시해 주신 만큼만 알 수 있다. 성경은 하나님을 아는 것이 구원의 핵심적인 부분이라고 밝힌다. 구원받은 자는 하나님을 안다(요 17:3).

바울의 말을 인용하여 나도 "나의 의뢰한 자를 내가 알고"(딤후 1:12)라고 고백할 수 있다. 나는 그분이 누구신지, 어떤 분이신지 안다. 그분을 아는 것은 영생이며, 끝없이 이어지는 경이로움이다. 우리는 "우리 주 곧 구주 예수 그리스도의 은혜와 저를 아는 지식에서 자라" 갈 수 있다(벧후 3:18). 시간이 지날수록 우리가 하나님을 더 잘 알게 되지만, 그분의 성품은 본질적으로 변함이 없다. 정말 "우리가 이제는 거울로 보는것 같이 희미"하다는 게 정말이다(고전 13:12). 아직은 하나님과 얼굴과 얼굴을 맞대어 보지 못했다. 하지만 그렇다 하더라도 그분은 내게 전부다.

우리는 어떤 그리스도를 전파하는가?

그리스도를 전파하며 생각해 봐야 할 질문은 '어떤 그리스도를 전하는가?' 하는 것이다. 무엇보다 당신은 당신이 아는 그 그리스도를 전해야 한다. 나는 그분을 "나의 예수님", "나의 주님", "나의 하나님"이라 부른다. 신약에서 사람들은 예수님과 개인적인 관계를 형성한다. 가장 대표적인 예가 막달라 마리아다. 마리아는 예수님의 발을 끌어안고 "랍오니여", 즉 "나의 주여"라고 울부짖는다(요 20:16). 같은 장에서 도마는 "나의 주시며 나의 하나님이시니이다"(28절)라고 부르짖는다.

바울도 마리아와 같은 친밀함을 갖고 예수님에 대해 이야기한다. "이제 내가 육체 가운데 사는 것은 나를 사랑하사 나를 위하여 자기 몸을 버리신 하나님의 아들을 믿는 믿음 안에서 사는 것이라"(갈 2:20). 많은 사람들이 이들과 공감하며 예수님에 대해 비슷한 개인적 감정을 느낀다. 많은 이들이 "그분은 나의 구세주세요" 또는 "그분은 놀라운 내 구원자세요"라고 이야기한다. 내가 아는 예수님은 너무 놀라워서 그분에 대해 이야기하지 않고는 견딜 수가 없다. 이 예수님은 나를 위해 십자가에 달려 돌아가신 분이시며, 때문에 나는 "예수 그리스도와 그의 십자가에 못 박히신 것"(고전 2:2)을 전한다.

하지만 요즘은 이전에 세상이 보지 못한 새로운 '그리스도들'이 등장한다. 어떤 이들이 말하는 그리스도는 얼굴이 "타인보다 상"하신(사 52:14), 내가 아는 그분이 아닌 것 같다. 사실 예수님에 대한 어떤 이들의 묘사를 듣고 있자면 솔직히 말해서 그들이 대체 누구 얘기를 하고 있는지 도무지 알아들을 수가 없다. 사람들은 종종 예수님을 살아 있는 어머니의 무릎에 누워 있는 죽은 그리스도나 어머니의 품에 안겨 있는 무력한 아기, 또는 십자가에 죽은 채 달려 있는 모습으로 묘사한다. 이런 그리스도라면 결코 우리와 개인적인 관계를 맺을 수 없다. 사람들은 이와 같은 그리스도의 모습을 수없이 들이밀지만, 그 어떤 모습에도 나는 '나의'라는 소유격 대명사를 붙일 수 없다.

새로운 신학 이론은 정치적인 그리스도, 혁명적인 그리스도, 진보적 그리스도, 인도주의자 그리스도, 형식주의적 종교의 그리스도(부처처럼 영원히 한 자세로만 앉아 있는), 범접하지 못할 신성만 있는 그리스도의 모습을 그린다.

내가 아는 예수님은 다르다. 내가 아는 예수님은 따뜻하고 사랑이 많으신 분이며, 내가 사랑할 수 있는 분이다. 저 멀리 있는 산이나 별처럼 내가 그저 올려다볼 수밖에 없는 분이 아니다. "나의 예수님"이라 부를 수 있는 분이다.

역사적 예수를 찾아

예수님에 대한 최근의 연구에는 한 가지 공통점이 있다. 예수님에게서 모든 초자연적인 요소를 떼어낸다는 점이다. 동정녀를 통한 탄생도, 기적도, 육체의 부활도, 승천도 인정하지 않는다. 사람들은 이미 예수님의 옷을 모두 벗기고 십자가에 예수님을 못 박아 놓고는 이제 예수님의 죽음을 승리로 만든 모든 요소들을 제거하려 든다. 사람들이 경외하고 기꺼이 그들의 목숨을 바쳤던 예수님은 기적을 일으키는 예수였다. 사람들을 치유하고 새로운 피조물로 만든 예수였다. 동정녀에게서 나신 예수님은 기적 그 자체셨다. 예수님은 십자가에 달려 돌아가셨지만 죽음의 정복자가 되셨다. 우리는 바로 그 예수님을 전해야 한다. 나는 학자들이 하는 말에 전혀 신경 쓰지 않는다. 나는 그분을 안다. 나는 그분이 내게 어떤 분이신지 안다. 나는 그분이 무엇을 행하실 수 있는지 안다.

아무리 위대한 사람이라 하더라도 인간은 우리를 지옥 불길에서 건져 줄 수 없다. 오직 성육신하신 하나님의 역사로만 가능하다. 그리스도는 온 우주의 중심을 뚫고 오셨고, 무한한 공의를 이루셨다. 그리스도는 만유를 심판하시는 분의 임재로부터 오사 나를 사면하고 용서한다는 문서를 제시하시고, 그 문서에 서명하시고 봉인하셨다. 이런 놀라운 차원의 일을 하실 수 있는 분은 오직 기적의 그리스도뿐이다.

사람들은 사회적 복음을 제시하는 정치적 혁명가, 새로운 시스템을 제시하는 종교 지도자 이상을 원한다. 사람들에게는 그보다 더 큰 누군가가 필요하다. 사람들이 원하는 그리스도는 윤리적 그리스도, 하늘에만 머무는 고매한 영, 그 이상이다. 사람들은 친히 나무에 달려 그 몸으로 우리 죄를 담당하실 수 있는 하나님 되신 그리스도를 원한다(벧전 2:24).

우리는 역사가들의 입에서 나오는 말을 통해서만 우리의 그리스도를 찾지 않는다. 플라비우스 요세푸스(Flavius Josephus)가 예수님에 대해 언급했는지는 전혀 중요치 않다. 예수님은 역사가들이 이야기하는 역사 속의 예수가 아니다. 백여 년간 학자들은 예수님을 초자연적인 요소라곤 전혀 없는 위대한 역사적 인물로 그려

내기 위해 안간힘을 써 왔다. 자신의 저서 「역사적 예수 연구」[The Quest of the Historical Jesus(1910)]에서 알버트 슈바이처(Albert Schweitzer) 박사가 예수님이 그저 윤리 교사였을 뿐이라는 주장을 철저히 무너뜨렸다는 사실을 이미 알고 있으리라 믿는다. 슈바이처 박사는 복음 전도자는 아니었지만, 수많은 책들을 샅샅이 찾으며 잘못된 가르침에 대한 반박 증거를 찾았다. 수십 명의 학자들이 기적을 일으킬 수 없었던 교사로서의 역사적 예수에 대한 그림을 맞춰 보려 무진 애를 썼다. 하지만 슈바이처 박사가 발견한 대로 이들은 전혀 의견의 일치를 볼 수가 없었다.

예수님과 그분의 신성과 기적의 능력을 분리하는 것은 불가능하다. 우리가 예수님에 대해 아는 거의 모든 것은 초자연적인 환경과 경로를 통해 알게 된 것들이다. 기적이라는 요소를 떼어내면 이야기가 성립되지 않는다. 치유는 여기서 조금, 저기서 조금, 마술처럼 우연히 일어난 우발적 사건이 아니다. 치유는 복음서의 본질이다. 예를 들어, 요한은 표적으로 가득한 책을 우리에게 주면서 이렇게 기록했다. "오직 이것을 기록함은 너희로 예수께서 하나님의 아들 그리스도이심을 믿게 하려 함이요"(요 20:31). 기적이 없는 예수님을 떠올려 보라. 무엇이 남겠는가? '아무도 알지 못하는 남자'만 남는다.

예수님은 역사상 한 실존 인물을 훨씬 뛰어넘는 분이다. 예수님은 시공의 틀 밖에서 역사의 한복판으로 들어오셔서 역사를 바꾸셨다. 예수님은 모든 역사를 여는 열쇠시며, 또 역사의 중심이시다. 예수님을 중심으로 펼쳐지지 않은 역사는 성립되지 않는다. 예수님은 역사를 모두 설명해 주신다. 예수님 없이는 그 무엇도 더해질 수 없다. 그리스도는 창조의 중심이다.

얼마 전 신문에서 예수 세미나에 대한 기사를 읽었다. 소위 전문가라 자임하는 43명의 믿지 않는 학자들이 모여 예수가 행한 일과 행하지 않은 일, 예수가 한 말과 하지 않은 말, 복음서에서 삭제해도 될 부분과 계속 남겨둬도 될 부분을 결정했다고 한다. 이들은 슈바이처 박사가 반박했던 학자들과 같은 논리를 따라 똑같은 일을 반복하고 있다. 이들은 임의로 예수님을 다른 사람과 구분 짓는 모든 요소들을 삭제하자고 한 후에 예수님도 그럼 다른 사람들과 전혀 다를 바가 없다고 우긴다. 얼마나 터무니없는 논리인가! 이들은 예수님을 역사적인 인물로만 표현하기 위해 기적에 대한 증거들이 모두 역사적 사실에 맞지 않는다고 일축해 버린다.

이들에게 이미 엄청난 언론의 조명이 쏟아졌기 때문에 여기서는 이 정도만 언급해도 충분하다고 생각한다. 물론 하나님을 부정하는 언론들은 이들의 '발견'을 쌍수 들어 환영했다. 예수 세미나의 회원들은 예수님에 대해 진리라 할 만한 것을 거의 발견하지 못했다. 이들은 예수님을 별 문제될 것이 없는 유랑 설교자로, 어찌된 일인지 죽은 후에 많은 전설을 남긴 인물 정도로 여긴다. 사실 자칭 권위자라는 이들은 그 무엇에 대해서도 확신이 없다. 이 세미나 회원 중 한 사람은 어쩌면 그리스도에게서 듣는 말이 우리가 이성적으로 확신할 수 있는 유일한 말인지도 모른다는 말을 했다!

이런 논쟁에 대해 이미 익히 알고 있는지도 모르겠다. 내가 굳이 여기서 이런 논쟁에 대해 언급한 이유는 한 가지다. 우리는 초자연적이고, 기사와 이적을 행하는 하나님의 아들, 예수 그리스도를 믿어야 한다. 그 예수님이 아니라면 믿을지 말지 고민할 이유조차도 없다. 예수님이 얼마나 탁월한 윤리학을 가르치셨든, 기적이 없다면 하나님의 역동성도 없다. 산상수훈은 에베레스트보다도 더 오르기 힘든 산이 되고 만다.

우리는 사복음서가 단순한 역사서도, 아련한 추억을 되새기는 회고문도 아님을 분명히 알아야 한다. 사복음서는 하나님의 말씀이며, 하나님의 말씀으로 쓰였다. 물론 우리의 믿음에는 역사적 근거가 있다. 하지만 우리가 믿는 예수님은 역사서 속의 예수님이 아니며, 그 어떤 역사 연구도 예수님을 지울 수 없다. 복음서에 견줄 수 있는 책은 이 세상 어디에도 없다. 복음서는 비스마르크 장군 전기처럼 소소한 내용을 알려 주는 기록문이 아니다. 복음서는 우리에게 예수님에 대해 들려주시는 성령님의 계시이며, 성령님이 우리 눈을 열어 주실 때에야 비로소 복음서를 해석할 수 있게 된다. 다시 말해, 우리에게는 혈과 육이 아닌 하늘에 계신 아버지로 말미암아 예수님이 누구신지 알았던 베드로가 받았던 바로 그 계시가 필요하다(마 16:17).

복음서 각 권의 시작과 마지막은 실로 놀랍다. 복음서처럼 시작되고 마무리되는 책은 없다. 마태복음은 다윗의 자손인 그리스도로 시작해 모든 권능으로 승천하시는 그리스도로 끝맺는다. 마가복음은 하나님의 아들 예수님으로 시작해 제자들과 두루 다니시는 부활하신 예수님으로 끝맺는다. 누가복음은 마리아와 요셉의 아들인 예수님에서 시작해 영광의 예수님으로 끝맺는다. 요한복음은 태초에 하나님과 함께하신 말씀이신 예수님으로 시작해 제자들과 해변에서 함께 식사하시는 예수님으로 끝맺는다. 복음서의 시작과 끝만으로도 우리가 전할 그리스도는 모든 인간의 생명을 초월하시는 분이심을 확신할 수 있다. 기적이라는 요소를 폐기하고 나면 기독교 신앙에는 아무것도 남지 않는다. 우리의 복음이 초자연적인 것이 아니라면 우리는 그 복음을 버려야 마땅하다. 하지만 우리는 복음을 버릴 수 없다. 복음이 초자연적인 결과를 낳기 때문이다.

오늘의 예수님

복음서의 그리스도는 우리에게 필요한 그리스도다. 그리스도를 전하려면 우리는 기록된 그리스도와 다르지 않은, 참 그리스도를 전해야 한다. 예를 들어, 치유하는 예수님을 전하지 않는다면 우리는 복음서에 기록된 그 그리스도를 전하지 않는 것이다. 예수님의 기적은 곧 예수님의 신원 증명서였다. 치유는 곧 예수님의 정체성이었고, 예수님은 지금도 그 신원 증명서를 지니고 계신다. 예수님이 하늘로 올리셨어도 예수님의 성품은 변하지 않았다. 예수님의 기적은 여전히 그분의 예수님 되심을 입증한다. 예수님이 더 이상 권능을 행치 않으신다면 우리의 예수님이 성경의 그 예수님이심을 어떻게 알 수 있겠는가?

사도행전의 첫 구절은 "데오빌로여 내가 먼저 쓴 글에는 무릇 예수의 행하시며 가르치시기를 시작하심부터"라고 기록하고 있다. 예수님이 행하심을 '시작' 하셨다는 것은 곧 예수님이 행하심을 계속하신다는 것을 명백히 보여 준다. 그런 의미에서 사도행전은 계속하여 역사하시는 그리스도의 초상이다. 사도행전의 기록처럼 복음서의 예수님은 영적인 세계에서뿐 아니라 물리적인 세계에서도 권능을 행하셨다. 구원자 되신 예수님을 전파하고자 한다면 우리는 동시에 치유자 되시는 예수님도 전해야 한다.

계시록은 "이제도 계시고 전에도 계시고 장차 오실 이"(계 1:4)이신 예수님으로부터 나온 책이다. 예수님이 항상 행하셨던 일을 계속 행하실 것이므로 우리는 항상 계신 그분의 모습 그대로 그분을 알 수 있다. 건축물이 전혀 움직이지 않고 서 있기만 해도 우리는 건축물을 알아볼 수 있다. 하지만 사람을 알아보기 위해서는 그 사람의 움직임을, 그 사람이 살아 있음을 지켜봐야 한다. 마찬가지로 우리도 예수님의 행하심을 통해 예수님을 알아본다. 예수님이 이전에 행하신 일을 더 이상 행하지 않으신다면, 어떻게 그

> 우리는 예수님의 행하심을 통해 예수님을 알아본다.

분이 예수님이라고 확신할 수 있겠는가?

히브리서 13장 8절은 그가 어제나 오늘이나 영원토록 동일하시다고 기록한다. 많은 사람들이 이 말씀을 믿는다고 하고는 돌아서서 하나님이 이전에 행하셨던 일을 행치 않으신다고 말한다! 히브리서의 말씀을 인용하고는 조건을 단다. 우리는 하나님의 말씀에 조건을 달 자격이 없다. 예수님의 삶에서 기적과 초자연적인 치유는 결코 우연이 아니었음을 우리는 기억해야 한다. 치유와 초자연적인 역사는 예수 그리스도의 기본적인 사역이었다. 베드로는 이렇게 기록한다. "저가 두루 다니시며 착한 일을 행하시고 마귀에게 눌린 모든 자를 고치셨으니"(행 10:38). 예수님에 대해 내가 아는 확실한 한 가지는 그분의 인간에 대한 자비를 결코 부인할 수 없다는 것이다. 그를 신뢰하는 수많은 사람들을 예수님은 결코 실망시키지 않으실 것이다. 인간의 필요는 그 어느 때보다 크다. 내가 아는 예수님은 그 필요를 결코 외면치 않으실 것이다.

기름부음받은 자

광야에서 시험을 받으신 후 고향 나사렛으로 돌아오셔서 예수님은 이사야 61장 1절의 말씀을 읽으셨다. "주의 성령이 내게 임하셨으니 이는 가난한 자에게 복음을 전하게 하시려고 내게 기름을 부으시고 나를 보내사 포로 된 자에게 자유를, 눈먼 자에게 다시 보게 함을 전파하며 눌린 자를 자유케 하고 주의 은혜의 해를 전파하게 하려 하심이라"(눅 4:18-19). 그리고 예수님의 말씀을 듣기 위해 모인 사람들에게 이윽고 말씀하셨다. "이 글이 오늘날 너희 귀에 응하였느니라"(21절). 이 중요한 시점에 예수님은 자신이 기름부음받은 자, 즉 그리스도임을 선포하셨다.

여기서 기름부음은 예수님의 치유와 축사 사역과 특별히 관계가 있다. 베드로는 고넬료의 가정에 "하나님이 나사렛 예수에게 성령과 능력을 기름붓듯 하셨으매 저가 두루 다니시며 착한 일을 행하시고 마귀에게 눌린 모든 자를 고치셨으니 이는 하나님이 함께 하셨음이라"(행 10:38)고 전한다.

예수님은 오늘도 여전히 그리스도이시며, 사람들을 건지시고 눌린 자를 고치시는 동일한 목적을 가지고 계신 기름부음받은 자시다. 예수님을 그리스도로 부르는 모든 고백은 그분의 치유 사역을 일으키는 암호다. 이 글을 읽고 있는 독자 가운데 예수님이 더 이상 치유하지 않으신다는 생각이 든다면, 왜 예수님이 진정 그리스도시라고 고백하지 않는가? 치유하지 않는 그리스도를 본 적이 있는가?

구원, 죄 사함, 육체의 치유는 성경에서 상호간에 밀접하게 연결되어 있다. 예수님은 죄를 사하셨고, 죄에 대한 심판을 제하셨다. 치유는 죄 사함의 표징이다. 예수라는 이름은 죄로부터의 구원을 뜻하며(마 1:21), 그리스도라는 이름은 육신의 구속과 밀접한 연관이 있다. 예수 그리스도가 어제도 오늘도, 영원히 동일한 분이 아니시라고 이야기하는 구절은 성경 어디에도 없다. 오히려 그 반대다! 주님의 기적은 영적인 구원의 상징일 뿐 아니라 오늘도 동일한 역사를 행하실 것이라는 약속이다. 육체와 영혼을 분리하여 영혼에만 구원을 적용하려 해서는 안 된다. 구원은 전인(全人)적이다.

> 주님의 기적은 영적인 구원의 상징일 뿐 아니라 오늘도 동일한 역사를 행하실 것이라는 약속이다.

교회사와 기적

잠시 프린스턴 신학대학의 벤자민 워필드(Benjamin Warfield, 1851-1921) 박사에 대해 이야기했으면 한다. 다들 알겠지만, 그는 탁월한 복음주의 신학자였다. 하지만 지금은 '기적 없는 복음'의 주요한 옹호자로 더 자주 거론된다.

워필드는 사도들의 죽음과 함께 기적도 끝이 났다고 주장했다. 그가 펼쳤던 주장 중 하나는 주후 100년 이후로 교회사에 기적에 대한 기록이 전혀 없다는 것이었다. 이 부분에서 나는 고개를 갸우뚱하게 된다. 19세기와 20세기도 2세기나 3세기와 마찬가지로 교회사의 한 부분이다. 교회는 지난 100여 년간 실로 유례없는 폭발적 성장을 경험해 왔다. 지난 100년은 교회사에서 정말 의미 있는 기간이다. 그런데 그 폭발적 성장은 많은 부분이 온전하고도 기적으로 가득한 복음을 전파함으로써 이루어졌다. 이전에 기사와 이적이 나타나지 않았다고 해서 지금도 기사와 이적을 부인해야 할 이유는 없다. 믿지 않던 어제가 오늘의 세계 부흥에 그 죽은 손을 뻗게끔 내버려 둘 이유가 있을까?

나아가 교회사의 초기 수백 년간 기적이 전혀 일어나지 않았다는 주장은 사실 정확하지 않다. 교회사가 내 전문 분야라고는 할 수 없지만, 교부들의 저서를 읽은 많은 이들이 속사도 시대에 기적의 치유가 전혀 없었던 것은 아니라고 이야기한다. 병든 자들을 향한 예수님의 긍휼은 한순간도 약해지지 않았다. 한때 기적이 일어나지 않던 시기가 있었다 한들, 지금 전 세계적으로 도처에서 치유가 일어나고 있는데 그게 무슨 의미가 있겠는가? 예수님은 지금도 분주히 역사하신다.

우리 전도 집회에서 일어나는 일들을 겸손한 마음으로 간증하고자 한다. 우리는 사도행전이 반복되는 모습을 목격하고 있다. 아니, 반복 그 이상이다. 현대의 통신 기술을 통해 훨씬 더 많은 이들에게 다가갈 수 있게 되면서 수많은 사람들이 2천 년 전에는 불가능했던 일들을 이제는 경험하고 있다. 사도 시대처럼 눈 먼 자, 귀머거리, 병든 자, 저는 자, 귀신 들린 자들이 자유케 될 뿐 아니라, 오순절 날 수천 명이던 회심자들의 수가 이제는 수만, 수십만에 이른다. 매일 전 세계적으로 3천, 5천이 아닌 15만 명이 교회에 더해지고 있다.

워필드 박사에 대해 한마디만 더 했으면 한다. 그는 탁월한 성경 교사요, 신학자였다. 워필드 박사는 성경이 유일한 교리의 원천임을 확실히 했다. 하지만 그는 인간이 기록한 교회사를 성경적 진리를 판단하는 기준으로 삼았다. 참 이상하다는 생각밖에 들지 않는다. 성경은 하나님의 감동으로 쓰인 하나님의 말씀이며, 역사를 바탕으로 성경을 해석할 것이 아니라 성경을 바탕으로 역사를 해석해야 한다.

지상명령으로 돌아가

현대 선교의 아버지 윌리엄 캐리(William Carey)는 18세기 침례교도들과 그들의 신학적 이론에 도전했다. 당시 침례교에서는 하나님은 구원하기 원하는 사람들을 구원하시며, 우리가 굳이 하나님의 구원의 역사에 개입할 필요가 없다고 가르쳤다. 그러나 캐리는 지상명령과 함께 우리에게 주어진 약속들을 성취받고 싶다면 지상명령을 수행해야 한다고 생각했다. 그의 생각이 옳았다. 하지만 지상명령이 기사와 이적과 무슨 관계가 있을까? 지금부터 그 부분에 대해 이야기하고자 한다.

> 지상명령과 함께 우리에게 주어진 약속들을 성취받고 싶다면 지상명령을 수행해야 한다.

마태복음 28장 18절에서 20절은 지상명령을 잘 담고 있다. 마태복음의 이 말씀은 우리에게 "가서 모든 족속으로 제자를 삼"으라고 명한다. 하지만 18절의 말씀은 먼저 이렇게 시작된다. "예수께서 나아와 일러 가라사대 하늘과 땅의 모든 권세를 내게 주셨으니 그러므로 너희는 가서 모든 족속으로 제자를 삼아." 예수님은 제자들이 능력을 받을 수 있을 때, 하늘의 권세를 사용할 수 있을 때만 제자들을 보내셨다. 이 능력은 영적인 영역에서만 사용할 수 있는 능력이 아니었다. 이 땅의 권세였다. 다시 말해, 육체적인 결과를 낳는 능력이었다.

마가복음 16장 15절과 17, 18절은 제자들이 명령을 수행할 때 기적이 따를 것이라 기대했음을 분명히 밝힌다.

"또 가라사대 너희는 온 천하에 다니며 만민에게 복음을 전파하라 … 믿는 자들에게는 이런 표적이 따르리니 곧 저희가 내 이름으로 귀신을 쫓아내며 새 방언을 말하며 뱀을 집으며 무슨 독을 마실찌라도 해를 받지 아니하며 병든 사람에게 손을 얹은즉 나으리라"

누가복음 24장 47절과 49절은 예수님이 제자들에게 사명을 수행하러 나가기 전에 기적의 능력을 기다리라고 말씀하시는 장면을 기록한다.

"그의 이름으로 죄 사함을 얻게 하는 회개가 … 모든 족속에게 전파될 것이 기록되었으니 … 볼찌어다 내가 내 아버지의 약속하신 것을 너희에게 보내리니 너희는 위로부터 능력을 입히울 때까지 이 성에 유하라"

요한복음은 예수님이 이 땅에서 행하신 기적들을 우리도 행할 것이라고 예수님이 실제로 예상하셨음을 분명히 보여 준다.

"내가 진실로 진실로 너희에게 이르노니 나를 믿는 자는 나의 하는 일을 저도 할 것이요 또한 이보다 큰 것도 하리니 이는 내가 아버지께로 감이니라"(요 14:12).

"아버지께서 나를 세상에 보내신 것 같이 나도 저희를 세상에 보내었고"(요 17:18).

"예수께서 또 가라사대 너희에게 평강이 있을찌어다 아버지께서 나를 보내신 것 같이 나도 너희를 보내노라 이 말씀을 하시고 저희를 향하사 숨을 내쉬며 가라사대 성령을 받으라"(요 20:21-22).

"오직 성령이 너희에게 임하시면 너희가 권능을 받고 … 땅 끝까지 이르러 내 증인이 되리라"(행 1:8)는 예수님의 말씀에서도 능력과 증거의 관계가 분명하게 드러난다.

사도들의 서신에서도 복음 선포와 함께 능력이 나타나리라는 기대감을 보게 된다. 근거로 제시할 수 있는 수십 구절의 말씀 가운데 하나는 "성령의 나타남과 능력으로"(고전 2:4) 전도한다는 바울의 고백이다. 지상명령을 완수하고자 하는 우리는 표적이 다를 것이며 지상명령의 약속이 성취될 것이라고 기대할 권리가 있다. 우리가 하나님의 말씀대로 행할 때 하나님도 자신의 말씀대로 행하실 것이다.

하나님 나라

초자연적인 현상은 하나님 나라의 확실한 증거다. 하나님 나라가 있는 곳에는 기적의 능력이 나타난다. 정말 중요한 부분이다. 먼저 간단히 하나님 나라에 대해 살펴보는 것이 좋겠다.

그리스도 이전과 이후 시대의 주요한 차이는 성령의 내주하심이다. 예수님이 이 땅에 오시기 전에도 구약에 기록된 대로 하나님의 성령이 개개인에게 임한 적이 있었다. 모세와 엘리야, 엘리사, 삼손과 기드온이 때때로 성령님의 능력을 경험했다. 선지자들도 성령의 감동을 받아 하나님의 말씀을 선포했다. 하지만 예수님이 오시기 전까지 성령 세례를 경험한 사람은 아무도 없었다. 예수님 때로부터 인류 역사상 가장 놀라운 기적들이 연이어 일어났다. 죽음과 부활 사건 이전에 이미 예수님은 제자들에게 성령님을 보내어 제자들과 항상 함께 있게 하시겠다고 약속했다 (요 14:16-17). 오순절 날 이후 성령님은 교회 안에 함께하셨다. 그리고 그 결과 이전에는 결코 볼 수 없었던 놀라운 능력의 역사가 일어났다. 눈 먼 자, 귀머거리, 저는 자가 치유받았다. 구약에는 한 번도 기록된 적이 없는 사건들이다. 또 한 가지. 예수님이(그리고 이후에는 제자들이) 말씀으로 악한 영을 내어 쫓으시기 전에는 귀신이 쫓겨간 적이 없었다. 이것이 특히 하나님의 질서에서 커다란 변화가 일어났다는 확실한 증거가 됐다. 예수님은 말씀하셨다. "내가 만일 하나님의 손을 힘입어 귀신을 쫓아내는 것이면 하나님의 나라가 이미 너희에게 임하였느니라"(눅 11:20). 그리스도의 말씀에 귀신이 쫓겨 간 것은 하나님의 손이 역사하고 계시다는 표징을 넘어 하나님 나라가 임했다는 증거였다.

> 기적은 하나님 나라의 필수적이며 지속적인 요소다. 하나님 나라가 우리 가운데 있다면 기사가 일어날 것이다.

다시 말해, 기적은 하나님 나라의 필수적이며 지속적인 요소다. 하나님 나라가 우리 가운데 있다면 기사가 일어날 것이다. 기사가 일어나고 있다면 하나님 나라가 우리 가운데 있는 것이다. 그리스도의 나라는 예수님이 이 땅에 오시고 하나님 나라의 능력이 역사하기 시작했을 때 이 땅에 거점을 확보했다. 하나님 나라가 임했다는 확실한 '징표'가 기사와 표적이다. 기사와 표적을 부인해서도 안 되며, 동시에 너무 추켜올릴 이유도 없다. 나는 지금까지 말씀 전파에 기사와 이적이 따르는 모습을 수없이 봐 왔다.

그런 의미에서 한 가지 경고하고 싶은 것이 있다. 오늘날 온갖 종류의 사람들이 초자연적인 현상을 찾아 아우성을 친다. 많은 이들이 교회를 떠나 이 집회, 저 집회를 전전하며 놀라운 사건과 기적을 찾아 헤맨다. 기독교는 이게 다일까? 기독교는 그저 초자연주의뿐인 걸까? 복음 안에는 병든 자의 치유보다 훨씬 더 많은 것이 담겨 있다. 구원과 교회의 덕을 세우는 것과 믿는 자가 삶 가운데 성령의 열매를 나타내는 것, 매일매일 그리스도의 형상을 따라 변해 가는 것. 이 모두가 하나님의 위대한 역사 안에 들어가 있다. 성도의 교제도 중요하다. 하지만 우리가 기사와 표적을 찾아 방랑하게 된다면 성도의 교제도 아무런 의미가 없다. 병든 자의 치유는 곧 서로 짐을 지는 것이다. 그러기 위해 우리는 사람들을 알고 그들의 짐이 무엇인지 알아야 한다.

이제 모든 기독교 사역에 중차대한 의미가 있는 하나님 나라의 네 가지 원칙을 살펴보도록 하자.

1. 예수님은 당신이 선포하는 그분, 그 이상도 이하도 아니다.

네 가지 원칙 중 첫 번째 원칙은 나머지 세 원칙의 정수를 담고 있다. 때문에 이 책을 읽고 다른 건 다 잊는다 해도 이 원칙만은 기억해 주길 바란다. 예수님은 그분이 누구신지 우리가 얘기하기를 기다리신다. 그분을 구원자로 전하면 그분은 구원하신다. 하지만 당신이 구원자이신 그분을 전하지 않으면 그분은 구원하실 수 없다! 죄 사하시는 예수님, 또는 평강을 주시는 예수님을 전파하라. 예수님은 당신이 전하는 말을 듣는 이들에게 그대로 역사하실 수 있다. 복음을 전하라. 복음의 역사가 일어날 것이다.

> 복음을 전하라. 복음의 역사가 일어날 것이다.

하지만 책상에 비스듬히 기대 앉아 짧은 도덕적 우화를 들려주면 아무리 잘해야 불면증 치료밖에 기대할 수 없다. 그런 격려의 메시지를 듣다 보면 사람들의 고개가 절로 떨어지니 말이다!

당신이 기적의 예수님을 전하면, 예수님은 기적의 예수님이 되실 것이다. 성령님은 오직 진리만을 축복하실 수 있다. 당신이 진리를 전하면, 그를 통해 성령님의 역사가 들어올 수 있다. 당신이 모든 것을 초월해 계시는 주님에 대해서만 전한다면 성령님은 치유의 진리를 일으키실 수 없다. 신앙을 나누면서 주로 지옥에 대해서만 얘기한다면 그로 인해 성령님은 제한을 받으시게 된다. 기름부음을 전혀 느끼지 못하고 있는가? 어쩌면 성령님이 기름 부으실 수 있도록 당신이 그분의 진리를 분명하게 전하기를 성령님이 기다리고 계신지도 모른다.

2. 하나님의 주권적 뜻은 우리를 통해 역사한다.

마가복음은 예수님이 하늘로 올라가신 후에 제자들과 "함께 역사하사"(막 16:20)라고 기록한다. 우리는 하나님의 주권적 뜻에 대해 종종 이야기하지만, 하나님은 그분의 주권적 뜻을 우리를 통해 드러내신다. 그리고 많은 경우 우리가 먼저 무언가를 해야 한다. 주권이라는 단어의 뜻에는 은밀함이 전혀 없다. 사람들은 주권이라는 단어를 심각할 정도로 오해하고 오용하면서 성경에서와 전혀 다른 뜻으로 사용한다. 하나님은 참으로 우리의 주권자 하나님이시며 주님이시다. 하지만 하나님은 예측불허의 하나님이 아니시다. 하나님의 뜻을 모르겠는가? 알아야 마땅하다. 하나님의 말씀이 곧 하나님의 뜻이다. 시편 103편은 분명하게 선포한다. "그 행위를 모세에게, 그 행사를 이스라엘 자손에게 알리셨도다"(시 103:7). 하나님이 절대로 예상할 수 없는 예측불허의 하나님이라면 우리는 아마도 그분을 전혀 믿을 수 없을 게다. 우리는 거룩하고 완전무결한 하나님의 성품에 의지할 수 있다.

하나님은 그분의 주권 안에서 우리에게도 발언권을 허락하셨다. "나의 하려는 것을 아브라함에게 숨기겠느냐"(창 18:17). 그뿐이 아니다. 예수님은 "무엇이든지 원하는대로 구하라 그리하면 이루리라"(요 15:7)고 말씀하셨다. 단 한 가지 조건이 있다. 우리가 그분 안에 머물러야 한다. 하나님은 아브라함에게 무엇을 하실지 알려 주셨을 뿐 아니라 아브라함의 반대 의견에 귀를 기울여 주셨으며, 소돔과 고모라 이야기에서 볼 수 있듯이 심지어 아브라함의 바람에 따라 주셨다(창 18:16-33). 하나님은 또한 그분의 비밀을 그분의 종들, 선지자들에게 알리셨다. "주 여호와께서는 자기의 비밀을 그 종 선지자들에게 보이지 아니하시고는 결코 행하심이 없으시리라"(암 3:7).

예외적인 경우를 제외하고는 이제 하나님이 선지자들에게만 그분의 뜻을 알리시고 갑작스레 역사하시는 시대는 끝났다. 물론 지금도 그렇게 역사하시기도 하지만, 일반적인 경우에는 그렇지 않다. 하나님의 계시인 그 아들 예수님의 오심과 함께 예측불허의 시대는 끝났다. 하나님의 말씀이 항상 우리를 이끌어 가셔야 하지만, 그 전제 하에 이제 우리의 뜻과 하나님의 주권적 뜻이 함께 움직인다. 물론 하나님은 여전히 독자적으로 움직이실 수 있는 분이시며, 여전히 그렇게 행하시기도 하지만, 일반적으로는 그분은 우리의 행동을 통해 함께 움직이신다.

모두가 잘 알고 있는 인도 선교사 윌리엄 캐리의 삶은 이 원칙을 가장 잘 보여 준다. 젊은 영국인 사역자 윌리엄 캐리의 마음은 그리스도의 지상명령에 대한 생각으로 활활 불타올랐다. 하지만 당시에는 다른 나라로 가기 위해 영국을 떠나는 사람이 아무도 없었다. 하루는 윌리엄 캐리가 침례교 사역자들에게 열방을 가르치라는 주님의 명령이 제자들뿐 아니라 모든 세대를 향한 것이 아닌지 생각해 보자고 제안했다. 그 모임의 회장인 엘더 라일랜드(Elder Ryland)는 즉시 잘못된 골수 전통주의를 좇은 예로 이후 수천 번도 넘게 회자된 유명한 대답을 했다. "이보게, 젊은이. 자리에 앉으시게! 자네 열심이 도를 넘었구먼. 하나님이 이교도들을 회심시키기 원하시면 자네나 나에게 의논하지 않으시고도 그렇게 하실 수 있다네."

당시 대부분의 사람들이 엘더 라일랜드와 같은 생각을 했다. 하나님은 그 누구와도 의논치 않으시고, 누구의 자극도 받지 않으시고 원하는 일을 하시는 분이라는 생각이 팽배했다. 하나님의 주권적 역사인 부흥이 언제 어떻게 어디로 올지는 특별한 이유나 동기 없이 하나님의 은혜로 결정된다고 사람들은 생각했다. 사람들은 하나님이 한 지역에 오셔서 구원하기 원하시는 사람들을 구원하신 후에 그 다음 부흥 목적지로 떠나신다는 식의 믿음을 가지고 있었다. 윌리엄 캐리는 전도와 부흥에 대한 우리의 책임이 면제됐다고 생각해서는 안 된다는 내용의 소책자를 발간함으로써 엘더 라일랜드의 답변에 대응했다. 그리고 1793년에 인도로 떠났다.

윌리엄 캐리가 느꼈을 절망감이 나는 충분히 이해가 간다. 나

역시도 선교사였으며, 전통적인 방식으로 선교의 책임을 다하기 위해 노력하는 사람이다. 하지만 나는 더 많은 사람들이 죽기 전에 그들에게 더 빨리 다가가고 싶었다. 우리는 손톱깎이로 추수하며 벼 이삭을 한 번에 하나씩 잘라내고 있다. 하지만 나는 추수할 일꾼을 함께 모아야 한다고 느꼈다. 사람들은 구원받지 못하는 이들에게 다가가는 데는 전통적인 전도 여행만한 것이 없다고 얘기했다. 전통적인 전도 여행이야말로 검증된 전도 방식이요, 가장 효과적인 전도 방식이라고들 말했다. 하지만 CfaN(Christ for all Nations) 사역을 시작하는 그 걸음을 떼기 전까지 내 영혼에는 안식이 없었다. CfaN 사역이 시작된 이후, 아프리카 선교 본부를 통해 100년간 회심한 사람들보다 더 많은 사람들이 하룻밤에 회심하는 역사가 일어났다.

3. 하나님은 우리가 정한 스케일에 따라 역사하신다.
우리의 사역의 잣대가 곧 그분의 잣대다.

기름 그릇을 가진 과부를 생각해 보라. 엘리사는 최대한 그릇을 많이 빌려오라고 과부에게 말한다. 과부는 엘리사의 말대로 집집마다 돌아다니며 그릇을 빌려왔고, 빈 그릇이 하나도 남지 않을 때까지 모든 그릇을 기름으로 가득 채웠다. 하나님은 우리가 그분께 가져가는 그릇은 하나도 남김없이 다 채우실 수 있다. 하나님은 우리가 그분께 구원과 치유를 위해 데려가는 모든 영혼을 구

> 하나님은 우리가 그분께 가져가는 그릇은 하나도 남김없이 다 채우실 수 있다.

원하시고, 모든 육체를 치유하실 수 있는 분이다. 우리가 정한 스케일에 따라 하나님은 한 교구만 보시는 분이 될 수도, 전 세계를 보시는 분이 될 수도 있다.

4. 항상 주도권은 하나님께 있지만, 그분은 우리가 뒤따르기를 기대하신다.

하나님은 우리 구원의 주(히 2:10)이시다. 요한복음으로 다시 돌아가 보자. 예수님이 치유를 구하지 않은 사람들마저 치유하신 사건이 요한복음에 기록되어 있다. 예수님이 행하신 모든 기적은 하나님의 자연적인 소망으로부터 비롯됐다. "아들이 아버지의 하시는 일을 보지 않고는 아무 것도 스스로 할 수 없나니 아버지께서 행하시는 그것을 아들도 그와 같이 행하느니라 아버지께서 아들을 사랑하사 자기의 행하시는 것을 다 아들에게 보이시고"(요 5:19-20).

예수님은 아무도 청하지 않았는데 물로 포도주를 만드셨다(요 2:1-10). 예수님은 왕의 신하의 아들을 그가 원하는 방식이 아닌 예수님 자신이 선택하신 방식대로 고치셨다(요 4:46-53). 예수님은 베데스다 연못가에서 병 낫기를 구하지도 않은 병든 자를 고치셨다(요 5:1-9). 예수님은 사람들의 생각을 전혀 개의치 않으시고 진흙을 이겨 발라 맹인의 눈을 고치셨다(요 9:1-7). 예수님은 병든 오라비를 찾아와 달라는 마르다와 마리아의 요청을 거절하시고 아버지의 시간표에 따라 나사로가 죽은 지 나흘 후에 이들을 찾아가신다.

나사로를 죽은 자 가운데서 살리는 것은 그 누구도 아닌 예수님의 생각이었다(요 11:1-44). 요한복음은 인간의 의지에 전혀 영향을 받지 않으시는 하나님의 절대적인 독립성을 확연하게 보여 준다.

> 요한복음은 인간의 의지에 전혀 영향을 받지 않으시는 하나님의 절대적인 독립성을 확연하게 보여 준다.

하나님이 새로이 시작하시는 일은 100퍼센트 하나님의 생각에서 비롯된 것이다. 사람이 시작한 것이 아니다. 때문에 예수님은 우리가 그분 안에 거하고 그분의 말씀이 우리 안에 거하면 무엇이든지 원하는 대로 구하라고 강조하셨다(요 15:7). 하지만 오직 하나님은 주도권만 잡으실 뿐이다. 우리가 믿음의 첫 걸음을 떼지 않는 한 하나님은 더 이상 움직이지 않으신다. 자발적으로 자연스럽게 역사하심으로써 하나님은 우리에게 하나님이 누구신지, 무슨 일을 하실지 보여 주신다. 그러고는 우리가 나아와 하나님이 보여 주신 것을 따라 행하기를 기대하신다. 이것이 바로 믿음으로 행함이다. 믿음으로 행한다는 것은 우리가 하나님이 우리에게 자신을 계시하신 대로의 바로 그분이심을 신뢰하는 것이다. "우리 열조가 일찍 우리에게 이르기를 … 그 모든 이적이 어디 있나이까"라는 기드온의 질문에는 하나님이 과거에 계시하셨던 그분의 모습을 다시금 드러내시리라는 믿음을 담고 있다(삿 6:13 참고).

우리가 하나님의 역사에 뛰어들지 않는 한 하나님은 결코 우리의 일에 참여하지 않으신다. 하나님은 항상 하나님이 누구신지, 무슨 일을 하실지 우리에게 먼저 보여 주신다. 그 다음은 우리에게 달렸다. 하나님은 우리가 그분의 신호를 알아차리고 그 신호에 따라 행동하기를 기대하신다. 바울은 자신이 "하나님의 뜻"(행 20:27)을 전한다고 했다. 여기서 '뜻'이란 단어는 '목적'으로도 번역할 수 있다. 하나님의 온전하신 뜻을 전하는 것은 그분의 목적을 전하는 것이다. 만약 하나님의 뜻을 영영 알 수 없고 하나님이 아무런 이유나 암시 없이 아무 때나 마음대로 움직이는 분이라면 우리는 하나님의 뜻을 전할 수 없다. 하지만 하나님은 변덕에 따라 움직이시는 분이 아니다. 그래서 우리는 마음 깊은 곳에서부터 "하나님의 선하시고 기뻐하시고 온전하신 뜻"(롬 12:2)을 아노라고 외쳐야 한다.

우리가 시대에 맞춰 여기저기서 말씀을 잘라내고 깁지 않은 온전한 하나님의 말씀, 온전한 하나님의 뜻을 선포할 때, 초자연적인 하나님이 우리와 함께하신다. 하나님은 영이시며 우리는 물질 세상에 사는 육체이기 때문에 하나님에 대해 우리가 아는 모든 것은 초자연적일 수밖에 없다. 초자연적인 요소를 배제한 채 우리는 진정한 그리스도를 전할 수 없다.

The Anointing For The Mission

6장

선교를 위한 기름부음

기적의 그리스도를 믿을 때 그분의 증인이 될 수 있는 믿음이 생겨난다. 그리스도의 제자인 우리는 그분의 증인으로 부름받았다. 예수님이 제자들에게 맡기신 사명에는 어떤 일을 행하라는 것과 함께 어떤 존재가 되라는 명령이 모두 포함된다(행 1:8). 예수님의 증인은 예수님이 행하시는 일을 보여 주는 본이다. 마샬 맥루언(Marshall McLuhan)은 매개체가 곧 메시지라는 유명한 말을 남겼다. 그렇다. 믿는 자는 곧 복음의 메시지다! 우리는 단순히 머리에 성경적 지식을 소유한 자가 아니다. 그리스도는 온 세상에 그분을 증거하게 할 불타는 믿음을 우리에게 나눠 주셨다.

그리스도인은 스스로 창조된 자가 아니다. "우리는 그의 만드신바라 그리스도 예수 안에서 선한 일을 위하여 지으심을 받은 자니"(엡 2:10). '만드신 자'란 '생산품'이란 뜻이다. 우리는 그분의 생산품이다. 우리는 "의와 진리의 거룩함으로"(엡 4:24) 새사람이 되었다. 위대한 조각가이신 하나님은 우리를 빚으사 모든 사람이 우리를 볼 수 있도록 하셨다. 우리는 하나님의 능력을 입증하는 하나님의 작품이다.

하나님은 선포의 사역으로 우리를 부르셨다. 우리 성령님은 증거의 영이요, 증언의 영이시다. 성령님이 맡으신 일이 곧 증거다(요 15:26). 하나님은 힘겨루기를 하라고 우리에게 성령의 은사를 주시지 않았다. 성령의 능력은 우리 목적이 아닌 하나님의 목적에 따라 우리를 빚어낸다. 에베소서 1장 11절도 "모든 일을 그 마음의 원대로 역사하시는 자의 뜻을 따라"라고 이 사실을 분명히 밝힌다.

우리는 영생을 목적지로 삼아 살도록 부름받았다. 하나님이 우리를 새사람으로 만드셨기에 우리에게는 우리를 빚으신 그 목적대로 살아야 할 의무가 있다. 우리는 바울의 자세를 본받아야 한다.

> "그러나 내 어머니의 태로부터 나를 택정하시고 은혜로 나를 부르신 이가 그 아들을 이방에 전하기 위하여 그를 내 속에 나타내시기를 기뻐하실 때에 내가 곧 혈육과 의논하지 아니하고"(갈 1:15-16).

"그를 내 속에 나타내시기를" 하나님이 기뻐하셨다는 부분에 주목하라. 하나님으로 말미암아 난 순간부터 바울은 자신이 태어난 목적대로 행했다. 새는 날기 위해 태어나고, 물고기는 헤엄치기 위해 태어나고, 인간은 걷고 말하고 살기 위해 태어나고, 그리스도인은 증거하기 위해 거듭난다. 증인은 증거해야 한다. 증거가 우리의 본질이다. 군인에게 전투복을 입히는 것은 행진을 위함이 아니라 전장에 내보내기 위해서다. 하나님이 우리 안에 증거의 본능을 심어 주셨지만, 그분은 우리에게 강요하지 않으신다. 우리는 입력된 프로그램에 따라 움직이는 로봇이 아니다. 하나님은 독재자가 아니다. 증거는 우리 스스로가 사랑의 마음으로 하나님께 순종하는가에 대한 시험이다. 증거하느냐, 하지 않느냐는 우리에게 달린 선택의 문제다. 보다 정확히 말하면, 하나님이 무엇을 원하시는가에 대한 의식의 문제, 회개치 않은 사람들의 절박한 운명에 대한 인식의 문제다.

에베소서 4장 23절부터 5장 2절은 "심령으로 새롭게 되어 … 새 사람을 입으라 … 사랑 가운데서 행하라"고 우리를 격려한다. 우리는 섬김을 위해 준비된 자들이니 섬겨야 한다. 지상명령은 명령이지 제안이 아니라는 말이 있다. 맞다. 지상명령은 소집 통지서요, 징집 명령장이다. 모든 교회의 우선순위요, 기본 조건이다.

> 지상명령은 명령이지 제안이 아니라는 말이 있다. 맞다. 지상명령은 소집 통지서요, 징집 명령장이다. 모든 교회의 우선순위요, 기본 조건이다.

존재 목적을 충족시키지 않는 교회가 과연 존재의 권리가 있을까? 우리는 스스로에게 물어야 한다. 냉담한 라오디게아 교인들에게 하나님은 이렇게 말씀하셨다. "네가 … 더웁지도 아니하고 차지도 아니하니 내 입에서 너를 토하여 내치리라"(계 3:16). 예수님은 "혹시 괜찮거든, 시간이 좀 남거든 나가서 나에 대해 얘기 좀 해 보면 어떻겠니?"

6장 선교를 위한 기름부음 **153**

라고 말씀하지 않으셨다. 하나님의 뜻을 행하면서 당신이 하나님께 대단한 도움을 드리고 있다고 생각지 말라. 하나님을 섬기도록 부름받고, 그리스도의 제복을 입는 것은 최고의 영예다.

예수님의 마음속에 자리 잡고 있는 한 가지 당위는 그분께 속한 모든 자에게 전이된다. 우리는 이 땅에서 예수님의 자리에 있다. 예수님은 말씀하셨다. "너희가 나를 택한 것이 아니요 내가 너희를 택하여 세웠나니 이는 너희로 가서 과실을 맺게 하고 또 너희 과실이 항상 있게 하여"(요 15:16). 우리의 의무는 분주함에 사로잡히는 것이 아니라 복음을 증거하는 것이다. 어디로 가든 우리의 정체성은 바뀌지 않는다. 미국인은 어디에 있든 무엇을 하든 미국인이다. 일을 하고, 가족을 돌보고, 때로 사업을 일굴 수도 있지만 세계 어디를 가나 미국인은 미국인이다. 미국 억양으로 영어를 하는 사람을 보면 누구나 그가 미국인임을 안다. 마찬가지로 그리스도인은 그리스도의 증인이다. 그것이 우리의 정체성이다. 우리 삶의 방식과 믿음의 억양이 우리가 누구에게 속해 있는지를 언제나 드러내야 한다. 우리는 그리스도께 속했다.

기름부음으로 준비되다

우리는 그리스도가 우리를 부르신 과업을 위해 기름부음받고 준비된 자다. 기름부음은 너무나 중요하다. 요한1서 2장 20절과 27절은 "너희는 거룩하신 자에게서 기름 부음을 받고 … 너희는 주께 받은바 기름 부음이 너희 안에 거하나니"라고 기록한다. '기름부음'은 헬라어로 '카리스마'(Chrisma)인데, 기름부음받은 자라는 뜻의 그리스도의 어원이기도 하다. 기름부음, 즉 성령의 부으심은 참된 전도자의 비밀이다.

예수님도 선을 행하고 병든 자를 고치시기 위해 기름부음을 받으셔야 했다. 왜 하나님의 독생자인 예수님께 기름부음이 필요했을까? 예수님이 살과 피를 입으신 분이셨기 때문이다. 때문에 우리에게도 기름부음이 필요하다. 기름부음이 더해질 때 우리의 목소리와 움직임은 특별해진다. 어떤 배우도 흉내 낼 수 없는 목소리와 몸짓이 우리에게서 나온다. 믿지 않는 배우가 TV에서 설교자 역할을 하는 모습을 본 적이 있는가? 복화술을 하듯 너무나 인위적이다. 그 안에 영혼이 담겨 있지 않기 때문이다. 하지만 하나님으로부터 나온 진정한 기름부음은 죄의 멍에를 깨뜨린다.

> 기름부음이 더해질 때 우리의 목소리와 움직임은 특별해진다. 어떤 배우도 흉내 낼 수 없는 목소리와 몸짓이 우리에게서 나온다.

데살로니가전서 5장 19절은 "성령을 소멸치 말며"라고 우리에게 말한다. 성령이 아주 쉽게 소멸될 수 있다고 주장하는 사람들이 있다. 하지만 개인적으로 나는 그렇게 생각하지 않는다. 성령님은 그렇게 까다로운 분이 아니다. 성령님은 우리 안에서 일하시는 끈질기고 강력하신 분이다. 성령님은 우리 안에 내주하시는 신실한 분이시다. 그렇다면 우리가 어떻게 그런 분을 소멸하게 되는 걸까? 성령님은 우리를 증인으로 만들기 위해 오셨다. 우리가 그분의 목적에 관심을 기울이지 않으면 결국 우리는 성령님을 소멸하게 된다. 우리는 성령의 불을 꺼뜨리지 않기 위해 힘써야 한다! '소멸하다' [헬라어 스벤누미(Sbennumi)]라는 단어는 등불을 꺼뜨린 어리석은 다섯 처녀에 대한 비유에서도 똑같이 사용됐다. 그리스도를 위해 빛을 발하기를 그치는 순간, 우리는 성령님을 소멸하고 만다.

다시 채움받아야 하는가?

오순절 계열에서 논란이 되어 온 중요한 문제가 있다. '우리를 성령의 능력으로 다시 채워 주시도록 계속해서 하나님께 간구해야 하는가?' 하는 문제다. '그렇다'는 답변을 은연중에 담고 있는 찬양도 있다. "살아 계신 주 성령 내게 임하사 / 살아 계신 주 성령 새롭게 하소서 / 녹이고 빚고 채우고 사용하소서 / 살아 계신 주 성령 새롭게 하소서." 그렇다면 하나님이 우리를 깨뜨리시고, 녹이시고, 빚으시고, 채우시는 과정을 얼마나 자주 반복해야 하는 걸까? 자주 깨져야 하고, 채움받고 싶을 때마다 부서져야 하는 걸까?

신학자들 사이에 이 문제를 두고 장황한 논쟁이 오갔다. 헬라어에 박식한 학자들은 헬라어 시제를 언급하며 주장을 폈다. 솔직히 내게는 그 정도의 학문적 고집이 없다. 대신 나는 좀 다른 각도, 그러니까 보다 단순하지만 그렇다고 유치하지는 않은 관점에서 접근한다.

　내가 성령과 능력으로 채워지지 않았음을 알게 되면 나는 분명 하나님께 다시 채워 주시도록 간구할 것이다. 하지만 내 속이 비어 있는지 어떻게 알 수 있을까? 두 가지 경우에 알 수 있다. 첫째는 사역이 효과적으로 이루어지지 못할 때이고, 둘째는 내 속이 비어 있다고 느껴질 때다.

　무력함을 척도로 삼는 첫 번째 기준은 그다지 신뢰할 만한 기준이 못된다. 콘크리트 바닥에 복음의 씨를 뿌리며 사역에서는 별반 성공을 거두지 못하는 성령 충만한 사람들도 있기 때문이다. 성공하지 못하고, 다른 부분에서도 스트레스를 받은 결과 성령 충만한 사람들이 낙담할 수도 있다. 이들은 자책하며 다시 채움받기 위해 하나님과 함께 더 열심히 일해야 한다고 생각한다. 물론 갑작스레 어마어마한 돌파구를 발견하지 않는 한 자신들이 정말로 다시 채움받았는지 알 길이 없기 때문에 자신들이 '충만'한지 아닌지도 알 도리가 없다. 하지만 성공은 성령 충만의 척도가 아니다. 수백 명, 수천 명이 회심하는 놀라운 일이 벌어진다 하더라도 마찬가지다. 성공적으로 전도했는지를 평가의 기준으로 삼고, 기도하고 금식하며 수련회에 가서 안수기도를 받고 나서도 사람의 눈에 보이는 수치에 아무런 변화가 없으면, 결국은 다시 채움을 받은 것이겠거니 하는 불분명한 추측성 소망만 갖게 된다. 참으로 위험하고 우울한 삶의 방식이 아닐 수 없다.

　20세기 오순절 부흥이 시작되기 전까지는 많은 이들이 사역에 결과가 나타나면 이것이 곧 성령 충만의 표징이라고 생각했다. 오순절 부흥과 은사운동이 시작되면서는 방언을 성령 충만의 표징으로 여겼다. 방언을 하면 그때 성령을 받았음을 알았다. 사람들은 표징이 없이는 확신하지 못한다.[1]

오순절 부흥 이전까지 염원을 담은 찬양은 교회 안에 많았으나, 그 염원의 실현을 담은 찬양은 거의 없었다. 사람들은 항상 "축복의 소나기 우리에게 필요하니", "빗방울을 내게 보내소서", "또 다시 오순절을 허락하소서", "오 주여 당신의 일을 회복하소서", "주여, 내 잔을 채우소서" 같은 찬양을 부르며 기도했다.

하지만 20세기 초 오순절주의자들의 등장과 함께 찬양도 바뀌었다. 이들은 "부으소서! 부으소서! 늦은 비를 쏟아 부으소서!", "내 영혼의 오순절"과 같은 찬양을 불렀다. 내가 좋아하는 찬양은 "그가 내 안에 거하시네, 내 안에 거하시네, 위로자 내 안에 계시네!"라는 찬양이다.

그러면 감정은?

다시 한 번 더 채움을 받아야 한다는 생각을 하게 될 수 있는데, 그렇다면 정말 다시 채움받아야 하는지는 어떻게 알 수 있을까? 우리 감정으로 알 수 있다. 충만하다는 느낌을 받지 못했을 때 알 수 있다. 하지만 성령으로 충만한 그리스도인은 항상 충만하다고 느껴야 하는 걸까? 감정이라는 것이 애당초 고려할 가치가 있는 걸까?

감정은 육체적이고 심리적이다. 피곤하거나, 독감에 걸렸거나, 사랑하는 사람을 잃었거나, 자동차 사고가 났거나, 바울이 종종 그랬듯이 심하게 두들겨 맞았거나 했을 때는 내가 정말 성령으로 충만한지 상당히 의심이 간다. 감정은 절대적인 판단의 기준이 될 수 없다. 1991년 나이지리아에서 폭도들의 공격을 받지 않기 위해 군대의 보호를 받아야 했을 당시 내 안에 성령의 능력이 넘쳐남을 느꼈다고 절대 말할 수 없다.

어떤 이들은 하나님이 자신과 함께하시지 않을까 봐 극도의 불안감을 느낀다. 자신의 신념에 따라 규칙을 세워 두고는 혹시 그 규칙 중에서 하나라도 어기지 않았을까 걱정하며 하루하루를 보낸다. 혹시 하나님의 음성을 놓치지는 않았을까? 혹시 죄를 지었거나 불순종하지는 않았을까? 혹시 하나님의 뜻에서 벗어난 적은 없었을까? 그런 적이 있다면 언제 그랬을까? 이들은 끊임없이 뒤를 돌아보며 혹시라도 성령님을 거스른 적은 없었는지 계속해서 과거를 분석한다. 사실 이렇게 사는 이유는 하나님과의 관계에 확신이 없기 때문이다. 이들은 자신이 충분히 겸손한지, 충분히 사랑이 많은지, 충분히 선한지 아니면 충분히 기도하고 있는지 항상 궁금해 한다. 이들은 희망을 갖고 기도하되 믿음 안에서 기도하지는 않는다.

이런 사람들은 대부분 자기 자신이 만든 율법주의적 사고의 희생자다. 완벽주의는 이 땅에서 율법의 모든 명령을 다 지킬 수 있다는 잘못된 생각의 산물이다. 완벽주의는 능력이 아닌 교만이다. 어떤 이들은 결코 이룰 수 없는 것을 이루려 몸부림친다. 본인의 거룩함을 만족스러운 수준까지 끌어올려 보려 한다. 이들이 그리는 그림에 은혜가 차지하는 자리는 너무나 작다. 은혜로 말미암아 구원을 받았다는 사실은 인정하지만, 그 외에는 은혜가 설 자리를 두지 않는 사람들도 있다. 이들은 자기가 세운 율법 아래 살면서 성령 충만이 곧 경건함을 이뤘다는 증거라고 믿는다. 이들은 부흥을 위해 기도하면서 왜 부흥이 '늦어지고 있는지'에 대해 최소한 50가지 이유를 댄다. 모두 다 그리스도인들의 성품이 부족하기 때문이다. 부흥이 계속해서 지연되면 이들은 왜 계속 지연이 되는지 한 가지 이유를 덧댄다. 그런 완벽한 사람이 없기 때문이다.

> 하나님의 성령이 겁 많은 비둘기처럼 놀라 도망간다는 구절은 성경 어디에도 없다. 오히려 정반대다.

하나님의 성령이 겁 많은 비둘기처럼 놀라 도망간다는 구절은 성경 어디에도 없다. 오히려 정반대다. 고린도 교회는 결점이 많았다. 하지만 바울은 고린도 교인들에게 보내는 편지에 이렇게 썼다.

"그리스도 예수 안에서 너희에게 주신 하나님의 은혜를 인하여 내가 너희를 위하여 항상 하나님께 감사하노니 이는 너희가 그의 안에서 모든 일 곧 모든 구변과 모든 지식에 풍족하므로 그리스도의 증거가 너희 중에 견고케 되어 너희가 모든 은사에 부족함이 없이 우리 주 예수 그리스도의 나타나심을 기다림이라 주께서 너희를 우리 주 예수 그리스도의 날에 책망할 것이 없는 자로 끝까지 견고케 하시리라"(고전 1:4-8).

신약을 읽으면서 우리는 믿는 자들이 하나님이 그들과 함께하신다는 견고한 확신을 가지고 있었음을 볼 수 있다. 초대 교회 신자들은 대단한 성자들이 아니었다. 하지만 이들은 하나님의 능력이 자신들 안에 거한다는 사실을 전혀 의심하지 않았다. 이들은 자신들이 약하고 죄 많은 인간임을 알았지만 하나님의 은혜와 사랑의 진리를 굳게 붙들었다. 현대 그리스도인들에게 이 같은 확신이 없는 것은 현대 교회가 초대 교회보다 부족하기 때문이 아니다. 완벽주의와 율법주의적 가르침 때문이다.

오늘날 회중들은 적합한 자가 되라고 권면받는다. 적합한 자가 되라는 훈계, 그 자체는 좋다. 하지만 많은 경우 정죄와 비판의 어조로 그런 훈계를 하기 때문에 듣는 이들의 마음에는 영적 열등감이 생겨난다. 바울은 초대 교회 교인들이 얼마나 부족하고 결점이 많은 사람들이었는지 잘 알고 있었고, 그 사실을 숨김없이 밝혔다. 하지만 바울은 그와 동시에 그들이 그리스도 안에서 어떠한 존재인지를 강조했다. 하나님의 성령이 그들 안에 계심을 확언하며 이들에게 하나님에 대한 확신을 심어 줬다.

성령 세례를 받고 나서, 그 성령 세례가 얼마나 갈 거라 생각하는가? 영원히 지속될 거라 믿는가? 아니면 매주, 또는 한 주 걸러한 번 성령 세례를 다시 받아야 한다고 생각하는가? 성령님이 사라지셨는데도 내가 성령 세례를 받았노라고 말할 수 있는가? 성령 세례는 '성령님을 받아들이는 것'을 의미하며, 이것은 곧 하나님의 성령과 당신이 영원한 관계를 맺었다는 뜻이다. 우리는 성령 충만을 지속적으로 경험한다는 뜻에서 계속해서 받고 있다 (엡 5:18). 그러니 성령 충만을 받은 그 자리에 계속 있기만 하면 된다. 성령 충만은 고매한 도덕적 성취가 아니라 단순한 믿음의 문제다. 그런 점에서 갈라디아서에 기록된 바울의 질문은 사뭇 의미심장하다.

> "내가 너희에게 다만 이것을 알려 하노니 너희가 성령을 받은 것은 율법의 행위로냐 듣고 믿음으로냐 너희가 이같이 어리석으냐 성령으로 시작하였다가 이제는 육체로 마치겠느냐"(갈 3:2-3).

육체의 행위로 영성을 개발하려 하다니, 많은 이들이 실제로 그런 시도를 해 왔지만 이는 말도 안 되는 모순이다!

지난 100년간 오순절·은사주의 신자들이 목도했던 폭발적 전도와 성장은 인류 역사상 전례가 없다. 그 비결은 무엇일까? 전도자들은 하나님이 자신들과 함께하시며, 회심한 이들도 동일한 객관적 확증을 얻게 되리라 확신했다. 방언으로 말했으며 이를 통해 성령을 받았음을 알았다. '내가 정말 성령을 받았는가'는 수백 년간 가장 훌륭한 그리스도인들을 고민케 한 문제였다.

하지만 오순절·은사주의 신자들은 성령님이 자신들과 영원히 함께하심을 알았다. 오순절 예배자들이 방언을 구했다는 말은 진실이 아니다. 이들은 성령님을 구했다.

A Blueprint For Evangelism

7장

전도의 청사진

건축가가 건설 근로자들에게 건축 프로젝트의 청사진을 보여주듯 하나님도 우리에게 청사진을 주셨다. 지금부터는 전도의 방법과 원칙에 대해 이야기하고자 한다.

방법과 원칙 모두에 대해 몇 가지 점을 살펴보겠지만 여기서는 주로 방법에 초점을 맞추도록 하겠다. 또 전도의 원칙에 대한 바울의 위대한 설교를 함께 살펴보겠다. 또한 이번 장의 마지막 부분에서는 이미 언급한 부분에 대해 보다 상세히 살펴보고자 한다.

성경적 방법과 원칙

사람들은 여러 가지 전도 방법들을 비교하면서 그 효용에 대해 논쟁을 벌인다. 전 세계를 여행하며 다양한 전도 방법이 적용되는 것을 목도하면서 나는 여러 가지 요소가 함께 고려되어야 한다는 생각을 갖게 됐다. 하지만 그렇다 해도 전도의 가장 근본적인 원칙은 성경의 한 구절, 바로 고린도전서 9장 22절에서 찾을 수 있다고 생각한다. "여러 사람에게 내가 여러 모양이 된 것은 아무쪼록 몇몇 사람들을 구원코자 함이니."

계획

사람들은 하나님이 방법이 아닌 사람을 사용하신다고 말한다. 하지만 나는 아무런 방법도 없는 사람을 하나님이 사용하신다고는 생각지 않는다. 어떤 형태의 전도를 하고 있든지 간에 계획 없이 전도한다면 그 영향력이 제한적일 수밖에 없다.

후속조치

예수님의 말씀에 따라 두 번째로 물고기를 잡았을 때, 제자들은 정확히 몇 마리를 잡았는지 알았다. 모두 153마리였다. 어림잡아 몇 마리인지 추측하지 않았다. 예수님은 제자들에게 "지금 잡은 생선을 좀 가져오라"(요 21:10)고 말씀하셨다. 예수님의 명령을 따라 처음 물고기를 잡았을 때는 너무 고기가 많이 잡혀 그물이 찢어지고 배가 물에 잠기게 됐다(눅 5:1-11 참고). 제자들은 감당할 수 없는 하나님의 선하심에 전혀 준비가 되지 않은 상태에서 그 많은 물고기를 잡았기 때문에 어찌할 바를 몰랐다. 그리스도가 일하시는 스케일에 따라 일할 준비가 안 된 상태였다. 하지만 두 번째에는 준비가 됐고, 물고기를 한 마리도 놓치지 않았다.

그리스도를 위해 사람들을 얻고 난 후에는 한 사람도 세상의 바다로 다시 빠져나가지 않도록 그 사람들을 잘 지키고 제자로 삼아야 한다. "지금 잡은 생선을 좀 가져오라." 어떤 전도 방법을 택하든 전도는 우리와 불신자의 만남을 통해 이루어진다. 전도를 받은 사람은 형식적으로라도 그리스도를 영접하는 과정을 밟아야 한다. 그리고 그 후속 단계로 우리는 그 사람들을 돌봐야 한다.

> 그리스도를 위해 사람들을 얻고 난 후에는 한 사람도 세상의 바다로 다시 빠져나가지 않도록 그 사람들을 잘 지키고 제자로 삼아야 한다.

개인적 만남

전도는 영혼이 배제된 일상적인 업무절차가 아니다. 에베소에서 바울은 영업하는 자들, 특히 은장색들과 마찰을 빚게 된다. 에베소에서 은장색들은 아데미 여신상을 만들어 팔아 풍족한 생활을 영위하고 있었다. 사도행전 19장 26절은 이 상황을 상당히 의미심장하게 표현하고 있다.

> "이 바울이 에베소 뿐아니라 거의 아시아 전부를 통하여 허다한 사람을 권유하여 말하되 사람의 손으로 만든 것들은 신이 아니라 하니 이는 그대들도 보고 들은 것이라"

직접 헬라어 사전을 찾아 확인할 수 있을 텐데, 이 구절에서 헬라어 현재 분사가 사용됐다. 현재 분사를 대입해 다시 번역을 하면 '사람의 손으로 만든 것'은 '사람의 손으로 만들어지고 있는 것'이 된다. 매일 공장에서 찍어 내듯 나오는 신들의 모습, 죽은 신을 만들어 내는 작업을 강조하고 있다. 에베소 사람들의 종교는 이처럼 모든 신이 다 똑같은, 인격이 배제된 공장 생산설비 같았다.

하지만 기독교는 그렇지 않다. 우리는 복음 집회를 통해 사람들이 거듭나 포근한 사랑의 환경으로 들어오기를 바란다. 우리는 사람들이 예정된 영접 기도 수순만 따라가고 말기를 원치 않는다. 경배와 찬양 속에 집회장의 분위기가 회심자들을 감싸고, 이들이 무릎을 꿇고 1시간이 넘도록 기도하는 동안 누군가 이들의 어깨를 끌어안고 함께 기도하는 모습을 볼 때면 가슴이 벅차오른다. 새 신자들이 사산되도록 해서는 안 된다. 아기가 태어나면 의사나 산파는 가장 먼저 아이가 숨을 쉴 수 있도록 해 준다. 우리도 새 신자들에게 그렇게 해야 한다. 빨리 하나님을 향해 첫 부르짖음을 외칠 수 있도록 새 신자들을 이끌어 줘야 한다. 이들의 영적인 폐가 찬양과 간증으로 움직일 수 있게 해 줘야 한다.

> 우리는 복음 집회를 통해 사람들이 거듭나 포근한 사랑의 환경으로 들어오기를 바란다.

복음은 우리와 우리 하나님 사이의 개인적 교감이다. 현 시대는 인격을 배제하면서 개인을 끝도 없이 늘어선 자동차들 행렬 속의 한 점이나 수많은 소비자 중 한 명으로 전락시킨다. 미국에서 사람들은 다른 사람과의 실질적인 접촉 없이 인터넷을 통해 은행 거래를 하고, 따뜻한 음식을 구입하고, 영화를 보고, 심지어 예배도 드릴 수 있다. 사람들과의 접촉은 점점 줄어들고 로봇이 인간을 대신하고 있다. 인간의 삶을 완전히 자동화시킬 수 있다는 기술적인 '혁신들'을 보면 나는 두렵다. 이런 기술적 쾌거는 오히려 수많은 사람들을 극도의 외로움에 빠뜨릴 뿐이다. 사람들은 사랑이라고는 찾아볼 수 없는 차갑고 과학적인 미래에 닥칠 짙은 외로움을 두려워한다. 외로움은 핵폭탄만큼이나 심각한 위협이다. 전도는 마음과 마음의 교감이다.

경영학의 방법론은 결코 "하늘로부터 보내신 성령을 힘입어" (벧전 1:12) 전하는 복음을 대신할 수 없다. 경영학의 방법론을 교회에 적용해 교회성장 프로그램을 구성하는 것도 나쁘지 않다. 경영 효율성을 통해 배울 부분이 있다면 마땅히 배워야 한다. 말씀은 "부끄러울 것이 없는 일군으로 인정된 자로 자신을 하나님 앞에 드리기를 힘쓰라"(딤후 2:15)고 권면하지 않는가? 어떤 방법을 사용하든 방법에는 힘이 실려야 한다. 힘에는 방법을 더해야 한다. 두 가지 모두 우리의 헌신과 사랑을 전달하기 위한 도구다. 어떤 상황이든 우리는 하나님이 방법이 아닌 사람을 사용하신다는 핵심적인 진리를 기억해야 할 것이다.

우리의 전도 대상은 기계나 농작물이 아닌 사람임을 기억하자. 우리는 사람의 본성을 변화시키는 일을 하고 있으며, 인간은 죄가 가득한 존재임을 감안해야 한다. 즉, 우리는 유연해야 하며,

잘 적응해야 하며, 이해심이 깊어야 한다. 소시지 기계에 고기를 집어넣으면 소시지가 나오듯, 사람들을 억지로 교회에 밀어 넣으면 성자가 되어 나오는 것이 아님을 기억하자. 우리 앞에 있는 모든 사람은 독특한 개인이며, 각기 다른 두려움과 소망을 가지고 제각각의 반응을 보인다.

> 소시지 기계에 고기를 집어넣으면 소시지가 나오듯, 사람들을 억지로 교회에 밀어 넣으면 성자가 되어 나오는 것이 아님을 기억하자.

CfaN에서는 주요 전도 집회를 위한 상담자를 훈련시킨다. 훈련도 참 좋지만, 항상 듣는 귀와 긍휼의 마음을 가진 상담자들이 나왔으면 하는 바람이다. 방법이 필요하지만 인간미가 있는 방법이어야 한다. 인간적 감동이 없는 경직된 방법이어서는 안 된다. 하나님의 자녀들이 그토록 다양한 이유는 그분이 개인적인 하나님이시기 때문이다. 하나님은 모든 사람이 누군가로부터 개인적인 관심을 받게 되기를 원하시기 때문이다.

성경은 어떻게 사람이 사람에게 다가가고 감동을 줄 수 있는지에 대한 지침서다. 예수님의 이름으로 어려움에 처한 사람에게 손을 얹을 때, 우리 손은 그분의 손이 되고, 우리의 사랑은 그분의 사랑이 된다. 교회는 다시금 거리를 걸어 다니시며 긍휼을 베푸시고, 더럽고 천한 이들에게 다가가시는 그리스도의 현현이다. '지역 성장 프로젝트 시행'만이 교회가 할 일이 아니다. 우리는 우는 자와 함께 울고 기뻐하는 자와 함께 기뻐해야 한다. 재계는 '객관화된 철학'을 논한다. 하지만 하나님의 객관화된 철학은 지옥 군대로부터 인류를 보호하시며 십자가에 달리신 그리스도의 두 팔을 통해 이미 표현되었다.

개인적 접근

하나님은 당신이 누구인지 정확히 알고 계시며 당신만을 위한 특별한 자리를 마련해 두셨다. 하나님이 당신을 부르신 이유는 그분의 계획 안에 당신의 자리가 있기 때문이다. 당신과 같은 사람은 그 어디에도 없고, 그렇기 때문에 그 누구도 당신을 대신할 수 없다. 하나님이 당신에게 명하신 일을 당신이 하지 않는다면 그 누구도 할 수 없다. 하나님 나라에는 당신의 손자국을 찍어야 할 곳이 따로 정해져 있다. 당신과 같은 지문을 가진 사람이 한 명도 없기에 당신이 아니면 안 된다. 하나님을 위해 일을 하는 것은 진정한 나 자신이 될 수 있는 기회이며, 하나님을 섬길 때 진정한 개성이 발현된다.

> 하나님이 당신을 부르신 이유는 그분의 계획 안에 당신의 자리가 있기 때문이다.

우리 한 사람 한 사람은 각자의 방식으로 하나님의 일을 해야 한다. 나는 전도 집회에 대한 구체적인 청사진을 가지고 있다. 내 접근 방식과 내 개성에 맞는 청사진이다. 효과적으로 전도하기 위해서는 우리에게 가장 잘 맞는 방식이 무엇인지 생각해 봐야 한다. 내게 가장 잘 맞는 방식이 당신에게는 최선이 아닐 수도 있다. 하지만 한 가지 깨달아야 할 게 있다. 당신이 하나님을 위해 무슨 일을 하고 있든 하나님이 사용하기를 원하시는 것은 당신이지 방법이 아니다.

과제에게 방법을 맞추자

초대 교회 그리스도인들은 자신들만의 전도 방법을 개발했다. 예수님은 우리에게 본을 보여 주셨지만, 그분의 일을 어떻게 해야 할지에 대한 구체적 청사진은 주지 않으셨다. 성령님은 우리가 담대하고 독창적으로 복음을 전하는 것을 기뻐하신다.

성경 어디에도 전도 방법을 명시한 구절이 없다. 초대 교회 그리스도인들은 주어진 모든 기회를 백분 활용했다. 성경은 이들이 무엇을 했는지 기록하고 있으나 그렇다고 초대 교회 교인들이 사용한 방법이 모든 사람이 따라야 할 신성한 의무라는 의미는 아니다. 하지만 이들의 전도 활동에 근간이 된 영적 원칙들이 있다. 이 원칙들을 우리는 주의 깊게 살펴봐야 한다.

우리는 하나님이 주신 머리를 사용해 이 시대의 수많은 불신자들에게 다가갈 수 있는 방법과 수단을 생각해 내야 한다. 불신자들에게 다가가는 것은 우리의 최우선 과제일 뿐 아니라 모든 과제의 핵심이다. 전도와 직간접적으로 관계가 없는 일이라면 우리의 의제로 삼을 이유가 전혀 없다.

사도행전에서 제자들이 기회에 맞춰 방법을 선택했음을 기억하자. 베드로는 오순절 날 방언으로 말하는 제자들을 보고 몰려든 군중들 가운데서 최초의 회심자를 얻었다. 베드로는 기회를 백분 활용했다. 말씀을 인용하여 방언과 부활을 설명하면서 베드로는 상황에 꼭 들어맞는 설교를 했다. 베드로의 설교는 복음의 모든 요소를 담고 있다. 그는 당시의 상황을 활용해 단순명료하게 복음을 전달했다. 베드로와 다른 제자들은 복음의 진리로 가득 차 있었기에 언제 어디서나 기회가 주어질 때마다 마치 시사 문제를 이야기하듯 편안하고 자연스럽게 복음을 전했다.

핵심을 놓치지 말라

모든 전도 방법의 초점은 교회를 채우는 것이 아니라 영혼을 얻는 것이다. 대개 교회를 채우는 것은 그리 어렵지 않다. 사람들을 끌어 모으는 공통적인 요소들이 몇 가지 있다. 음악, 연극, 만찬, 주일학교 프로그램, 기념일, 성탄절, 부활절, 축제, 성가대, 저명한 설교자, 록그룹 등 사람들을 끌어당길 만한 새로운 요소들이 끊임없이 고안될 것이다. 하지만 사람들이 하나님의 말씀을 듣지 못한다면 어떤 활동도 무의미하다. 신약을 보면 헛되이 기회를 놓치는 일은 결코 없었다. 모든 활동의 목적은 하나님의 말씀이 사람들의 생각 속에 들어가도록 말씀을 전하는 방법을 찾는 것이었다.

> 신약을 보면 모든 활동의 목적은 하나님의 말씀이 사람들의 생각 속에 들어가도록 말씀을 전하는 방법을 찾는 것이었다.

치유 예배에 불신자들을 초청해 놓고 구원의 메시지는 전혀 전하지 않은 채 찬양을 하고는 치유를 원하는 사람은 앞으로 나오라는 초청만 했다는 얘기를 듣고 슬픔을 금할 수가 없었다. 구원을 선포하지 않고 오직 치유만을 선포하는 이들도 있다. 이는 기회 낭비요, 책임 유기다. 주님은 "복음을 전파하라 그러면 표적이 따르리니"라고 말씀하셨다. 우리는 순서를 분명히 해야 한다. 말씀이 먼저고 그 다음이 표적이다. 베드로는 사도행전 3장에서 기적적인 치유를 전도의 기회로 삼았다. 그는 예수님의 본을 따랐다. 사실 요한복음 전체가 이런 패턴을 거듭 보여 주고 있다.

사도행전 4장에서 베드로와 요한은 붙잡혀 권세자들 앞에 서게 된다. 잔뜩 얼굴을 찌푸린 관리들과 장로들과 서기관들과 마주한 베드로와 요한은 변론을 적극적 전도로 바꾼다. 기독교 최초의 순교자인 스데반은 적들이 자신을 죽이려 하는 순간에도 말씀을 전할 기회를 그냥 보내지 않았다(행 7장 참고). 전도자 빌립은 예수님이 이미 닦아 두신 길을 따라(행 8장 참고) 사마리아에서 '치유 집회'를 열었다. 바울은 말씀에 대해 토론할 수 있는 회당을 찾아다녔다. 그리고 회당에 사람들과 함께 앉아 말씀을 설명했다.

바울은 또한 철학 학교도 적극 활용했다. 당시 철학자들은 거리나 야외에서 공개 법정을 열곤 했다. 바울은 두란노 서원에서 그랬듯이(행 19:9) 철학자들과 토론을 하곤 했다. 아덴에서는 '사람들이 사는 곳'에서 아덴 사람들이 직접 쓴 글을 인용하며 호기심이 넘치는 아덴 사람들에게 복음을 전했다. 바울은 법정에서는 왕과 통치자들에게, 감옥에서는 함께 있는 사람들에게, 배에서는 난파될까 공포에 질린 사람들에게 자신의 하나님을 전했다.

그리고 자신이 갈 수 없는 곳에는 편지를 썼다.

교회 건물

초대 교회 시대에 교회 건물이 있었는지는 알 수 없다. 후에 교회 건물이 생겨났지만, 예수님도 사도들도 별도의 예배당에서 말씀을 선포한 적이 없다. 예수님과 사도들은 사람들이 모이는 곳으로 갔다. 바울의 첫 유럽 집회도 매우 비공식적이었다. 사도행전 16장 13절은 이렇게 기록한다.

"안식일에 우리가 기도처가 있는가 하여 문밖 강 가에 나가 거기 앉아서 모인 여자들에게 말하더니"

오순절 이후 20년간 그리스도인들은 성전 경내에 모여 정기적으로 예배를 드렸다. 그리스도인들은 유대교의 한 분파로 알려져 있었다. 사도들이 사마리아인들에게 성전에 와서 예수님에 대해 들으라고 초대하는 데 그쳤다면, 사마리아인들은 결코 구원을 받지 못했을 것이다. 무슨 일이 있어도 그들은 성전에 들어가려 하지 않았을 테니 말이다! 사마리아인들은 예루살렘에 있는 성전을 증오하는 것을 국가적 전통으로 삼아 자신들과 유대인들을 구분했다. 유대인과 사마리아인들은 서로를 미워했다. 하지만 예수님은 전통과 사회적 장벽을 넘어 사마리아에서 사역을 시작하셨고, 다른 이들도 후에 예수님의 본을 따랐다.

오직 교회 건물에서만 영혼을 얻을 수 있다고 생각하기 시작하면, 증거의 능력에 엄청난 제약이 된다. 교회는 믿지 않는 자들이 아니라 그리스도인들의 필요를 채우는 곳이다. 일례로, 독일에서는 사람들이 교회에 다닌다고 얘기하기를 부끄러워한다. 마치 교회에 가면 전염병이라도 걸리는 듯한 분위기다. 교회에 가면 결국은 조증이나 울증에 걸리게 되니 교회에 가는 게 위험하다는 생각이 팽배하다. 대부분의 독일 사람들은 무슨 일이 있어도 교회에 가지 않으려 안간힘을 쓴다. 독일 사람들이 교회 예배 가운데 그리스도께 나아오게 하기란 아이스하키 경기장에서 열린 축구경기에서 우승하기보다 더 힘들다.

다른 유럽 국가의 상황도 더 나쁘면 나쁘지 결코 낫지 않다. 영국에서는 TV에서 직접적으로 전도하는 것이 법으로 금지되어 있다. 잃어버린 자들에게 다가가기 위해 다른 전략을 찾아야 한다.

교회에 가지 않는 이들에게 다가가기 위하여

지상명령을 성취하기 위해서는 믿지 않는 이들을 만날 때마다 그들에게 복음을 제시해야 한다. 모든 나라, 나라 전체가 지상명령의 대상이다. 신약은 '교회 전도'를 이야기하지 않는다. 당시에는 교회 건물이 존재하지도 않았다. 지금과는 상황이 판이하게 달랐다.

오늘날에는 목회자가 싸구려 심리 상담사나 사회복지사가 되어 버렸다. 고민을 들어 주고, 결혼식에 주례를 서고, 죽은 사람을 땅에 묻고, 신생아들을 축복하는 일이 주업이 되었다. 현대의 사역자 같은 일을 했던 사도는 한 사람도 없었다! 초대 교회 사도들이 했던 일은 오직 하나. 그리스도를 아는 지식을 모든 사람에게 전하는 것이었다.

> 초대 교회 사도들이 했던 일은 오직 하나. 그리스도를 아는 지식을 모든 사람에게 전하는 것이었다.

사역의 성공을 가늠하는 중요한 기준은 복음 선포가 공동체에, 나라에 얼마나 큰 영향을 끼쳤는가이다. 선교사로 섬기기 시작할 무렵, 나는 내가 얼마나 열심히 일하고 매해 몇 명의 영혼을 얻어야 하나님이 만족하실 수 있는지 알고 싶었다. 솔직히 나는 열심히 일하고 몇 명의 영혼을 건지는 것으로 만족할 수 없었다. 분명 하나님은 다른 방법을 알고 계실 거라 생각했다. 그 상황이 나는 답답하기만 했다. 그래서 아코디언을 들고 거리로 나가 버스 정류장에서 사람들에게 복음을 전했다. 그러고는 새로운 방식을 시도하기 위해 통신 성경학교를 열었고, 총 5만 명이 등록했다. 대부분은 그 정도도 성공적이라 평가할 것이다. 하지만 우리는 지금 얼마나 번성하고 있는가가 아니라 사회 전반에 최대한의 영향을 미치고 있는가를 기준으로 우리의 노력을 평가해야 한다.

이곳저곳에서 일하는 분들을 보면서 나는 도전을 받는다. 이분들은 사람들의 문제를 연구하고, 어떤 메시지를 사람들이 받아

CfaN CHRIST FOR ALL NATIONS

선교 아프리카

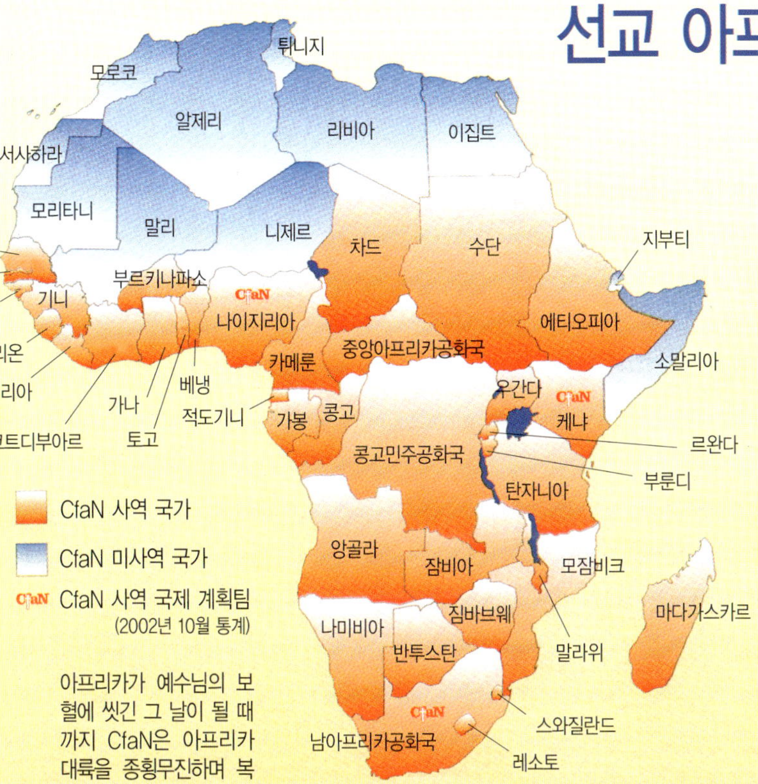

CfaN 사역 국가

CfaN 미사역 국가

CfaN 사역 국제 계획팀
(2002년 10월 통계)

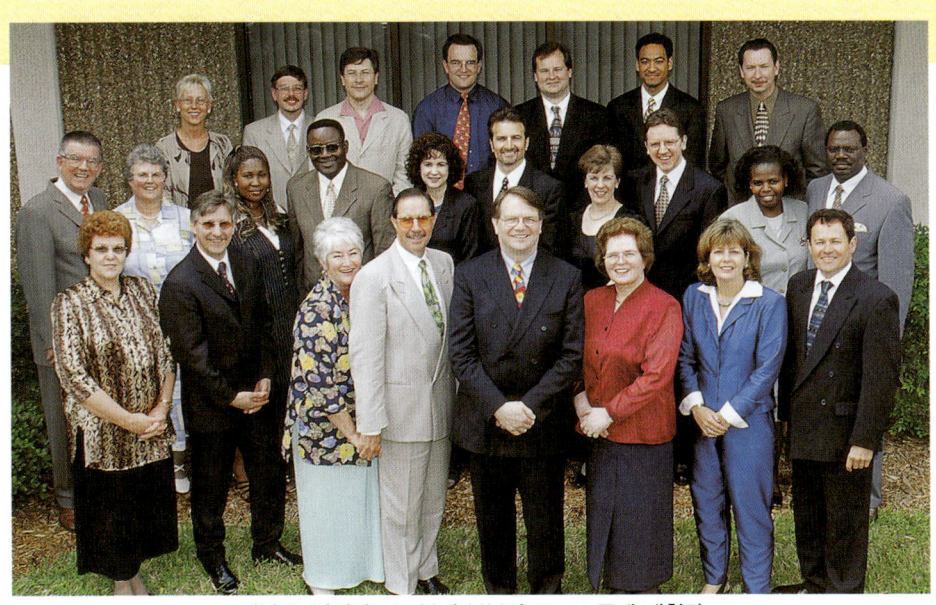

아프리카가 예수님의 보혈에 씻긴 그 날이 될 때까지 CfaN은 아프리카 대륙을 종횡무진하며 복음을 선포할 것이다.

애니 & 라인하르트 본케 부부와 CfaN 국제 계획팀

나이지리아 오그보모쇼

▼ 집회를 더 잘 보기 위해 벽 위에 앉은 사람들

5일간의 집회에서 1,758,144명이 그리스도를 믿기로 결단하다!

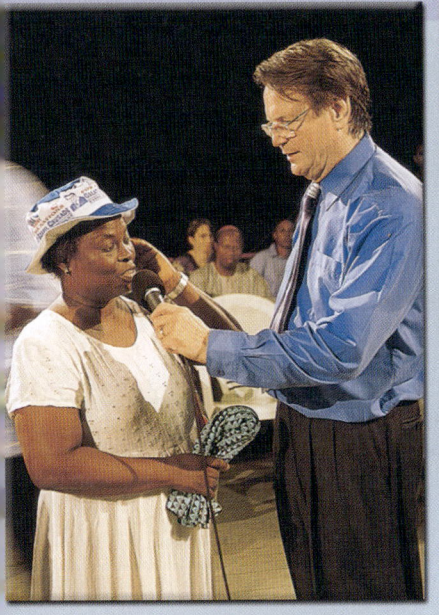

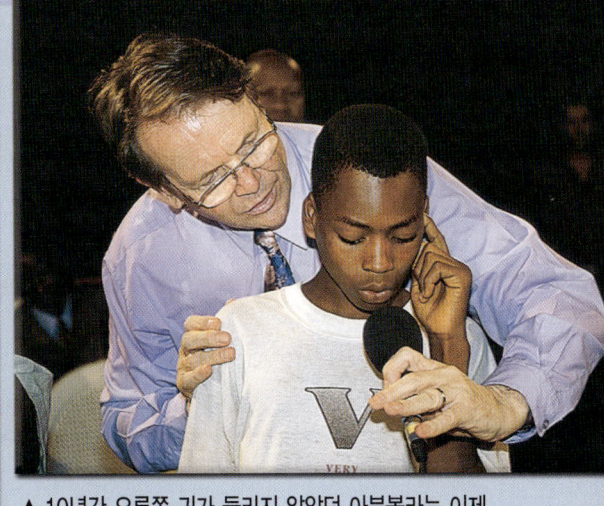

▲ 10년간 오른쪽 귀가 들리지 않았던 아붐볼라는 이제 선명히 들을 수 있게 됐다.
◀ 중증 방광 질환에서 치유받은 여인

수단의 수도 하르툼 중심부에서 열린 역사적인 집회에서 수십만 명이 예수님을 마음에 영접했다.

복음을 듣고 싶은 열정이 있는 이들이 300대의 버스를 타고 집회장에 왔고, 집회장은 빈자리 없이 빽빽이 들어찼다.

수단 하르툼

2000년 부활절 기간 동안 210,000명 이상이 주 예수 그리스도의 부활의 복음을 들었다.

나이지리아 이바단

과거에는 앞을 보지 못하고 온몸이 마비되었었으나 치유받아 이제는 볼 수 있고, 뛸 수 있게 된 소년

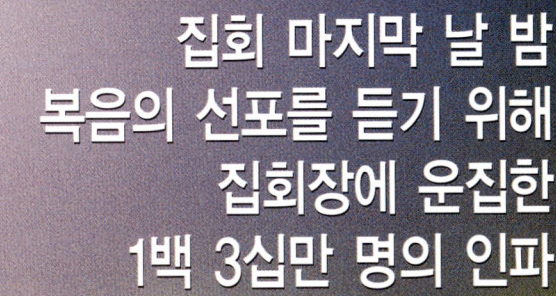

집회 마지막 날 밤 복음의 선포를 듣기 위해 집회장에 운집한 1백 3십만 명의 인파

"여호와께서 갇힌 자를 해방하시며"(시 146:7).

"사람이 많음이여, 판결 골짜기에 사람이 많음이여!"(욜 3:14).

▲ 결핵이 완치됐음을 입증하는 의료 기록

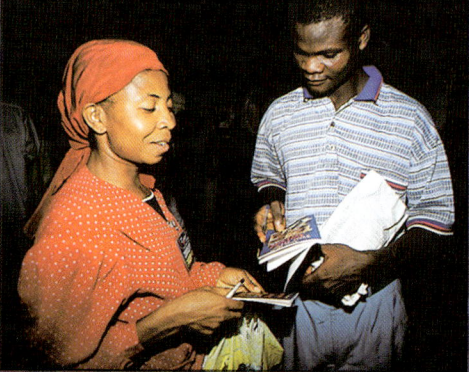

▲ 6일간의 전도 집회 동안 예수 그리스도를 믿기로 결단한 3,461,171명의 새 신자들에 대한 정보를 기록하기 위해 훈련된 20만 명의 상담자들

나이지리아 라고스

6일간의 집회에 600만 명이 참석하다!

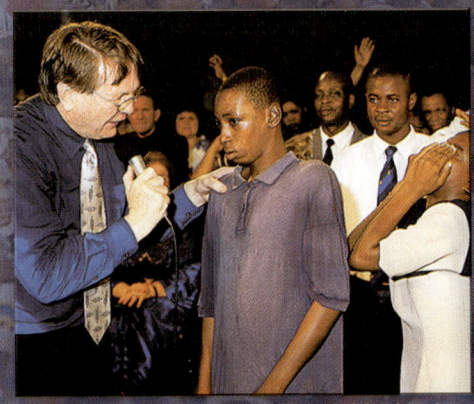
▲ 능하신 하나님의 치유의 능력에 깜짝 놀란 모습

▲ 모든 부적과 우상과 주술서를 불에 태워 없애다.

불의 집회

불의 집회 기간 동안 참석자들은 증거의 능력인 성령 세례의 중요성과 의미 그리고 필요성에 대해 배웠다.

▲ 하나님의 능력으로 채움받은 80,000명의 참석자들(나이지리아 라고스)

◀ 나이지리아 이바단의 국제 경기장이 70,000명의 적극적인 교회 사역자들로 가득 찼다.

5일간의 집회에 250만 명이 참석하다!

나이지리아 아쿠레에서 일어난 구원

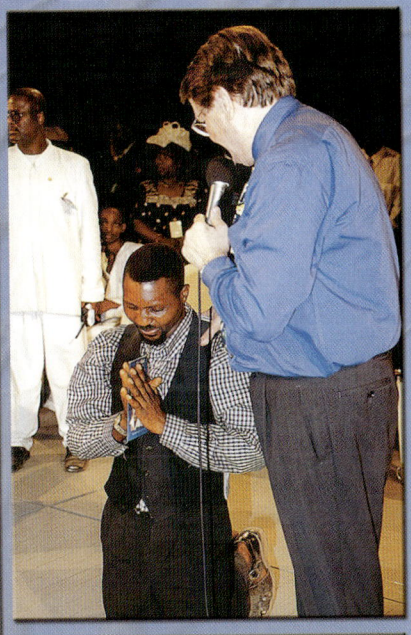

▲ 1,859,988명이 예수님을 자신의 구세주로 영접하겠다는 결신 카드를 작성했다.

▶ 과거 악한 영에게 매여 있었으나 이제 그리스도 안에서 자유케 된 주술사

◀ 3일간 열린 불의 집회 마지막 날 아침, 37,800명의 교회 지도자들이 복음의 진리를 들고 지역 사회로 나아갈 힘과 비전을 얻었다. 이 같은 집회가 모든 복음 전도 집회의 중요하고 핵심적인 부분으로 자리 잡아 가고 있다.

생각의 결박에서 풀려나 자유롭고 온전한 정신을 갖게 된 형제

나이지리아 오니차

200만 명 이상이 구원의 좋은 소식을 듣다!

예수의 이름으로 치유받고 기뻐하는 모습

분노에 매이고 결박당했으나 이제 그리스도 예수 안에서 평강을 누릴 수 있다.

세계 선교

CfaN의 문서 사역에서는 지금까지 수많은 나라에 142개 언어로 총 1억 5천만 권의 책을 보급했다.

  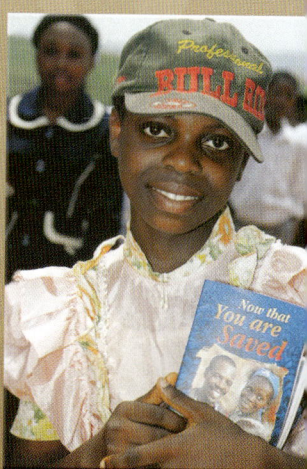

「불의 전도」(Evangelism by Fire)는 60개 언어로 번역되어 전 세계 수백만 성경학교 학생들과 교회 지도자들에게 보급되었다. 라인하르트 본케 복음 전도 집회에서 예수 그리스도를 영접하겠다고 결단하는 이들에게 배포하기 위해 2002년과 2003년 전도 집회 기간에만 「이제 네가 구원받았으니」(Now That You Are Saved) 소책자를 2천 2백만 권 인쇄했다.

들이는지 찾아내고, 복음에 대한 거부에 어떻게 대처해야 하는지, 복음을 과거에 보고 들었으나 여전히 미동도 않는 이들의 관심을 사로잡기 위해 무엇을 해야 할지 고민한다. 우리는 바로 이런 부분에 우리의 지성을 적극적으로 활용해야 한다. 예수님은 말씀하셨다. "이 세대의 아들들이 자기 시대에 있어서는 빛의 아들들보다 더 지혜로움이니라"(눅 16:8).

대중적 호소

기독교는 사람들에게 유혹적인가?(대부분의 사람들은 유혹을 이기지 못하는데 말이다) 아니면 하늘나라 양식이 전혀 구미가 당기지 않고 차마 먹기 힘든 음식처럼 메뉴에 올라 있는가? 사실 어떻게 봐도 매혹적이라고는 할 수 없는 방식으로 복음을 전하는 경우가 많이 있다. 프랑스 외인부대에 자원하는 피학적인 성향의 사람들이나 달가워할 듯한 방식으로 복음을 전하는 것이다. 그런 종교는 그리스도의 종교가 아니며 청교도적인 종교도 아니다. 어찌된 일인지 청교도들은 경직되고, 엄격하며, 기쁨이나 유머라고는 모르는 사람들인 양 역사에 묘사되어 있으나, 사실 그들은 매우 행복한 사람들이었다.

그리스도를 따르는 자들은 생명의 왕이 대장 되시는 인생의 행진을 하는 사람들이다. 과거에는 눈이 멀었으나 이제는 볼 수 있으며, 과거에는 잃어버렸으나 이제는 찾은바 된 자들이며, 과거에는 죽었으나 이제는 살아 있으며, 어린 양이 어디로 인도하든지 따라가는 자들(계 14:4)이다. 생명의 밝은 강과 같은 그리스도의 뒤를 좇아가는 자들이다.

때로 사람들은 나의 메시지를 '대중적 복음'이라 부른다. 나는 그런 호칭이 나쁘지 않다고 생각한다. '대중적 복음'이라는 말은 학문적 겉치레에 급급한 사역의 반대말이다. 예수님처럼 나도 "백성(Common People: 평범한 사람들)이 즐겁게 듣더라"(막 12:37)라고 말하고 싶다. 그런데 평범한 사람들이 항상 절대 다수라는 사실을 아는가? 에이브러햄 링컨은 "주님은 평범하게 생긴 사람들을 더 좋아하신다. 그래서 평범한 사람들을 그렇게 많이 만드셨다"고 했다. 기독교를 온갖 지성과 정교함으로 포장한다 한들 그리스도를 위해 사람들에게 다가갈 수 있도록 하지 않는다면 아무 소용이 없다.

안타깝게도 많은 이들이 위대한 예술을 통해 유발된 흥분과 하나님의 임재를 혼동한다. 아치형 성당을 둘러보고는 하나님의 임재를 느꼈다고 말한다. 아마 성당이 아니라 박물관이었더라도 똑같은 느낌을 받았을 게다. 물론 많은 성당들이 이미 박물관처럼 되어 버렸지만 말이다. 사람들은 건축물을 보며 경외심을 느끼지만 하나님은 "손으로 지은 곳에 계시지 아니"하신다(행 7:48). 모든 사람이 예술을 좋아하지는 않는다. 만일 예술을 통해 유발된 흥분이 하나님의 임재라면 문화 수준이 높은 사람만 구원받을 수 있다는 얘기인가? 요한 세바스찬 바흐나 일류 성가대 정도는 돼야 천국에 들어갈 수 있다는 말인가? 바울은 자신의 목표가 "아무쪼록 몇몇 사람들을 구원"(고전 9:22)하는 것이라고 밝혔다.

이 부분에 대해 약간의 혼동이 있는 듯싶다. 복음의 배경과 복음 그 자체는 다르다. 대주교가 성당에서 복음을 전할 수도 있고, 회심한 마약상이 허름한 텐트에서 복음을 전할 수도 있다. 하지만 어떤 경우에도 복음의 단순 소박함이 변질되어서는 안 된다고 생각한다. 대주교는 마약상보다 훨씬 더 우아한 영어를 구사하며 문어체로 복음을 전할지 모르지만 그런 요소들은 상황에 따라 달라지는 것들이다. 하지만 복음은 언제, 어느 상황에서도 하나님의 위엄이요, 능력이며, 광대함이며, 경이로움이다. 바울은 이렇게 말했다.

"그러므로 나는 할 수 있는대로 로마에 있는 너희에게도 복음 전하기를 원하노라 내가 복음을 부끄러워하지 아니하노니 이 복음은 모든 믿는 자에게 구원을 주시는 하나님의 능력이 됨이라 첫째는 유대인에게요 또한 헬라인에게로다"(롬 1:15-16).

복음은 누구의 입을 통해 선포되든 하나님의 능력이다. 나는 아프리카에서 가장 순수하고 직설적인 복음을 전하기 위해 최선을 다하고 있고, 상상조차 할 수 없었던 가장 놀라운 결과를 보고 있다. 복음을 통해 사람들의 마음과 생각이 바다 물결이 밀려오듯 깨어지며 새로워

> 복음은 누구의 입을 통해 선포되든 하나님의 능력이다.

지고 있다. 나는 기술도, 군중심리학도, 기교도 모른다. 나는 아무것도 희석시키지 않는다. 나는 오직 천국과 지옥, 회개와 믿음 그리고 죄와 죄 사함의 복음을 전할 뿐이다.

고린도후서의 방법과 원칙

고린도후서는 주님을 섬기는 것에 대해 상당한 자료를 제공해 준다. 바울은 대단한 존재가 되고 싶어 하는 사람들과 교회 때문에 어려움을 겪고 있었다. 고린도후서는 실질적인 방법과 세부사항 면에서 내가 하고 싶은 말을 가장 많이 담고 있다.

"이러하므로 우리가 이 직분을 받아 긍휼하심을 입은대로 낙심하지 아니하고 이에 숨은 부끄러움의 일을 버리고 궤휼 가운데 행하지 아니하며 하나님의 말씀을 혼잡케 아니하고 오직 진리를 나타냄으로 하나님 앞에서 각 사람의 양심에 대하여 스스로 천거하노라"(고후 4:1-2).

바울은 메시지를 전하는 자신이 메시지의 본이 되어야 함을 항상 마음 깊이 인지하고 있었다. 위의 두 절의 말씀에는 바울의 이런 생각이 고스란히 드러난다. 바울은 특별히 하나님의 메시지를 전하는 자들의 개인적 자질에 대해 이야기한다. 전도의 비밀은 하나님의 낯설고 신비하고 기이한 작업이 아닌, 사람에게 있다.

바울은 이에 대해 뒤에 더 자세하게 설명한다(고후 6:3-13 참고).

- 바울은 자신을 자비를 입은 자로 설명하면서 이것이 전도를 하지 않을 수 없는 가장 큰 이유라고 밝힌다. 바울은 모든 사람에게 하나님의 놀라운 선물을 알리고 싶어 한다.
- 이는 그가 신앙을 버리거나 포기하지 않겠다는 뜻이다.
- 또한 복음을 전하면서 뒤로는 수치스러운 비밀을 감춘 채 살아가는 이중생활을 하지 않겠다는 의미다.
- 그는 하나님의 말씀을 변질시키기 않았다. 바울은 자신이 받은바 복음을 전했다. 자신의 생각을 더하지 않았다.
- 이를 통해 바울은 사람들의 양심으로부터 인정을 받았다. 사람들은 바울이 하나님의 사람이라고 말할 수 있었다.

거치는 돌

목사와 전도자는 그 누구보다 거치는 돌이 되기 쉽다. 사람들이 걸려 넘어져 신앙을 떠나게 만들기 쉽다. 목사와 전도자는 엄청난 유익이 될 수도, 엄청난 해악이 될 수도 있는 위치에 있다. 직장에서든 사역에서든 성공하는 사람과 그렇지 않은 사람의 차이는 작다. 하지만 이 작은 차이가 그 사람에 대해 호감을 갖게 되느냐, 좋지 않은 감정을 갖게 되느냐를 결정할 수 있다. 결국 협조적

> 직장에서든 사역에서든 성공하는 사람과 그렇지 않은 사람의 차이는 작다.

이냐 비협조적이냐, 적극적이냐 소극적이냐, 조화냐 불화냐도 여기서 결정된다. 교리나 도덕적 실패와 같은 주요한 문제 이외에도 사람들을 교회에서 멀어지게 만드는 목회자의 특성이 내가 아는 것만 수천 가지가 넘는다.

아무 생각 없는 지도자들이 사람들을 교회에서 사실상 쫓아낸다면 그들을 전도해서 교회로 데려온들 무슨 소용이 있겠는가? "나와 함께 모으지 아니하는 자는 헤치는 자니라"(눅 11:23).

하지만 바울에게는 답이 있었다. 바로 사랑이다(고전 13장 참고). 사랑은 모든 것을 둘러 감싸는 안전대요, 지혜의 비밀이다. 목회자들이 흔히 저지르는 잘못도 기독교 지도자들이 진정으로 사람들을 사랑한다면 일어날 수 없는 일이다. 바울은 이런 일들을 수없이 보았다. 바울 서신은 사람들을 쫓아내는 방법이 아니라 사람들을 대하는 방법을 가르친다.

우리를 자천하여

바울은 당당하게 "모든 일에 하나님의 일군으로 자천하여"(고후 6:4)라고 말한다. "자화자찬은 하지 않는 것이 좋다"(잠 27:2 참고)는 말이 맞다. 하지만 고린도후서에서 바울은 자기 자랑을 하지도, 우리에게 그렇게 하라고 권면하지도 않는다. 바울은 과장을 곁들여 자신을 추천하거나 천박한 유명세를 타고 싶어 하지 않는다. 가식적이고 과장된 광고는 오히려 전도를 싸구려 상품으로 만들어

버린다. 찰스 스펄전(Charles Spurgeon)은 다윗은 사자와 곰을 죽이고도 아무 말 하지 않았지만, 어떤 사람들은 쥐를 죽여 놓고 승리의 행진을 한다고 지적하곤 했다.

바울은 자신의 승리를 야단스럽게 떠들어대는 대신, 인내와 오래 참음으로 자신을 천거한다. 바울의 자기 추천서 제일 윗줄에 기록된 덕목은 인내였다. 바울은 환난과 궁핍과 고난과 매 맞음과 갇힘과 난동과 수고로움과 자지 못함과 먹지 못함을 많이 견디는 중에 참아냈다(고후 6:4-5).

"자천하여 많이 견디는 것"(4절)은 수동적이 아니라 능동적이다. 고난이 닥쳤을 때 사람들은 가만히 앉아 억지 미소를 지으며 견뎌내는 것이 영적인 대응이라고 생각한다. 하지만 바울은 그러지 않았다. 바울은 오래 참음을 역동성으로 바꾸는 법을 찾아 자기 자신을 하나님의 은혜를 붙들고 지키는 광고판으로 삼았다. 바울은 로마 감옥에 갇혀 있는 동안 에베소와 빌립보, 골로새 교인들에게 편지를 썼다. 육체적, 정신적 고난이 다가오면 바울은 기꺼이 그 고난에 뛰어들어 고난을 반기며 하나님의 영광을 위해 고난을 최대한 활용했다. 바울은 고난을 자신의 삶 가운데 나타난 하나님의 전능하신 역사를 보여 줄 기회로 여겼다.

참 사역의 요소

바울은 고린도후서 6장 6절과 7절에서 깨끗함과 지식과 오래 참음과 자비함과 성령의 감화와 거짓이 없는 사랑과 진리의 말씀과 하나님의 능력을 참 사역의 요소라고 이야기하면서 교만도, 포악함도 없이 양손에 의의 무기를 들어야 한다고 가르친다.

대중의 의견에 대한 무관심

고린도후서 6장 8절부터 10절에서 바울은 자신의 노력에 대한 백성과 관리들의 반응에 완전히 무관심함을 이야기한다. 바울은 기꺼이 자신을 판단했다. 바울은 아첨을 받아들이지 않았다. 자기 자신에게 솔직했다. 자신이 어떤 사람인지 바울은 정확하게 알고 있었다.

바울은 냉철한 자아비판가다. 한 성읍에서 힘든 시간을 보냈으면 바울은 있는 그대로 말했다. 그는 자신의 사역에 대해, 자기 자신에 대해 진실을 말했고, 세상이 보는 관점이 그의 관점과 얼마나 다른지에 대해 이야기했다. 그럼에도 불구하고 바울은 모든 영광과 욕됨을 지나면서도 계속해서 그 길을 걸었다. 사람들이 좋게 말하든 나쁘게 말하든 바울에게는 다 한 가지였다. 바울은 열린 마음을 가진 참된 사람이었으나 속이는 사람 취급을 받았고, 무명한 자 취급을 받았으나 유명한 자였고, 죽은 자 취급을 받았으나 살아 있는 사람이었고, 매 맞았으나 죽임을 당하지 않았으며, 스스로에 대해 근심해야 마땅한 자로 여겨졌으나 항상 기뻐했으며, 가난한 자로 치부되었으나 많은 사람(지금은 수백만을)을 부요하게 하는 사람이었고, 아무것도 없는 자 같았으나 모든 것을 가진 사람이었다.

실로 바울은 탁월한 복음의 개척자였다. 하나님은 놀라운 특권을 바울에게 주셨고, 바울은 하나님의 종 된 삶이 어떠해야 하는지에 대한 인간의 본이 되었다. 바울은 나아가 고린도 교인들을 향해 이렇게 말한다. "너희를 향하여 우리의 입이 열리고 우리의 마음이 넓었으니"(고후 6:11). 바울의 이 말 속에 이 땅에 살면서 하나님을 섬긴 가장 위대한 인물 중 한 사람의 비밀이 담겨 있다. 사람들은 바울의 마음을 상하게 하려 했다. 하지만 바울은 두 손을 치유와 돕고자 하는 마음으로 채우고 맞섰다.

혹 우리가 증인으로 족적을 남기게 된다면, 그건 우리가 전문가고, 세련되고, 남의 도움이 필요치 않은 사람이라서가 아니다. 우리는 우리 자신의 정당함이나 탁월함을 증거하라고 부름받지 않았다. 우리는 주님의 증인이 되라고, 우리를 대신해 고난당하사 우리의 영원한 본이 되신 예수님을 사람들에게 일깨워 주라고 부름받았다. "전에는 양과 같이 길을 잃었더니 이제는 너희 영혼의 목자와 감독 되신 이에게 돌아왔느니라"(벧전 2:25)는 바울의 말처럼 말이다.

> 우리는 우리 자신의 정당함이나 탁월함을 증거하라고 부름받지 않았다. 우리는 주님의 증인이 되라고 부름받았다.

우리에게 가장 필요한 전도 훈련 코스는 시간을 따로 구분해 하루 동안 고린도후서 6장에 기록된 바울의 권고 하나하나에 우리 삶을 대조해 보고, 과연 우리의 우선순위가 제대로 서 있는지

점검하는 것이 아닐까 싶다. 우리는 우리 자신에게, 우리의 소명에 진실한가?

　자신에게 진실할 때, 우리는 하나님께도 진실해질 것이다. 이것이 모든 사람을 위한 최상의 전도 방법이다.

Action In The Book Of Acts

8장

사도행전의 행함

우리는 청사진을 보고, 이야기하고, 기도할 수 있다. 하지만 결국 우리에게 필요한 것은 행동이다. 우리는 행해야 하고, 전도해야 한다. 하루는 스미스 위글스워스가 배를 타고 여행을 하게 됐다. 그는 늘 하던 대로 일어나 승객들에게 자신의 믿음을 증거했다. 그런데 한 성직자가 담대함이 도가 지나친 게 아니냐며 그를 질책했다. 스미스 위글스워스는 아주 짧게 반박했다. "사도행전은 사도들이 행동했기에 쓰여진 겁니다."

사도행전은 행동하는 교회를 보여 준다. 우리는 사도행전을 통해 우리 자신이 담대히 나아가는 데 필요한 지혜를 얻을 수 있다. 그래서 8장과 9장에서는 사도행전에 대해 함께 살펴보고자 한다. 먼저 사도행전 자체와 사도행전의 삶을 살았던 이들에 대해 기본적인 부분을 살펴보자.

결과를 얻는 법

결론부터 말하자면, 사도들이 했던 일을 하면 우리도 사도들이 얻은 결과를 얻을 수 있다. 사람들은 사도행전을 부흥의 모델이라고 부른다. 하지만 사도행전의 부흥은 저절로 일어나지 않았다. 사도들이 있었기에 부흥이 가능했다. 사도들은 다락방에서 성령을 받았고, 성령의 불에 사로잡혀 세상에 불을 지르러 나갔다.

사도들은 오직 기도와 하나님의 말씀에 전념했다. 하지만 성령의 체험을 즐기고 그 체험을 연장하려 애쓰면서 다락방에 머물러 있지 않았다. 성령을 더 경험하게 해 달라며 다락방으로 돌아가지도 않았다. 하나님은 혼자 알고 즐기라며 우리에게 성령을 주시지 않았다. 제자들은 성령의 능력으로 충만하여 밖으로 나가 자신들이 받은 놀라운 진리를 선포했다. 하나님은 제자들이 가는 곳마다 동일한 역사를 일으키셨다. 베드로는 사마리아의 회심자들이 사도들이 처음에 받았던 것과 같은 은사를 받았다고 말했다 (행 11:15-17).

행동하는 사람

제자들은 하나님이 직접 '경기장'에 뛰어드시고, 믿지 않는 자들과 직접 만나시고, 세상을 회심시키시기를 바라면서 그저 기도만 하며 기다리지 않았다. 사람들과의 만남은 제자들의 몫이었다. 제자들은 성령님이 세상으로 나가실 수 있도록 그들이 먼저 세상으로 나갔다. 마가복음 16장 20절은 "주께서 함께 역사하사"라고 기록한다. 제자들이 처음부터 주님과 함께 갔다고 기록하지 않는다. 제자들이 먼저 나갔을 때 주님이 함께 가 주셨다. 우리가 진정 주님을 따를 때 주님이 우리를 따라와 주신다. 제자들이 움직일 때마다, 움직이는 곳마다 하나님도 함께 움직이셨다. 인간의 노력은 하나님의 노력으로 이어진다. 성령님은 우리가 일하는 곳에서 일하신다. 모든 전도가 부흥으로 귀결되지는 않는다. 하지만 지금까지 전도 없이 부흥이 일어났던 적은 한 번도 없었다. 인간에게는 하나님의 능력이 필요하고, 하나님께는 인력(人力)이 필요하다.

> 제자들은 성령님이 세상으로 나가실 수 있도록 그들이 먼저 세상으로 나갔다.

방법을 백분 활용하라

사도행전에 사도들이 사용한 전도 방법이 기록된 것은 우리에게 그대로 따라 하라는 의미가 아니다. 사도들의 전도 방법은 신성불가침 문서도 아니고, 절대불변의 수칙도, 규율도 아니다. 하지만 우리는 사도행전을 통해 사도들이 환경과 시대상에 맞춰 전도 방법을 택했음을 알 수 있다. 우리도 통신과 인터넷의 시대에 전도 방법을 맞춰야 한다. 인터넷 세대는 이전 세대와 사고방식이 다르다. 성경은 우리에게 진리를 보여 주지만, 그 진리를 효과적으로 전달하는 것은 우리 몫이다.

영적 부자의 라이프스타일

솔직히 사도행전의 사도들은 오늘날 우리가 상상도 하지 못할 행동들을 했다. 예를 들어, 사도들은 가룟 유다를 대신할 제자를 택하기 위해 제비를 뽑았다(행 1:23-26). 하지만 사도들의 본을 따르겠다며 과감하게 제비를 뽑는 교파는 한 번도 본 적이 없다. 막대기 뽑기나 동전 던지기로 회장이나 의장을 결정한다고 상상해 보라!

믿는 자들은 예루살렘에서 자신들의 소유를 모아, 똑같은 수준으로 생활했다. 하지만 여러 가지 문제가 나타나면서 결국은 공동생활 방식이 폐기되고 만다. 바울이 믿는 유대인들을 돕고자 했을 때 다른 교회에는 공동 자금이 없었고, 결국 바울은 이방 교회들에게 헌금을 하라고 강력히 권고해야 했다. 공동 소유 방식도 유대의 그리스도인들의 가난을 해결해 주지 못했다(공동 소유 방식 때문에 가난이 생겨났는지도 모른다!). 내가 아는 몇몇 그리스도인들은 지금도 공동체 생활 방식에 따라 살려 한다. 이들은 결국 실패하고 만 초대 교회의 시도를 현대에 반드시 지켜야 하는 수칙으로 여긴다. 하지만 사도들은 공동체 생활이 하나님이 정하신 규칙이며, 향후 모든 세대가 이 규칙에 따라야 한다고 단 한 번도 말하지 않았다.

어떤 이들은 조직화된 단일 교회를 세우라는 하나님의 명령이 있었기 때문에 그리스도인들이 공동생활을 하게 됐을 거라 생각한다. 하지만 당시에는 오늘날과 같은 의미의 교회 단체가 존재하지 않았다. 지금처럼 교인 등록을 받는 교회 단체가 그 시대에 존재했다면 분명 반역자들의 모임으로 간주됐을 게다.

바울이 교회에 쓴 편지에는 우편번호나 주소가 없다. 교회 이름을 언급하면서 바울은 그 지역의 모든 그리스도인들을 떠올렸을 것이다. 고린도에서처럼 지도자의 이름을 좇아 여러 그룹으로 분열되었을 수도 있지만, 바울은 이들 모두를 '한 교회'로 이해하고 그렇게 지칭했다. 오늘날의 도시와 비교했을 때 당시 도시의 규모는 매우 작았다. 로마 인구도 100만 명밖에 되지 않았고, 예루살렘 인구는 5만에 불과했다. 모임 장소는 가정이었고, 모임마다 '장로'가 있었다. 복음 전도 집회를 할 때마다 나는 집회가 열리는 도시의 다양한 교파가 집회를 돕기 위해 함께 모이는 모습을 보게 된다. 연합은 획일성과 다르다. 성경에서 연합은 다양성을 포괄한다.

> 연합은 획일성과 다르다. 성경에서 연합은 다양성을 포괄한다.

다양성의 하나님

인간이 할 수 있는 일이 있고, 하나님이 하실 수 있는 일이 있다. 사도행전에는 하나님의 복이 임하는 원칙이 기록되어 있다. 사도행전은 성령님의 나타나심을 기록한다. 하나님은 지금까지 행하신 일을 앞으로도 항상 행하실 것이기에 우리는 성경의 기록을 바탕으로 하나님의 역사를 기대할 수 있다. 하나님이 처음 역사하셨을 때와는 다른 방식으로 역사하실 수도 있다. 예수님이 병든 자들을 다양한 방법을 통해 치유하셨듯이 말이다. 하나님은 복사기가 아니시다. 하나님의 말씀은 디스켓을 넣고 복사 버튼을 누르면 똑같은 디스켓이 여러 장 찍혀 나오는 컴퓨터 프로그램이 아니다. 하나님은 변화를 일으키시지만, 하나님의 성품은 변함이 없다.

하나님은 다양성의 하나님이시다. 은행나무 잎과 소나무 잎은 누가 봐도 다르다. 하지만 하나님은 은행나무 두 그루도 똑같이 만드시는 법이 없다. 하나님은 같은 일을 행하셔도 절대 이전에 행하셨던 방식을 그대로 답습하지 않으신다. 하나님의 목적은 절대불변이지만, 그 목적을 성취하기 위해서 하나님은 다양한 방법을 취하신다. 하나님은 앙코르 공연이나 재연(再演)을 하지 않으신다. 하나님은 2천 년 전처럼 우리가 있는 곳에서 우리 각 사람을 만나 주신다.

예수님의 역할

"내가 먼저 쓴 글에는 무릇 예수의 행하시며 가르치시기를 시작하심부터"(행 1:1).

누가가 그의 복음서에 기록한 예수님의 역사는 시작에 불과했다. 누가는 사도행전에서 예수님이 하늘로 올라가셨어도 계속 행하시기를 멈추지 않으셨다고 기록한다. 예수님은 계속해서 행하셨다. 사실 예수님이 잠깐이라도 행함을 멈추셨다고 말할 근거는 어디에도 없다. 육신은 이 땅을 떠나셨으나 예수님은 계속해서 일하신다. 우리는 예수님이 과거에 어떻게 행하셨는지를 보기 위해 말씀을 읽는다. 그리고 주위를 돌아보며 예수님이 과거에 일으키신 역사를 다시 보고 경험하기를 기대한다. 실제로 우리는 그 역사를 보고 경험하고 있다!

이 땅에 예수님이 계시지 않은 것과 내가 독일에 있지 않은 것은 전혀 성질이 다르다. 예수님은 그분의 종들이 어디 있든 그들과 동역하신다. 예수님은 우리에게 "내가 세상 끝날까지 너희와 항상 함께 있으리라"(마 28:20)는 놀라운 약속을 주셨다.

그리스도가 계속 일하고 계시다면 우리가 무엇을 하든 그분이 최종 결정권자가 되셔야 한다. 예수님은 특수임무를 행하라고 종들을 보내신다. 말씀은 "각각 하나님께 받은 자기의 은사가 있으니"(고전 7:7)라고 기록한다. 주님의 택함이 없다면 우리는 아무것도 아니다. 예수님은 이렇게 말씀하셨다. "너희가 나를 택한 것이 아니요 내가 너희를 택하여 세웠나니 이는 너희로 가서 과실을 맺게 하고"(요 15:16). 또한 "나를 떠나서는 너희가 아무것도 할 수 없음이라"(요 15:5)고 경고하신다. 물론 주님을 떠나서도 복음을 선포할 수 있다. 실제로 많은 사람들이 그렇게 하고 있다. 하지만 주님을 떠난 우리의 노력은 결국 아무 의미도 없다.

예수님은 말씀하셨다. "때가 아직 낮이매 나를 보내신 이의 일을 우리가 하여야 하리라 밤이 오리니 그때는 아무도 일할 수 없느니라 내가 세상에 있는 동안에는 세상의 빛이로라"(요 9:4-5). 아버지는 창조의 일을 하셨다. 그런데 하나님은 어둠 속에서 창조하지 않으셨다. 맨 먼저 "빛이 있으라"(창 1:3)고 말씀하셨다. 하나님은 빛 가운데서 해와 달을 지으셨다. 예수님은 바로 이것을 예로 들어 말씀하신 것이다. 예수님은 세상의 빛이다. 빛이 비취는 동안에는 기적이 일어날 수 있었다. 요한복음 9장에서 소경이 보게 된 것처럼 말이다.

하지만 밤이 다가오고 있었다. 밤이 다가왔고 예수님은 사흘 동안 무덤 안에 계셨다. 세상의 빛이 묘지의 어두움에 밀려 사라져 버린 듯했다. 그리스도는 우리를 위해 어두움 가운데로 들어가셨다. 예수님은 죽음의 휘장을 지나 칠흑 같은 영원한 어두움으로 걸어들어 가셨다. 하지만 예수님은 그곳에서 그분의 영원한 빛을 비추셨다.

> 그리스도는 우리를 위해 어두움 가운데로 들어가셨다. 예수님은 죽음의 휘장을 지나 칠흑 같은 영원한 어두움으로 걸어들어 가셨다. 하지만 예수님은 그곳에서 그분의 영원한 빛을 비추셨다.

요한복음 서두에 요한은 "빛이 어두움에 비취되 어두움이 깨닫지 못하더라"(요 1:5)라고 기록한다. 요한은 어두움에 대해 이야기하면서 '깨닫다' [헬라어 카탈람바노(Katalambano)]라는 표현을 두 번 사용한다. 두 번째로 사용한 구절은 요한복음 12장 35절이다. "빛이 있을 동안에 다녀 어두움에 붙잡히지 않게 하라." 요한은 우리가 빛 안에서 거하는 한 어두움이 우리에게 손댈 수 없다고 이야기한다.

어두움은 빛을 지배할 수 없다. 지옥과 죽음의 어두움은 천국의 빛을 삼킬 수 없다. 아무리 짙은 어두움이라도 촛불 하나 끌 수 없다. 예수님의 죽음으로 예수님의 가르침과 치유와 축사 사역이 끊어졌다. 제자들은 예수님이 잡혀가신 순간부터 성령님이 오실 때까지 아무런 치유의 기적도 행하지 못했다. 하지만 성령님이 오셨을 때 빛이 다시 비추기 시작했고, 제자들은 예수님의 사역을 이어 갔다.

제자들의 역할

예수님은 그의 능력에 힘입은 요원들을 내보내신다. 예수님이 자신의 사역의 연장으로 제자들을 보내시는 장면이 성경 몇 군데에 등장한다. 마태복음 10장 1절은 "예수께서 그 열 두 제자를 부르사 더러운 귀신을 쫓아내며 모든 병과 모든 약한 것을 고치는 권능을 주시니라"고 기록한다. 누가복음 10장에서 예수님은 병든 자를 고치라고 명하시고는 이어 이렇게 말씀하신다. "내가 너희에게 뱀과 전갈을 밟으며 원수의 모든 능력을 제어할 권세를 주었으니"(눅 10:19). 하지만 예수님이 죽으시고 부활 이후 간혹 모습을 드러내시는 동안 제자들은 아무것도 할 수 없었다. 그러다 마침내 오순절에 예수님이 성령님을 보내셨을 때 제자들을 통해 예수님의 사역이 계속되었다.

지금 예수님의 육신은 이 땅에 있지 않다. 대신 우리가 눈으로 볼 수 있는 교회가 예수님의 몸이 되었다. 믿는 자들은 예수님을 대신해 그분의 사역을 이어 가라는 위임장을 받았다. 예수님의 확실한 공급과 풍성한 자원이 믿는 자들에게 주어졌다. 예수님이 우리를 어디에 두시든 우리는 그곳에서 예수님의 대리인이다. 예수님은 그분의 일을 완성하시기 위해 그분의 자원을 우리에게 주셨다. 우리가 나약한 무장해제 상태로 나아가도록 버려두지 않으시는 하나님께 감사한다.

예수님은 "너희가 무엇이든지 아버지께 구하는 것을 내 이름으로 주시리라"(요 16:23)고 약속하신다. 이 약속은 하나님의 일에 대한 약속이다. 하나님은 우리가 하나님의 부르심에 순종하면 우리가 그분을 부를 때마다 들으시겠다고 약속하신다. 우리의 간구가 하나님의 뜻에 합하다면 우리는 원하는 것을 무엇이든 구할 수 있다. 하나님이 우리의 명령이 떨어지기만을 기다리시는 분이라는 뜻이 아니다. 하나님은 우리 음식을 나르는 웨이터가 아니다. 요술램프를 문지르기만 하면 언제든 '뽕' 하고 나오는 램프의 요정이 아니다.

하나님은 우리 지갑을 채우고 은행 잔고를 늘려 주겠다고 약속하지 않으신다. 하나님은 결코 당신의 종이 외제차를 몰고 다니고 다이아 반지를 끼는 부자로 만들어 주겠다는 목적을 위해 일하시지 않는다. 우리는 하나님 나라를 위해 간구해야 한다. 예수님은 물질이 아니라 하나님 나라에 초점을 맞추라고 말씀하셨다. 물질적인 부가 나쁘다는 얘기가 결코 아니다. 물질적인 부를 누리는 것은 그리스도인이 태양이나 비를 누리는 것이나 마찬가지다. 하지만 물질적 소유에는 영생의 가치가 없다. 물질적 소유보다 "나의 평생에 선하심과 인자하심이 정녕 나를" 따른다는(시 23:6) 것을 아는 지식이 더 소중하다. 하지만 선하심과 인자하심은 내가 주님을 따를 때에만 나를 따른다.

예수의 이름

우리는 예수님이 우리에게 맡기신 일에 대한 위임장을 받았다. 우리에게는 예수님의 이름으로 행하고 예수님의 이름 안에 굳게 설 권세가 있다(요 14:14, 16:23-24). 하지만 예수님의 이름은 우리가 무슨 일을 할 때마다 외워야 하는 주문이 아니다. '예수님의 이름으로' 라는 고백이 잘못됐다는 얘기가 아니다. 예수님의 이름을 부르는 것은 우리에게 주신 권세의 근간을 이야기하는 것일 뿐, 이름을 부르는 그 자체로 능력이 생겨나지는 않는다. 예수님의 이름을 덧붙인다고 우리 입에서 나오는 말이 저절로 기적의 주문이 되지는 않는다. 우리에게는 예수님이 우리에게 맡기신 일을 할 만큼의 능력만 있다. 예수의 이름을 믿는 믿음은 예수님 그분을 믿는 믿음이며, 그것으로 족하다.

이 중요한 영적 원칙은 사도들의 첫 치유 사건을 기록한 사도행전 3장에 잘 드러난다. 베드로는 "나사렛 예수 그리스도의 이름으로 걸으라"(행 3:6)고 명한다. 하지만 다음에 기록된 치유 기사에서는 접근 방식이 달라진다.

베드로는 "애니아야 예수 그리스도께서 너를 낫게 하시니 일어나 네 자리를 정돈하라"고 명하여 중풍병자를 고친다. 그 결과 어떤 일이 일어났는가? "곧 일어나니"(행 9:34). 베드로는 예수님이 치유의 원천이심을 분명히 밝히지만, "예수님의 이름으로"라는 공식을 붙이지 않았다. 장사될 준비를 마치고 누워 있는 도르가를 보았을 때 베드로는 예수님의 이름을 언급조차 하지 않고 도르가를 죽은 자들 가운데서 일으킨다. 무릎을 꿇고 기도한 후 베드로는 시체를 향하여 "다비다야 일어나라" 명했고, 그랬을 때 그가 눈을 떠 베드로를 보고 일어나 앉았다.

어떤 결과가 나왔을까? "많이 주를 믿더라"(행 9:40-42). 베드로가 죽은 자 가운데서 도르가를 일으키면서 주님의 이름을 이야기하지 않았는데도 사람들은 베드로가 아닌 주님을 믿었다. 예수의 흔적은 너무나 확실하기에 보지 못하고 지나칠 수 없다.

선포하고 가르치고 치유하라

그리스도의 명령은 "선포하고 가르치고 치유하라"는 세 가지로 요약될 수 있다. 예수님은 가르치고 치유하셨다. 우리는 예수님이 가르치신 것을 가르치고, 예수님이 행하신 것을 행하라고 보냄받았다. 우리는 예수님께 권한을 위임받은 대리인으로서 "예수님의 이름으로" 가르치고 행한다. 예수님은 아버지의 이름으로 가르치고 행하셨다. 우리는 예수님의 이름으로 가르치고 행한다.

때로 우리는 치유는 예수님의 이름으로 하고, 선포는 우리 이름으로 한다. 하지만 우리 이름으로 하는 선포는 그저 우리 자신의 견해일 뿐이다. 우리는 자신의 견해를 피력하라고 보냄을 받은 것이 아니다. 우리는 우리 말이 아닌 그분의 말씀을 선포해야 한다. 우리의 권위는 전적으로 그분의 권위로부터 온다. 사도행전 4장 2절은 사도들이 "백성을 가르침(Preached)과 예수를 들어 죽은자 가운데서 부활하는 도 전함"이라고 기록한다. 사도들이 붙잡혀 갔을 때 공회원들은 "그들을 불러 경계하여 도무지 예수의 이름으로 말하지도 말고 가르치지도(Teach) 말라"(행 4:18)고 한다.

우리는 선포가 무엇인지 과연 제대로 알고 있는가? 예수님은 "온 갈릴리에 두루 다니사 저희 회당에서 가르치시며 천국 복음을 전파하시며(Preaching) 백성 중에 모든 병과 모든 약한 것을 고치"셨다(마 4:23). 우리는 교회 정기예배 설교 같은 것들을 선포(Preaching)라고 생각하지만, 성경은 이를 선포가 아닌 '가르침'(Teaching)이라고 말한다. 성경에서 이야기하는 선포는 설교가 아닌 전령의 선언이다.

> 그리스도의 대사인 우리가 사람들에게 우리 생각을 강요할 권리는 없다. 우리에게는 오직 왕이 말씀하시고자 하는 것을 선포할 권리만 있다.

그리스도의 대사인 우리가 사람들에게 우리 생각을 강요할 권리는 없다. 우리에게는 오직 왕이 말씀하시고자 하는 것을 선포할 권리만 있다. 우리는 하나님의 말씀을 선포할 권세를 부여받은 전령임을 기억하자. 우리의 할 일은 복음의 진리를 선포하는 것이다.

그래서 예수님은 우리에게 말씀하셨다. "너희가 내 안에 거하고 내 말이 너희 안에 거하면 무엇이든지 원하는 대로 구하라 그리하면 이루리라"(요 15:7). 복음이 우리 안에 거할 때 우리는 그 복음을 선포하기 위해 우리가 원하는 것을 구할 수 있다. 주님이 우리를 부르신 그 목적을 이루기 위해 우리에게 능력과 인내와 용기와 힘과 지혜가 필요할 때, 구하면 받을 것이다.

권위에 대해 얘기했는데, 허세를 부리고 소리를 친다고 저절로 권위가 생기는 것은 아니다. 그렇다고 무조건 쥐 죽은 듯이 있어야 한다는 말도 결코 아니다. 하지만 기억하라. 권위는 우리 마음에 숨겨진 비밀이다. 우리가 감히 권위를 가지고 선포할 수 있는 것은 진리에 대한 굳은 확신이 있기 때문이다. 권위는 독단이 아닌 우리의 선포를 듣는 자들로 깨닫게 하시는 성령님에 대한 신뢰다. 권위는 하나님의 말씀을 믿는 믿음과 우리 안에 거하시는 성령님에 대한 자각에서 온다.

말씀을 행함

교회 안의 모든 사람들은 우리가 예수님이 가르치기 시작하신 것을 계속 가르쳐야 한다는 사실을 인정한다. 하지만 예수님의 행하심은 빼놓고 가르치기만 반복할 수는 없다. 우리는 가르치는 동시에 치유해야 한다. 가르치기만 하되 치유하지 않는다면 그리스도의 사역을 진정한 뜻에서 이어 가는 것이 아니다. 단지 절반의 완성일 뿐이다. "그러므로 너희는 가서 … 제자를 삼아 … 내가 너희에게 분부한 모든 것을 가르쳐 지키게 하라"(마 28:19-20).

예수님의 가르침과 예수님의 치유 사이에는 단 한 치의 틈도 없다. 우리에게는 그 둘을 분리할 권리가 전혀 없다. 예수님의 가르침과 치유는 서로에게 버팀목과 같은 존재다. 예수님은 행하심을 통해 가르치셨으며 또한 "만일 내가 내 아버지의 일을 행치 아니하거든 나를 믿지 말려니와"(요 10:37)라고 말씀하셨다. 예수님의 가르침은 예수님의 기적을 통해 권위를 얻었으며, 마찬가지로 예수님의 가르침이 있었기에 기적에 권위가 부여되었다. 예수님이 가르치신 것을 가르치려면 예수님이 행하신 것을 행해야 한다. 행함이 없는 가르침은 학문에 그치고 만다. 예수님은 "이보다 큰 것도 하리니 이는 내가 아버지께로 감이니라"(요 14:12)라고 말씀하셨다. 예수님은 시간의 절반을 치유에 사용하셨다. 예수님의 죽음으로 치유 사역이 끝났다고 생각한다면 변치 않으시는 그리스도를 신뢰하지 않는다는 뜻밖에 되지 않는다.

교회는 치유 사역을 통해 도움이 필요한 이 세상에 다시금 그리스도의 현현으로 세워진다. 그리스도의 긍휼이 우리 마음을 통해 흘러가고 우리 눈을 통해 드러난다. 그리스도의 발을 움직이게 했던 그 긍휼이 우리의 발을 움직인다. 우리의 손이 그분의 손이 되고, 우리의 목소리가 그분의 목소리가 된다. 우리가 뻗는 사랑의 팔은 예수님이 이 땅에서 사용하실 수 있는 유일한 팔이다. 우리는 그분 없이는 아무것도 할 수 없고, 그분도 우리 없이는 아무것도 하지 않으실 것이다.

살아 있는 진리

복음의 진리는 살아 있는 진리다. 복음은 가설의 집합체가 아니다. 사람들은 '단순한 복음의 메시지'를 전하자고 말한다. 단순한 복음의 메시지란 성경 본문 여섯 곳에서 발췌한 메시지로 요지는 동일하다. 당신은 죄인이다. 당신은 지옥에 가게 될 것이다. 그리스도가 당신의 죄를 담당하셨다. 믿으라. 죄 사함받으라. 그러면 천국에 가게 될 것이다. 한 문장, 한 문장 모두 진리다. 다른 종교의 이론을 이 선언에 비교해 볼 수도 있다. 하지만 복음은 공식도, 강령도, 공식 선언문도, 정의도 아니다. 복음은 능력이다.

복음은 말과 행동으로 드러나야 한다. 복음은 우리의 행동이 아닌 성령님의 역사하심을 통해 표출되어야 한다. 예수님이 가르치신 것을 가르치기 위해 우리는 예수님이 행하신 것을 행해야 한다. 기적이 없는 복음을 전파하는 것은 복음에서 진리를 거세해 버리는 것이나 마찬가지다. 야고보는 "도를 행하는 자"(약 1:22)가 되라고 권면하며, 요한은 "말과 혀로만 사랑하지 말고 오직 행함과 진실함으로"(요1 3:18) 사랑하라고 권한다.

예수 그리스도의 가르침은 도덕적, 윤리적 가르침의 본보기다. 하지만 기적이 없는 가르침에는 생명이 없다. 사람들은 기독교의 원칙에 대해 이야기한다. 하지만 그리스도가 하나님의 생명을 주기 위해 이 땅에 오셨다는 것이 그리스도의 가장 위대한 원칙이라는 사실은 쉽게 잊어버린다. 사람들은 요점을 망각해 버렸다. 아무리 도덕적인 가르침을 강조한다 해도 오늘날 우리가 목도하는 악인들과 강도들과 폭도들과 무당들이 회심하는 역사는 일어날 수 없다. 나는 하나님 말씀의 기적의 능력에 온전히 의지할 수밖에 없다. 치유는 복음이 사람들의 삶에 미치는 놀라운 영향 가운데 한 부분일 뿐이다.

기독교의 가르침과 기적은 떼려야 뗄 수 없는 관계다. 살아 역사하시는 하나님의 계시가 빠져 있는 윤리와 도덕은 죽은 것이다. 기계적이고 차디찬 율법주의에 불과하다. 그리스도의 모든 가르침은 따뜻하고 살아 움직이시는 아버지의 계시였다. 예수님은 오직 아버지가 행하시는 일만 한다고 말씀하셨다(요 5:19). 여기에는 치유도 포함된다. 아버지가 예수님을 보내셨듯 예수님은 우리를 보내신다. 책임이 우리에게 이양됐다. 우리는 사람들에게 그저 착하고 선하게 살라고 말하는 데 그쳐서는 안 된다. 우리는 예수님이 아버지와 맺으셨던 것과 같은 관계를 사람들이 예수님과 맺을 수 있도록 도와야 한다. 그 이후에 필요한 모든 것은 그 관계로부터 채워질 것이다.

지성을 넘어

복음은 지적인 복음, 그 이상이다. 복음은 감정처럼 내적인 부분에 영향을 미친다. 복음은 영혼에 불을 지른다. 성경을 냉정하게 읽을 수 있다면 뭔가 잘못된 것이다. 말씀을 읽을 때 우리가 변화받고 행동하게 되어야 한다. 마음속 깊은 곳에서부터 "이것이 진리다"라고 고백할 수 있어야 한다.

> 복음은 읽고 암기해야 할 선언문이 아니다.

학문적 지식만으로는 전도할 수 없다. 복음은 읽고 암기해야 할 선언문이 아니다. 복음은 단순한 정보가 아니다. 복음은 우리 영혼에 널리 울려 퍼지는 진리의 소리다.

기독교는 역사적 사실이나 신념을 적어 놓은 기록문이 아니다. 예수님은 단순한 역사적 실존 인물이 아니다. 복음은 생명을 주는 역동적 힘이다. 복음은 지성뿐 아니라 속사람으로 받아들여야 한다. 교리를 아무리 정확하게 전달한다 해도 마음을 움직이지 못하는 전도는 아무 소용없다. 전도의 성패를 결정하는 것은 논리가 아니다. 기독교는 논리학이나 그리스 철학에 의해 만들어진 종교가 아니다. 그리스도의 가르침은 이 세상의 지혜를 통렬하게 부순다. 아리스토텔레스, 플라톤, 부처, 노자의 지혜도 예외가 아니다. 과거 기독교 교사들은 기독교가 이성적인 시스템임을 입증하기 위해 노력했다. 하지만 그 과정에서 이들은 심각한 과오를 저질렀다. 먼저 적들도 복음에 동일한 방식으로 접근해 이성으로 기독교를 반박하려 했다. 예수님은 우리에게 이성적인 시스템을 주시기 위해 이 땅에 오시지 않았다. 우리 삶의 근원을 어루만지시고 우리를 구원하기 위해 오셨다. 이성으로는 결코 기독교 신앙에 다다를 수 없다. 그리스도의 음성과 하나님의 조명하심에 마음을 열 때만 기독교 신앙을 가질 수 있다. 우리는 기독교 신앙이 진리이기 때문에, 우리를 움직이고 일으키기 때문에 기독교를 믿는다. 우리의 신앙은 천국의 음악 같고, 시 같다. 인간의 논리를 거스른다. 복음은 사랑이다. 순수한 사랑이다. 사랑만큼 비이성적인 것이 있을까? 사랑하면 미친다고들 한다. 하지만 이 세상을 움직이는 것은 논리가 아닌 사랑이다.

전도는 우리를 통해 사람을 사랑하시는 하나님의 사랑의 표현이다. 교회는 성령님의 부어지심을 통해 시작되었다. 성령님은 사도들을 움직이셨고, 베드로의 설교를 듣는 사람들을 움직이셨다. 베드로의 설교를 듣던 사람들은 자신들이 7주 전에 예수님을 십자가에 못 박았고, 그의 죽음에 대해 책망을 듣고 있다는 사실밖에 알지 못했다. 베드로는 예수님과 함께했다. 베드로는 예수님을 동

> 전도는 우리를 통해 사람을 사랑하시는 하나님의 사랑의 표현이다.

경했고, 예수님을 흉내 냈다. 아마 예수님의 말투도 흉내 냈을 게다. 하지만 한 가지 분명한 것이 있다. 비록 그 자리에 모인 군중들을 책망했지만 사람들은 베드로의 설교를 듣고 분개하지 않았다. 베드로는 적대적인 어조로 사람들을 책망하지 않았다. 선전포고를 하지도 않았다. 물론 베드로는 질책의 말을 했다. 베드로는 진실을 이야기했다. 하지만 그의 말에는 사랑이 녹아들어가 있었다. 그의 앞에 서 있는 군중들은 바로 그가 가장 사랑하는 친구를 죽인 사람들이었다. 하지만 베드로는 하나님이 그들을 용서하셨으며 그들의 죄를 씻으실 것이라 이야기했다.

왜 군중들이 베드로의 책망을 받아들이고 그리스도가 하나님 보좌 우편으로 올라가셨다는 이야기를 믿었을까? 베드로가 그렇게 말했기 때문이었을까? 정말 그게 전부일까? 나는 분명 그곳에 역사하는 힘이 있었을 거라 믿는다. 베드로의 설교는 단순한 교리나 시끌벅적한 선언이 아니었다. 베드로의 설교는 듣는 이들의 영혼에 단단히 끼워진 고리 같았다. 기독교는 지성적 절차가 아니라 마음으로 믿는 것이다.

하나님의 성령은 믿는 자들의 마음에 베드로의 설교를 해석하여 넣어 주셨다. 베드로는 부활하시고 주와 그리스도가 되신 예수님을 선포했다. 세상적인 생각에 사로잡혀 있던 사람들이 쉽게 듣고 이해할 수 있는 개념은 결코 아니었다. 모든 복음의 선포자들은 위대한 해석자이신 성령님께 의지해야 한다. 언성을 높여가며 요점을 강조하면서 불신자를 협박하는 것은 좋은 방법이 아니다. 그런 식으로 불신자에게 접근하면 정말 궁색해서 목소리만 높이는 것으로 비치기 십상이다. 논쟁을 벌이려 들면 불신자들은 논쟁에서 이기면 기독교를 이긴 것이나 다름없다고 생각할 것이다. 하지만 베드로처럼 의심하지 않고 진리를 선포하면 사람들은 기꺼이 영혼의 안식을 찾을 것이다.

이제 사람들에게 우주가 과학적인 우주가 아님을, 과학의 법칙으로는 우주의 한 단면밖에 이해할 수 없음을 얘기해 줄 때가 됐다. 이 세상은 하나님의 아들의 기쁨을 위하여 사랑으로, 사랑을 위해, 사랑 위에 창조됐다. 수학으로 인간을 설명할 수 없듯이 진리도 수학으로 풀어낼 수 없다. 내 나이가 몇 살이고, 내 몸무게가 얼마고, 기타 신체 치수가 어떻게 되는지 안다고 해서 나를 안다고 말할 수 없다. 진정한 나는 나 자신의 행동을 통해 순간순간 드러난다. 진리도 마찬가지다. 이성적인 과정이나 연구를 통해, 화학이나 물리학으로 진리의 한 단면은 알게 될 수도 있겠지만, 그것으로 진리를 모두 보았다고는 말할 수 없다. 외과의의 수술 메스로는 파헤칠 수 없는 인간의 본질이 있다. 우리의 인격은 창조 뒤에 숨겨진 능력, 즉 하나님의 사랑에 반응한다. 우리는 그 사랑에 반응하는 존재로 창조되었다. 그래서 복음은 우리에게 그토록 심오한 영향을 끼칠 수밖에 없다.

> 우리의 인격은 창조 뒤에 숨겨진 능력, 즉 하나님의 사랑에 반응한다.

불의 복음

"불의 혀 같이 갈라지는 것이 저희에게 보여 각 사람 위에 임하여 있더니 저희가 다 성령의 충만함을 받고 성령이 말하게 하심을 따라 다른 방언으로 말하기를 시작하니라" (행 2:3-4).

불! 우리가 전하는 복음은 불의 복음이다. 우리 속의 불은 따뜻함과 흥분, 에너지, 열정을 의미한다. 제자들에게는 역동적이고 살아 있는 믿음과 나가서 전하지 않을 수 없게 하는 넘치는 에너지가 있었다. 제자들은 무언가에 사로잡힌 것도, 집착하는 것도 아니었다. 제자들은 열정과 사랑에 불탔다.

하지만 대체 무슨 일이 있었기에 현대 기독교는 이토록 차갑고 계산적이고 침착하고 멀쩡한 것일까? 유독 심각하고 뻣뻣한 사람들에게만 관용을 보이기로 결단이라도 한 것일까? 이성이 강조되는 현대 사회에서 열정을 표출하거나 주님과의 경험에 대해 이야기하면 열정이 지나치다며 조롱을 받는다. 균형을 모른다며, 제정신이 아니라는 소리를 듣는다. 세상은 온갖 야단법석을 떨어도 되지만 교회는 근엄하고 침착해야 한다고 말한다. 지난 수백 년 사이에 교회는 불의 모임이라는 명성을 잃어버렸다. 하나님의 백성들은 이성적이고 절제하는 모습만 보여 주게 됐다. 하지만 이 세상은 자신을 흥분시킬 무언가를 원한다!

왜 조용함과 잠이 쏟아질 정도의 평온함과 절제된 온유함이 기독교와 동의어가 되어야 하는가? 어쩌다 기도가 '명상'이 되었는가? 사도행전의 기도는 조용한 '명상'의 시간이 절대 아니다! 기도했을 때 지진이 일어났다고 최소 두 군데에서 기록하고 있다(행 4:31, 16:26). 집이 흔들리기 시작했을 때 아래층에 있었던 사람들은 정말 궁금했을 것이다. "대체 이게 무슨 일이람? 대체 저 위에서 무슨 짓을 하고 있는 거지?"라고 말이다. 그저 기도만 했을 뿐인데 이런 일들이 벌어졌다.

세상은 우리 영혼으로 밀려들어오는 급하고 강한 바람과 불을 이해할 수 없다. 하지만 나는 그렇다고 해서 내 기쁨을 억눌러 세상에 순응하지 않겠다. 세상이 이를 인정하지 않는다면 나는 세상에 여호와의 선하심을 맛보아 알라고 말하겠다(시 34:8).

Ordinary Men Extraordinary Message
9장

평범한 사람의 비범한 메시지

나는 한 줄 한 줄 정갈하게 기록된 성경이 동양의 격자창 같다는 생각을 한다. 성경을 읽다 보면 꼭 주님이 격자창 뒤에서 우리가 읽는 모습을 보고 계신 것만 같다. 가까이 다가가서 보면 성경 한 줄 한 줄 사이로 우리를 보시는 하나님의 눈이 보인다. 하나님은 그분의 말씀 뒤에 서 계신다.

이제는 굳이 이 책이 학술 서적이 아니라고 밝힐 필요도 없을 듯싶다. 그런데 솔직히 이 책이 학술서가 아니라서 아쉽다는 생각은 전혀 들지 않는다. 나는 학문에 조예가 깊은 분들의 말씀을 열심히 들었고, 그분들에게서 참 많이 배웠다. 정말 가치 있는 연구를 하시는 분들이라는 생각도 한다. 하지만 하나님의 일을 이해하는 데는 다른 면도 필요하다. 영적 통찰력도 그중 하나다.

학술적인 분야에만 관심을 국한시키면 하나님의 역사에 핵심이 되는 경건한 삶의 측면을 간과하게 된다. 강의실에서는 배울 수 없는 것들도 있다. 성령님은 "귀 있는 자는 … 들을찌어다"(계

2:7)라고 말씀하신다. 잠시 하나님이 성경을 통해 오늘 말씀하고 계신다고 생각되는 부분을 함께 나누고자 한다.

초대 교회의 전도

사도행전은 만민에게 복음을 전파하라는 그리스도의 명령을 제자들이 어떻게 따르기 시작했는지 보여 주는 책이다. 나는 사도행전이 전도에 관한 한 성경에서 가장 핵심적인 책이라고 생각한다. 만민에게 복음을 전하라는 그리스도의 명령이 당시에는 어떤 의미였을까? 제자들이 집회장에 천막을 치거나 신문 혹은 TV에 광고를 싣지는 않았을 텐데 말이다. 먼저 예수님이 이들에게 무엇을 명하셨는지 살펴보자.

메시지

초대 교회는 이 세상이 시작된 이래 그 누구도 하지 않았던 일을 시작하려 했다. 헬라어 '유앙겔'(Euangel)은 기쁜 소식을 의미한다. 제자들은 기쁜 소식을 삶의 일부로 만들었다. 제자들은 새로운 개념을 만들어 냈고, 이를 통해 전 세계를 아우르는 교회가 생겨났다. 제자들은 세계 최초의 선교사였을 뿐 아니라 선교라는 개념의 창시자였다. 그때까지 다른 나라에 소개하고, 다

> 초대 교회는 이 세상이 시작된 이래 그 누구도 하지 않았던 일을 시작하려 했다.

른 사람들에게 전할 만큼 가치 있는 신은 하나도 없었다. 사람들에게 신들과 우상들은 성가시고 피곤한 기생충 같은 존재였다. 사람들은 바알이나 아폴로, 아데미 같은 신들에게 전혀 애착이나 애정이 없었다. 신이란 그저 기쁘게 해 주고 달래 줘야 하는 미치광이 폭군 정도로 여겼다. 통치자들은 무슨 일을 하려 할 때마다 신이나 우상에게 경의를 표하거나 제물을 바쳤다. 그렇지 않았다가는 신의 보복이 떨어질까 두려웠기 때문이다.

전하는 자

제자들은 지극히 평범한 사람들이었다. 제자들은 어떤 사람들이었을까? 그들은 아무도 알아 주지 않는 그런 사람들이었다. 사실 그들이 굳이 제자가 되어야 할 이유도 없었다. 예수님은 제자들과 행하신 일들을 제자들이 아니라 누구와라도, 심지어 당신이나 나와도 하실 수 있다. 제자들은 결코 특별하지 않았다. 사실 특별함이나 비범함과는 거리가 멀었다. 어느 날 예수님은 해변을 거니시다 동네 청년들을 보시게 됐다. 이전에도 그들을 보신 적이 있었지만, 예수님은 문득 그날 아침 그들을 택하신다. 아무런 이유 없이 무작위로 택하신 듯이 보인다. 기실 무작위로 택하시지 못할 이유도 없다. 이들이 누구였느냐가 중요한 게 아니라, 예수님이 이들을 어떤 사람들로 만드실 것인가가 중요했기 때문이다. 지금도 마찬가지이다.

성경을 보면 예수님은 열두 제자를 택하시기 전에 밤새워 기도하신다(눅 6:12). 무엇을 어떻게 기도하셨는지는 성경에 기록되지 않았지만, 70명 남짓한 제자들 가운데 누구를 택해야 할지에 대한 아버지의 뜻을 구하셨다고 사람들은 흔히 짐작한다. 그런데 정말 그랬을까? 하나님이 열두 명의 이름을 알려 주시는 데 밤을 꼬박 새셨어야 했을까? 하나님이 이름을 알려 주시기는 했을까? 하나님이 능력을 부어 주시기만 하면 누구라도 제자의 일을 감당할 수 있지 않았을까? 혹 예수님이 인간의 길이 아닌 하나님의 길을 택하기 위한 씨름을 하고 계셨던 것은 아닐까? 무식하고 천한 시골 청년들이 아니라 니고데모나 아리마대 요셉이나 다른 유명한 랍비들처럼 사회적 지위나 지적 수준, 교육 수준이 더 높은, 더 지혜로운 사람들을 택하고 싶은 유혹이 있지는 않았을까? 예수님이 이 땅에 오신 목적을 거칠고 미숙한 젊은 어부들에게 맡겨야 한다니, 그 목적의 성취가 그들에게 달렸다니, 생각만으로도 아찔하다!

> 예수님이 이 땅에 오신 목적을 거칠고 미숙한 젊은 어부들에게 맡겨야 한다니, 그 목적의 성취가 그들에게 달렸다니, 생각만으로도 아찔하다!

사실 예수님이 체포되고 십자가에 달리셨을 때 제자들은 아무런 도움이 되지 못했다. 제자들은 모두 예수님을 버리고 도망쳤다. 수제자라는 자마저도 예수님을 저주하고 욕하고 나사렛 예수를 알지도 못한다고 부인했다. 예수님은 그런 사람들에게 지상명령을 주셨다.

사실 성경에 기록된 제자들의 모습을 보면 기독교 신앙의 메시지를 전파하는 프로젝트 자체가 처음부터 실패를 전제로 시작됐다는 생각마저 든다. 제자들은 아는 사람도 없었고, 인맥도 없었다. 세상과 세상의 정치, 철학에 대해 무지했다. 그리스인들은 대단한 학식을 자랑했다. 로마인들에게는 엄청난 힘이 있었다. 그런데 무식하기 이를 데 없는 농부와 어부들이 대다수를 차지하는 이 무리가 세상을 정복하기 위해 무엇을 할 수 있겠는가? 말투마저도 촌스럽기 이를 데 없었다. 성공의 가능성은 희박하기만 했다.

예수님은 돈 한 푼 없이 이들을 보내시면서 아무것도 가져가지 말라고 말씀하셨다. 제자들은 핍박이 다가왔을 때 예수님을 실망시켰다. 심지어 부활하신 예수님을 두 눈으로 보고도 믿지 않아 예수님이 이들을 꾸짖으시기까지 했다. 이런 제자들이 어떻게 다른 사람이 믿도록 만들 수 있겠는가?

하지만 이들은 예루살렘을, 결국에는 로마 제국 전체를 발칵 뒤집어 놓았다. 놀랍지 않은가! 예수님이 함께하실 때 이런 일이 가능하다. 예수님의 능력은 우리가 약할 때 온전해진다. 예수님은 아무것도 아닌 것을 들어 쓰셔서 대단한 것을 아무것도 아닌 것으로 만드신다. 하나님은 하나님 자신이 모든 것 안에서 모든 것이 되심을 보여 주시기 위해 약한 자들을 택하셨다.

> 예수님은 아무것도 아닌 것을 들어 쓰셔서 대단한 것을 아무것도 아닌 것으로 만드신다.

주님은 이런 일을 즐기신다. 사사기 6장에서 8장에 기록된 기드온의 이야기를 생각해 보라. 기드온은 모든 이적을 일으키신

출애굽의 하나님이 어디 계시냐고 묻는다. 하나님은 무기 하나 없는 300명으로 하여금 미디안과 아말렉의 큰 군대를 물리치게 하셨다. 횃불과 나팔과 항아리만 가지고 말이다! 중요한 건 얼마나 힘이 센 사람인가가 아니라 그 사람이 하나님께 온전히 사로잡혔는가이다.

희석되지 않을 진리

사도들은 고대 관습을 바꾸려 든다며 비난받았다(행 21:21). 사실 제자들은 고대 관습을 바꾸려 했다. 실로 위험한 시도였다. 철학자 소크라테스는 신을 믿지 않는다는 이유로 사형에 처해졌다. 그런데 사도들은 천 년의 세월을 지나면서 법으로 굳어져 버린 전통과 생각의 산을 옮기려 했다. 사실 복음 전파는 관습과 생활방식을 바꾸는 수준을 넘어섰다. 사도들은 당시의 사고방식 자체를 완전히 바꾸며 사람들의 마음과 생각과 영혼을 파고들었다. 열두 명의 무식한 사내들이 말이다. 어디 상상이나 할 수 있는 일인가!

우리는 세상이 공감할 수 있게끔 복음을 편집하는 편집위원이 아니다. 물론 우리는 세상이 이해할 수 있는 언어로 복음을 전해야 한다. 하나님의 말씀을 전파한다는 것 자체가 현대인들이 이해할 수 있도록 말씀을 해석한다는 의미를 담고 있다. 과거, 세상이 복음을 받아들일 수 있도록 하기 위해 복음을 세상의 방식에 맞춰야 한다는 자유주의적인 사고방식을 지닌 이들이 있었다. 세상이 초자연적인 것을 더 이상 믿지 않는다면 초자연적인 요소를 뺀 복음을 전하면 된다고 생각했다. 하지만 이는 기독교 메시지에 대한 배신이다. 우리는 결코 복음을 타협해서는 안 된다! 세상을 변화시키기 위해서는 세상과 달라야 한다. 사람들의 사고방식에 도전해야 한다. 세상이 믿지 않는다고 해서 그들의 불신앙에 우리를 맞춰서는 안 된다.

사도들은 십자가에 못 박히신 그리스도를 전했다. 맡겨진 사명에 실패하고 싶어 안달이 난 게 아니었다면 십자가의 메시지는 절대 전해서는 안 된다. 극악무도한 범죄자, 사회의 최하층민들만 십자가형에 처해졌다. 모든 사람들이 십자가에 달린 자를 비웃었다. 그러니 유대인에게나 이방인에게나 십자가에 달린 예수님이 이상적인 모습으로 비칠 리가 없었다. "그는 멸시를 받아서 사람에게 싫어 버린바 되었으며"(사 53:3). 하지만 이들이 아는 예수님은 십자가에 달린 그리스도였고, 이들은 오직 자신들이 아는 그 예수만을 전했다. 그리고 그 예수를 전파함으로써 이들은 세상을 정복했다.

사람들은 하나님을 자신의 생각에 맞출 것이 아니라 자신을 하나님이 누구신지에 맞춰야 한다. 우리가 전파하는 하나님은 사람의 형상에 따라 창조된 신이 아니다. 우리는 복음서에 기록된 예수님을 그대로 전해야 한다. 사람들이 좋아할 이상적인 예수님이 아니라 갈보리의 예수님을 전해야 한다. 우리가 치유자요, 온유하고 부드럽고 친절한 예수님만을 전한다면, 진리를 감추는 것이다. 우리의 메시지가 사람들의 생각이나 여론, 편견에 휘둘려서는 안 된다.

예레미야는 사람들이 듣기 좋아하는 것만 예언하는 소위 인기 있는 선지자들을 많이 만났다. 그리고 그들에 대해 이렇게 선포했다. "화 있으리라"(렘 23:1-31). 진실을 직시하지 않는 사람들은 결국에는 힘겨운 경험을 통해 진실에 직면하게 된다. 예수님은 성경의 예수님이다. 세상의 기대에 따라 변하는 예수님이 아니시다.

세례 요한 역시 그리스도가 이스라엘 백성들이 기대하던 메시야의 모습과 다르다고 생각했다. 하지만 예수님은 늘 변함이 없으셨다. 그런 예수님의 모습에 요한이 실망하든, 가족이 실망하든, 다른 사람들이 실망하든, 그건 중요치 않았다. 예수님은 예수님이셨다. 요한에게 예수님은 이렇게 말씀하셨다. "누구든지 나를 인하여 실족하지 아니하는 자는 복이 있도다"(마 11:6). 우리는 복음의 메시지를 결정하는 사람도, 또 그것을 만들어 내는 사람도 아니다. 바울은 하나님이 자신에게 복음을 맡기셨다고 기록한다. 분명히 말해서 복음을 맡은 자이지, 복음의 제조자가 아니라는 얘기다. 우리는 진리를 맡은 청지기이며, 맡은 자에게 구할 것은 충성이다(고전 4:2). 사람들이 원하는 모습으로 사람들의 생각 속에 잉태된 그리스도는 우리를 절대 구원할 수 없다.

복음은 종교가 아니다

> 복음은 종교를 폐하고
> 예수님을 소개했다.

복음은 종교를 폐하고 예수님을 소개했다. 세상의 정복자들은 다른 나라를 침략해 적을 죽이고 노략한 후 그 지역을 폐허로 만들었다. 토착민들에게 새로운 관습과 신념을 강요하기 위해 전쟁을 벌이기도 했다. 사람들을 사랑하고, 고치고, 축복하고, 건져 내기 위한 목적만을 위해 엄청난 위험을 무릅쓰며 다른 나라로 간 사람은 단 한 명도 없었다. 아덴에서 복음을 전하는 바울을 보고 아덴 사람들은 "이방 신들을 전하는 사람인가보다"(행 17:18)라고 했다. 하지만 사도들은 아데미 대신 예수님을 믿으라는 식으로 종교의 전환을 권하지 않았다. 예수님은 여러 신들 중에 좀 더 좋은 신이 아니었다. 대부분의 그리스인들은 신들을 시장터에 세워놓은 조각상으로만 생각했다. 지나가다 신상을 보면 경의를 표하고는 신의 존재를 잊었다. 하지만 사도들은 열국에게 끊임없이 사랑하고 절대 잊어서는 안 될 존재인 하나님을 전했다. 기독교는 몇 가지 의식과 의례로 이루어진 새로운 생활방식이 아니었다. 다른 신들과 달리 예수님은 곧 실질적인 삶이 되어 주셨다.

사실 우상 앞에서 몇 가지 의식을 행하고 나머지 시간은 자기 마음대로 사는 편이 훨씬 편하다. 이스라엘이 바로 그런 죄를 지었다. 이스라엘 백성들은 종종 하나님을 잊었다. 그래서 선지자들은 "지극히 크시고 두려우신 주를 기억하"(느 4:14)라고 말했다.

이교도들은 자신들의 우상 앞에서 간단한 의식을 행하고는 아무 미련 없이 그 우상을 잊어버리고 살았다. 하지만 여호와는 그런 대접을 받을 분이 아니셨다. 성경적 종교의 절대적 본질은 '가장 큰 계명'에 함축되어 있다. "네 마음을 다하고 목숨을 다하고 뜻을 다하여 주 너의 하나님을 사랑하라"(마 22:37).

가치관의 변화

기독교 전도는 당시의 지배적인 종교관에 도전이었을 뿐 아니라 기존의 도덕적 가치관도 위협했다. 고대 사회는(지금까지도 많은 문화권에서 그렇듯) 복수를 의로운 일로 여겼지만, 그리스도의 메시지는 용서였다. 그리스도인들은 삶에서 가장 중요한 요소 중 하나로 소망을 꼽았지만, 이교도들은 소망을 나이 든 여인들의 나약한 감정으로 치부했다. 제자들은 피를 흘리는 것을 크나큰 악으로 여겼지만, 로마 제국과 그리스 문화권은 전쟁과 정복을 미화했다.

세계에서 가장 오래된 문학작품 중 하나인 호머의 「일리아드」는 트로이 전쟁과 '영광스런' 대학살에 대한 이야기를 들려준다. 무시무시한 복수의 정신과 피에 대한 호머의 글을 읽으며 그리스인과 로마인들은 흥분했다. 하지만 그리스도를 따르는 이들은 이런 글을 읽고 경악했다. 기독교적 시각은 잔혹한 시대를 살았던 사람들을 당혹케 했을 것이다. 사도들은 무엇이 숭고하고 아름다운 것인지에 대한 통념을 깨부수었다.

그리스도의 제자들은 아무런 소망이 없는 세상 속으로 뛰어들었다. 하지만 절망뿐인 세상을 보면서도 제자들은 결코 물러서지 않았다. 제자들은 그들이 할 수 있는 일을 했다. 그렇다면 우리는 무슨 일을 할 수 있을까? 하나님의 적극적인 지원이 없었다면 단순하고 가진 것 없는 제자들은 분명 아무것도 이룰 수 없었을 것이다. 제자들은 사람들이 살던 대로 살아도 전혀 개의치 않을 종교를 전한 것이 아니라, 사람들이 알고 있던 모든 것들을 철저히 전복시키는 새로운 삶의 방식을 전했다. 제자들은 새로운 인류가 살게 될 새 세상의 질서를 전했다. 그리고 성공을 거두었다! 성령님을 통해 하나님의 능력이 나타날 때 이런 일이 일어난다. 복음은 이런 일을 할 수 있다!

> 제자들은 새로운 인류가 살게 될 새 세상의 질서를 전했다. 그리고 성공을 거두었다! 성령님을 통해 하나님의 능력이 나타날 때 이런 일이 일어난다.

우리는 잃어버린 이교도들의 어두운 세계에 용감하게 맞선 제자들에게 감사의 마음을 가져야 한다. 제자들은 세상의 문화를 바꾸었고, 우리가 보다 쉽게 우리에게 맡겨진 일을 할 수 있도록 해 줬다. 제자들이 크나큰 영향을 미친 덕에 우리는 이들이 맞닥뜨렸던 세상과 전혀 다른 세상에 살 수 있게 됐다. 예수님은 말씀하셨다. "내가 너희로 노력지 아니한 것을 거두러 보내었노니 다른 사람들은 노력하였고 너희는 그들의 노력한 것에 참예하였느니라"(요 4:38). 초대 교회의 전도자들은 우리를 위해 기초를 다져 주었다.

사람들은 종교적 신념 없이도 '격조 있는' 삶을 살 수 있다고 얘기한다. 그럴 수 있을지도 모른다. 하지만 기독교 전도가 없었더라면 격조 있는 삶이 무엇인지조차 알 수 없었을 것이다. 격조는 그리스도를 아는 지식으로 말미암아 생겨났다. 우리는 전도를 통해 그 지식을 이어 가야 한다. 총기를 쉽게 보유할 수 있게 되면서 이웃을 죽이는 일이 식은 죽 먹기처럼 쉬워졌다. 정말 끔찍한 일이다. 하지만 자비는 오직 복음을 통해서만 다시금 우리 사회 가운데로 들어올 수 있다.

성령의 시대

예수님의 제자들은 한 번도 본 적이 없는 무기를 들고 세상을 정복하러 나섰다. 이들에게는 비밀 부대가 있었다.

> "우리가 육체에 있어 행하나 육체대로 싸우지 아니하노니 우리의 싸우는 병기는 육체에 속한 것이 아니요 오직 하나님 앞에서 견고한 진을 파하는 강력이라"(고후 10:3-4).

그리스도의 초림으로 엄청난 영적 변화가 일어났다고 이미 얘기했다. 이 사실을 가장 먼저 깨달은 사람 중 하나는 예수님께 고침을 받은 맹인이었다. 그는 "창세 이후로 소경으로난 자의 눈을 뜨게 하였다 함을 듣지 못하였으니"(요 9:32)라고 말한다. 그는 창세 이후로 귀신을 쫓아내고 귀머거리와 열병 걸린 자와 미치광이와 저는 자를 고친 사람이 아무도 없었음도 알았을 것이다. 나아가 문화적 규범을 완전히 뒤엎고 인간의 생각을 완전히 변화시키는 메시지를 전한 자는 아무도 없었다.

성령의 시대가 왔다. 예수님이 세상에 성령님을 보내신 것은 전 우주적 사건이었다. 성령님이 오심으로써 아담 이후로 상상조차 할 수 없었던 놀라운 일들이 일어날 수 있게 됐다. 새로운 형태의 생명, 즉 부활의 생명이 가능케 됐다. 사도들은 이 생명의 비밀을 쥐고 이 비밀을 보여 주기 위해 세상으로 나갔다. 사도들은 가장 먼저 부활의 생명을 알고 가장 먼저 그 생명을 전했다. 나는 사도행전이 우리가 사는 이 시대까지 뻗어오는 것을 보면서 교회가 다시금 이 비밀을 발견하고 있다고 믿는다. 지금까지 내가 살아온 날들 동안 하나님께 돌아온 사람의 수는 사도들이 살았던 당시 세계 인구의 두 배가 넘는다.

> 예수님이 세상에 성령님을 보내신 것은 전 우주적 사건이었다.

예수님의 부활 이후 베드로와 요한이 처음으로 행한 기적은 다리 저는 자를 치유한 것이었다. 이 사건은 이들에게 어떠한 자원이 주어졌는지를 보여 준다. 이들이 일으킨 치유의 기적은 예수님이 약속하신 대로 앞으로 올 더 큰일에 대한 표징에 불과했다. 성령님은 치유보다 더 큰일을 위해 오셨다. 이 부분을 분명히 밝혀야겠다. 치유는 고린도전서 12장에 기록된 아홉 가지 은사 중 하나일 뿐이다. 물론 치유가 고통받는 세상을 위해 우리에게 필요한 중요한 축복임은 분명하지만 성령님의 능력의 정점은 아니다. 사람들의 반응이 성령의 나타나심의 크기를 결정하는 정확한 잣대가 될 수는 없다. 가장 눈에 띄는 사건이 반드시 하나님의 가장 큰 역사인 것은 아니다. 그렇지만 하나님의 치유는 분명 우리에게 주시는 하나님의 능력의 증거다.

전기가 처음 발명됐을 때 사람들은 참 놀라운 업적이라고 얘기했다. 하지만 200년 전에 전기가 산업의 동력을 제공하고 도시 전체를 밝히는 힘이 있을 것이라 상상했던 이는 거의 없었다. 방언은 성령님의 능력이 얼마나 크신지를 보여 주는 표징이다. 하나님의 손을 힘입어 귀신을 쫓아내시면서 예수님은 이것이 더 큰 무언가, 즉 하나님의 나라가 사람들 가운데 임했음을 보여 준다고 말씀하셨다(눅 11:20). 성령의 나타나심을 통해 우리는 하나님이 행하실 일에 대한 확신을 얻을 수 있다. 하나님의 성령은 개별적인 사건에 제한을 받지 않으시기 때문에 우리가 그분의 뜻에 따르기만 한다면 우리의 모든 사역 가운데 충만하게 나타나실 것이다.

그리스도가 약속하신 큰일에는 육체의 치유뿐 아니라 다른 것들도 포함이 된다. 가장 큰일은 제자들이 증인이 되는 것이었다. 아덴 사람들은 바울을 '말장이'라고 불렀다. 하지만 그들 가운데 어떤 이들은 바울의 전하는 것이 진리임을 깨닫고 회심했다(행 17:18-34). 사도들의 증거에는 힘이 있었고, 듣는 이들이 죄를 깨닫고 회심케 되는 기적이 일어났다.

복음의 메시지를 전했을 때 하나님의 성령이 듣는 이들 가운데 임했다. 사도들은 더 이상 평범한 사람들이 아니었다. 놀라운 치유와 더불어 다른 역사들이 일어나면서 이들이 성령의 사람들이라는 것이 입증되었다. 기도하면 역사가 일어났다. 핍박을 당하면 사도들은 기뻐했다. 성령의 능력과 나타나심 가운데 말씀을 선포했다. 병든 자에게 손을 얹으면 병든 자가 치유받았다. 사도들은 고난을 당해도 낙담하지 않았다. 곤고해도 절망하지 않았다. 불확실한 때에도 인도하심을 받았다. 순교를 당하면 그 피가 이들이 뿌린 씨앗에 양분이 되어 줬다. 버림받아도 망한바 되지 않았다. 사도들은 환난과 곤고를 넉넉히 이겼다(롬 8:31-39).

사도들은 이교도들의 생각을 뛰어넘었고, 이교도들보다 숭고한 삶을 살았으며, 이교도들보다 의미 있는 죽음을 맞이했다. 사도들은 진정한 힘의 원천을 알았다. 바울은 속사람을 능력으로 강건하게 하시는 "그의 성령으로 말미암아"(엡 3:16) 힘을 얻었다고 고백한다. 바울은 "그의 능력이 역사하시는대로"(엡 3:7) 일하는 사역자가 됐다. 바울은 "그 영광의 힘을 좇아 모든 능력으로 능하게 하시며 기쁨으로 모든 견딤과 오래 참음에 이르게"(골 1:11) 해 주셨다고 고백한다.

사실 사도들은 새로운 인류였다. 그리스도의 새로운 피조물(고후 5:17), 이 땅에 처음으로 등장한 영적인 인류였다. 사도들은 세상의 반대에 전혀 흔들리지 않았다. 사도들의 이런 모습들은 오늘을 사는 수많은 하나님의 종들에게 모두 적용된다.

오늘을 사는 모든 그리스도인들에게 사도들의 시대와 같은 분량의 자원이 주어져 있다. 우리의 필요가 얼마나 크든 하나님의 능력이 그 필요를 채울 것이다. 사역의 필요가 얼마나 크든 하나님의 능력은 그 필요를 넘치도록 채울 것이다. 하지만 능력의 '정도'란 것은 존재하지 않는다는 사실을 기억하자. 하나님은 우리의 필요의 크기에 따라 하나님의 능력을 맞추어 사용하지 않으신다. 그리스도 안에서 우리 모두에게 모든 능력이 있다. 하나님을 섬기는 모든 사람들에게 모든 자원이 넘치도록 동일하게 예비되어 있다(요 3:34, 고전 12:27).

기도와 경건의 삶을 늘릴수록 능력이 커진다는 말은 성경 어디에도 없다. 제자들은 하나님이 특별하게 준비시키신 초인적으로 경건한 사람들이 아니었다. 제자들은 하나님의 약속이 "모든 먼 데 사람"(행 2:39)을 향한 것이라며 우리를 격려한다. 나는 이 구절을 보면서 성경에 나에 대해 기록한 부분이 있다는 사실을 깨달았다. 나도 '먼 데 사람' 중 하나다. 사도들처럼 우리도 순종과 담대함과 믿음으로 움직일 때 하나님이 움직이신다. 이미 인용했던 예수님의 말씀을 다시 한 번 인용하겠다. "나를 떠나서는 너희가 아무것도 할 수 없음이라"(요 15:5). 하지만 바울은 우리에게 그 다음 단계를 들려준다. "내게 능력 주시는 자 안에서 내가 모든 것을 할 수 있느니라"(빌 4:13).

모든 믿는 자에게 주어진 한 가지 은사가 있다. 우리 모두에게는 바로 증거의 은사가 있다. 하지만 은사에는 책임이 따른다. 은사에 대해 사람들은 참 관심이 많고 말도 많다. 그게 당연한지도 모르겠지만, 많은 이들이 기적의 은사를 바란다. 하지만 가장 높은 은사는 이미 거듭난 그리스도인들 안에 있다. 바로 "말할 수 없는 그의 은사"(고후 9:15)요, 우리를 증인으로 만드는 우리 안의 그리스도시다.

> 가장 높은 은사는 이미 거듭난 그리스도인들 안에 있다. 바로 우리 안의 그리스도시다.

이미 밝혔듯이 증인이 되는 것은 말만 전한다는 의미가 아니다. 전하는 사람이 곧 메시지다. 하지만 우리는 증거의 은사에 반응해야 한다. 기적의 은사는 있으나 십자가를 전하지 않는다면 하나님 나라의 일을 제대로 행하지 못하는 것이다. 자신의 힘의 원천을 부인하는 것이다. 증인은 그리스도의 부활의 증인이다. 우리는 우리 자신이나 특별한 경험, 특출한 능력을 증거하는 증인이 아니다. 우리는 그리스도의 죽음과 부활을 증거하는 증인이다. 우리는 예수님의 생명으로 말미암아 죄에 대하여 죽고 의에 대하여 산 자들이다. 그리스도가 사셨으니 우리도 산다. 우리는 사람들이 이 사실을 알도록 해야 한다.

심판대에 선 세상

요한과 베드로와 바울이 법정에 섰을 때, 그리고 스데반이 자신을 참소하는 자들 앞에 섰을 때 이들은 생명을 구하고자 빌지 않았고, 복음에 대해서도 크게 논쟁을 하지 않았다. 이들은 복음이 논쟁의 주제가 될 논쟁거리라고 생각하지 않았다. 복음이 진리임을 알았기 때문에 논쟁할 이유가 없었다. 이들의 할 일은 복음을 선포하는 것이었기에 이들은 했다. 이들은 하나님 나라의 깃발을 꽂고 십자가 깃발을 펼쳤다. 이들은 외세에 평화조약을 제안하는 사신으로 나아갔다. 이들은 복음 위에 견고히 섬으로써 심판을 받는 자가 된 것이 아니라, 이 세상의 권세를 심판대 위에 세웠다.

하나님 나라는 모두가 순복해야 할 절대 권력이다. 바울은 아덴의 지혜로운 자들에게 "이제는 (하나님이) 어디든지 사람을 다 명하사 회개하라 하셨으니"(행 17:30)라고 말했다. 초대 교회 그리스도인들은 하나님이 이 세상의 죄를 바라보시는 눈으로 죄를 바라보며 복음을 제시했다. 우리도 그래야 한다. 이는 선택의 문제가 아니다. 유일한 대안이다. 복음은 온 세상을 진리의 심판대 앞에 세운다. 제자들은 어디를 가든 그곳의 재판장들과 통치자들이 진리에 맞서고 있다는 생각을 하게 만들었다. 예수님이 본디오 빌라도 앞에 서신 순간부터 그랬다. 스스로 느끼는 진리의 무게가 너무나 강했기 때문에 바울은 심지어 수갑과 사슬에 묶인 팔을 치켜들고 그를 재판하는 왕에게 "아그립바왕이여 선지자를 믿으시나이까"(행 26:27)라고 말할 수 있었다. 복음을 선포하는 데는 변증법이 필요 없다. 우리는 복음을 선포하기만 하면 된다. 복음의 변론은 복음 스스로 직접 할 것이다.

사도행전에 기록된 설교들에서 논쟁과 토론의 흔적은 거의 찾아볼 수 없다. 사도행전의 설교들은 자신감이 넘치는 선언과 적극적인 복음으로 가득 차 있다. "복음을 변명함"이라는 구절이 빌립보서 1장 7절과 16절에 기록되어 있는 것이 사실이다. 하지만 바울은 전쟁포로나 다름없는 처지였다. 십자가에 못 박히신 그리스도의 적극적 복음은 바울이 제시할 수 있는 유일한 변명이었다. 바울은 복음을 부끄러워하지 않았다. 바울은 한 번도 수세에 몰린 적이 없다. 항상 공세를 펼쳤다.

하나님은 수비대를 찾지 않으신다. 우리가 하나님을 변호하고 지키는 것이 아니라 하나님이 우리를 변호하고 지키신다. 뒤를 돌아보며 하나님께 "주님, 걱정 마세요. 제가 여기 있잖아요. 제가 주님을 보호해 드릴게요. 무서워하지 마세요!"라고 말할 일은 절대로 없다. 하나님은 절대 수세에 몰리시는 일이 없다. 하나님은 '힘없고 늙은 하나님'이 아니다. 하나님은 시름시름 죽어 가는 목적을 갖고 계신 분이 아니다. 죽어 가고 있는 건 사람들이지 하나님이 아니다. 하나님은 사람의 '선한 목적'이 아니다. 사람들이 하나님의 선한 목적이다. 하나님은 사람들을 위해 모든 것을 다 내어 주셨다. 복음을 가장 잘 지키는 방법은 복음을 전파하는 것이다.

> 바울은 적진에서 전쟁을 벌임으로써 복음을 변호했다. 바울의 방어책은 다름 아닌 공격, 바로 십자가의 공격이었다.

바울은 적진에서 전쟁을 벌임으로써 복음을 변호했다. 바울의 방어책은 다름 아닌 공격, 바로 십자가의 공격이었다. 복음을 전하기에 감옥은 더할 나위 없이 좋은 장소였다. 옥에 갇힌 삼손이 적의 집 전체를 무너뜨릴 수 있었던 것처럼 바울은 감옥 안에서 이 세상 통치자에게 가장 큰 타격을 입혔다. 바울은 동기나 환경에 신경 쓰지 않았다. 그에게는 훨씬 더 중요한 문제가 있었다. "외모로 하나 참으로 하나 무슨 방도로 하든지 전파되는 것은 그리스도니 이로써 내가 기뻐하고 또한 기뻐하리라"(빌 1:18). 그는 다른 믿는 자들에게도 같은 태도를 가지라고 격려한다. "아무 일에든지 대적하는 자를 인하여 두려워하지 아니하는"(빌 1:28) 태도 말이다.

법정에 선 변호인처럼 우리도 그리스도에 대해 우호적인 평결이 나올 수 있도록 노력해야 한다는 말을 들은 적이 있다. 하지만 그리스도는 재판을 받지 않으신다! 그분은 피고가 아니라 재판장이시다. 사람들이 예수님을 어떻게 생각하는지가 그들의 운명에 직접적인 영향을 끼친다는 점을 제외하면 전혀 중요치 않다. 우리가 그분을 인정하든 그렇지 않든 그분에게는 아무런 차이가 없다. 하나님의 살아 계심을 믿고 싶어 하지 않는 사람들은 조심해야 한다. 이들이 영영 하나님의 살아 계심을 알지 못한다고 생각해 보라! 모든 불신자들과 의심하는 자들이 다 한 곳에 모이게 된다고 생각해 보라! 이런 사람들이 모인 곳이 바로 최악의 지옥이 아니겠는가? 하나님이 없다고 주장하는 한 여인이 영국의 위대한 작가이자 역사가인 토마스 칼라일(Thomas Carlyle)에게 편지를 썼다. "전 우주가 있다고 믿습니다." 토마스 칼라일은 답장에 이렇게 썼다. "당연한 거 아닙니까?" 나라면 온 우주를 만드신 분에 대해 틀린 생각을 갖느니, 은하수에 있는 천억 개의 별에 대해 틀린 생각을 갖겠다.

무엇을 배울 수 있을까?

사도행전 10장은 최초의 서구인, 보다 구체적으로 얘기하자면 유럽인, 이탈리아인의 회심을 기록하고 있다는 점에서 특별하다. 이미 다 잘 알고 있는 이야기이리라 믿는다. 두 사람이 환상을 보게 된다. 한 사람은 가이사랴에서, 다른 한 사람은 거기서 하룻길 떨어진 욥바에서 환상을 본다. 가이사랴에 있는 로마 군대 백부장인 고넬료는 천사를 만난다. 그 천사는 고넬료에게 베드로가 고넬료와 그 가정이 어떻게 해야 구원을 얻을 수 있는지 알려 줄 것이라며 베드로를 초청하라고 말한다. 베드로 역시 누군가 자신을 청할 것이라는 환상을 보게 된다. 두 사람 모두 비전을 따라 행했다. 베드로는 가이사랴에 가서 복음을 전했고, 고넬료와 그의 가정은 유럽 최초의 그리스도인이 되었다. 이 이야기에 대해 몇 가지를 생각해 보고자 한다.

사람들에게는 복음이 필요하다

고넬료는 그 당시 모든 사람들이 만나고 싶어 하는 특별한 사람이었다. 그럼에도 불구하고 그에게도 역시 복음이 필요했다. 성경은 고넬료를 경건하고 하나님을 경외하는 사람, 즉 유대교를 믿는 사람이라고 기록한다. 고넬료는 넘치게 구제했고, 항상 하나님께 기도했다. 사도행전 10장 22절을 보면, 고넬료는 온 유대

족속이 칭찬하는 의로운 사람이었다. 그의 기도와 구제는 하나님께 상달되었다. 그뿐이 아니었다. 고넬료는 온 가족이 그와 더불어 경건한 삶을 살도록 했다. 그러나 그런 그에게도 예수님이 필요했다.

마약 중독자들과 알코올 중독자들, 가정 폭력범, 범죄자들에게 예수님이 필요한 건 알겠는데, 순진무구한 청소년과 전쟁 영웅 같은 선량한 사람들에게도 예수님이 필요할까? 그렇다. 고넬료처럼 고결한 성품을 가진 사람이 복음을 듣도록 하나님이 천사를 보내셨다면 결론은 분명하지 않은가? 모든 사람에게 복음이 필요하다. 그 복음을 전하는 일은 당신과 내 몫이다.

사람들이 복음을 알지 못하는데도 알고 있을 거라 지레 짐작하고 가만히 있어서는 안 된다. 우리는 사람들이 복음을 진정으로 알 수 있도록 그리스도와 동역해야 한다. 강직한 삶을 산다고 예수 그리스도의 구원의 지식이 있다는 의미는 아니다. 영적 무지가 바다처럼 우리를 뒤덮고 있다. 학문의 발전은 분명 진보지만, 하나님을 믿는 믿음 없이 지식만 늘어나면 결과는 뻔하다. 고린도전서 8장 1절은 "지식은 교만하게 하며"라고 기록한다.

> 고넬료처럼 고결한 성품을 가진 사람이 복음을 듣도록 하나님이 천사를 보내셨다면 결론은 분명하지 않은가? 모든 사람에게 복음이 필요하다.

주님은 열방을 가르치고 모든 피조물에게 복음을 전하는 일에 우리를 동역자로 부르시며 우리와 함께 일하신다. 모든 그리스도인은 개인 전도의 전문가가 돼야 한다. 전도 집회를 위한 상담자

훈련을 받으라는 의미가 아니다. 어떻게 사람들에게 다가가야 할지에 대해 훈련받아야 한다는 의미다. 일단 간단한 방법을 배우고 나면 모든 그리스도인들은 누구나 그저 안면만 있는 사람에게도 쉽게 복음을 소개할 수 있게 된다. 하나님은 모든 거듭난 자들을 전임 전도자로 부르셨다. 증거의 은사는 우리가 결코 간과할 수 없는 은사다.

복음은 인간이 전한다

사도행전 10장의 베드로와 고넬료 이야기로 돌아가 보자. 아마 사도행전 10장을 읽으면서 복음을 고넬료의 가정에 전한 매개가 바로 인간이었다는 사실을 깨달았을 것이다. 천사는 "그(베드로)가 너와 네 온 집의 구원 얻을 말씀을 네게 이르리라"(행 11:14)고 말한다. 사실 천사가 고넬료에게 예수님에 대한 모든 것을 말해 줄 수도 있었을 텐데, 천사는 예수님에 대해 아무 말도 하지 않았다. 복음을 사람에게 전하는 것은 천사가 아닌 우리의 일이다. 천사가 사람보다 복음을 훨씬 더 효과적으로 전할 수도 있을 텐데 하나님은 그분의 모든 지혜 가운데 천사가 아니라 교회를 택하셨다. 예수 그리스도의 기쁜 소식을 전하는 것은 우리의 특권이며, 하나님은 그분이 원하시는 곳에서 그분이 원하시는 방법으로 그분의 특권을 나눠 주신다.

이 세상을 향한 하나님의 계획에서 인간의 협력은 필수적인 부분이다. 언젠가 우리는 의롭고 죄 없는 세상을 기뻐하게 될 것이고, 언젠가 그리스도가 영원히 통치하시게 될 것이다. 이 과정은 이미 시작됐다. 천사들이 이 세상을 공의로 덮고 죄인들이 죄를 짓지 못하도록 막을 수도 있을 게다. 천사들이 이 땅에 와서 천국과 지옥의 실체, 심판과 하나님에 대해 온 세상을 깨우칠 수도 있을 게다. 하지만 천사들은 그렇게 하지 않는다. 하나님은 천사들에게 이런 일을 시키시는 대신 "세상의 약한 것들을 택하사 강한 것들을 부끄럽게"(고전 1:27) 하시기로 결정하셨다. 예수님은 자신을 십자가에서 내려 달라고 천사 열두 군단을 부르실 수도 있었다. 하지만 십자가는 인류에게 구원을 가져다주기 위해 하나님이 택하신 도구였다. 하나님은 사람들이 죄에 대해 깨닫고 구원을 얻기 위해 하나님의 아들에게로 나아오기를 원하신다. 하지만 협박이나 강요된 지식 때문이 아니라 사랑의 능력에 힘입어 그의 아들에게로 나오게 되기를 원하신다. 하나님은 강제적인 방법을 사용해 원하는 목적을 이루실 수도 있다. 하지만 그건 하나님이 원하시는 방법이 아니다.

사랑의 힘

더딜지는 모르나 결국은 사랑이 이긴다. 복음은 사랑의 표현이다. 전도자는 사랑의 통로다. 하나님은 전도자를 통해 사람을 사랑하시는데 그 사랑의 표현이 바로 복음이다. 천사가 사람을 사랑한다면 표현 방식이 사뭇 다를 것이다. 전도는 인간의 몸을 입은 하나님의 아들이 이끄시는 전투이며 하나님께 영광 돌리는 일이다.

우리 자신은 사실 별 볼일이 없다. 인간은 의식을 담고 있는 연약한 그릇에 불과하다. 하나님이 지구의 온도를 일정하게 유지해 주시지 않는다면, 인간은 이내 멸종되고 말 것이다. 우리의 지성에도 한계가 있다. 우리는 타락한 피조물이다. 우리의 성품은 죄로 얼룩지고 더러워졌다. 우리는 구원받아야 한다. 그럼에도 불구하고 인류는 하나님의 놀라운 계획의 성취를 위한 열쇠다. 미지의 영원까지 뻗어 있는 하나님의 놀라운 계획의 핵심이다.

> 하나님은 우리를 통해 악과 악의 계획에 종지부를 찍으실 것이다. 이 궁극적 승리의 한 부분인 우리는 바로 지금 복음을 전해야 한다.

하나님은 우리를 통해 악과 악의 계획에 종지부를 찍으실 것이다. 이 궁극적 승리의 한 부분인 우리는 바로 지금 복음을 전해야 한다. 사실 전도는 우리에게 보여 주신 하나님의 계획의 주된 부분이다. 앞으로 어떠한 계획이 펼쳐질지 지금은 알 수 없다. 하지만 우리에게 맡겨진 부분을 지금 감당하지 않는다면, 결국 하나님의 놀라운 계획을 지연시키게 된다.

타문화 전도의 필요성

베드로를 통해 고넬료와 그 가정이 회심한 사건은 최초의 타문화 전도 사건이다. 정말 중요한 변화가 아닐 수 없다. 그 당시 타 문화 전도는 너무나 새롭고 놀라운 일이었다. 베드로가 속한 단순 소박한 유대 문화와 세련되고 부유한 로마 관리가 속한 문화 사이에는 도저히 좁혀질 수 없을 것만 같은 사고의 간극이 있었다.

일반적으로 유대인들은 이방인의 집에 들어가지 않았다. 하지만 주님은 베드로에게 이상을 보여 주셨고, 이 이상을 통해 베드로가 갖고 있었던 경직된 유대적 사고방식이 변화받았을 뿐 아니라 전통과 금기가 무너졌다(행 10:10-17). 하나님의 크신 목적을 이해하게 되면서 베드로는 가이사랴에서 사자가 왔을 때 기꺼이 그들과 동행했다.

베드로가 경험한 이 특별한 하나님의 역사는 인종의 차이가(생명을 더 풍성히 하는 데 보탬이 되는 경우를 제외하고는) 아무런 의미가 없는 새 시대, 지구 혁명의 시작을 알렸다. 빌립보서에 기록된 예수님의 모습처럼 베드로도 자신을 바꾸어 적응해야 했다.

"그는 근본 하나님의 본체시나 하나님과 동등됨을 취할 것으로 여기지 아니하시고 오히려 자기를 비어 종의 형체를 가져 사람들과 같이 되었고 사람의 모양으로 나타나셨으매 자기를 낮추시고 죽기까지 복종하셨으니 곧 십자가에 죽으심이라"(빌 2:6-8).

하나님의 종들은 하나님이 어디로 보내시든 그곳에 있는 사람들과 눈높이를 같이해야 한다. 아나니아는 다메섹에서 그리스도의 영광의 빛을 보고 장님이 된 안티 크리스천 테러리스트 사울을 만나러 간다. 그곳에서 아나니아는 사울을 "형제 사울아"(행 9:17)라고 부른다. 하나님이 모든 인류에게서 보기를 원하시는 진정한 화해의 표현이었다. 아나니아나 베드로는 그저 작은 걸음을 뗀 것이지만 인류에게는 그것이 어마어마한 도약이었다. 1969년 7월 20일, 닐 암스트롱이 아폴로 11호 달 탐사선에서 달 표면에 처음 내디뎠던 걸음보다도 더 큰 한 걸음이었다.

허드슨 테일러(Hudson Taylor, 1832-1905)가 최초의 중국 선교사는 아니었다. 하지만 허드슨 테일러 이전의 중국 선교사들은 유럽인의 외양을 그대로 고수하며, 유럽식 집에서 살고, 유럽 의상을 입는 선교사였다. 중국인들의 눈에는 이런 서양 선교사들의 모습이 중국을 침공하는 외세와 다름없었다. 허드슨 테일러는 중국인들에게 다가가기 위해 중국 의상을 입고 변발을 하고, 철저히 중국인의 생활양식을 따라 살았다. 바울도 같은 목적을 가지고 있었다.

> "유대인들에게는 내가 유대인과 같이 된 것은 유대인들을 얻고자 함이요 율법 아래 있는 자들에게는 내가 율법 아래 있지 아니하나 율법 아래 있는 자 같이 된 것은 율법 아래 있는 자들을 얻고자 함이요 율법 없는 자에게는 내가 하나님께는 율법 없는 자가 아니요 도리어 그리스도의 율법 아래 있는 자나 율법 없는 자와 같이 된 것은 율법 없는 자들을 얻고자 함이라 약한 자들에게는 내가 약한 자와 같이 된

것은 약한 자들을 얻고자 함이요 여러 사람에게 내가 여러 모양이 된 것은 아무쪼록 몇몇 사람들을 구원코자 함이니"(고전 9:20-22).

아프리카 곳곳에는 영국 찬양을 부르는 영국 스타일의 교회가 많이 있다. 중남미 지역 곳곳에는 미국 찬양을 부르는 미국 스타일의 교회가 많이 있다. 하지만 최근 들어 이런 추세가 바뀌기 시작했다. 아프리카와 중남미 지역에 자국어로 된 찬양을 부르는 진정한 현지인 교회들이 세워지고 있고, 복음이 산불처럼 확확 번지고 있다.

요지는 하나다. "아무쪼록 몇몇 사람들을 구원코자 함"이 우리의 목적이라면 방법은 충분히 정당화될 수 있다. 역사상 가장 위대한 변화를 일으킨 사람들의 목적은 문화의 형식을 바꾸는 것이 아니라 그 문화 속의 마귀를 쫓아내는 것이었다.

오직 예수님에 대한 메시지

베드로가 고넬료에게 전한 구원의 메시지를 자세히 살펴보도록 하자.

"내가 참으로 하나님은 사람의 외모를 취하지 아니하시고 각 나라중 하나님을 경외하며 의를 행하는 사람은 하나님이 받으시는줄 깨달았도다 만유의 주 되신 예수 그리스도로 말미암아 화평의 복음을 전하사 이스라엘 자손들에게 보내신 말씀 곧 요한이 그 세례를 반포한 후에 갈릴리에서 시작되어 온 유대에 두루 전파된 그것을 너희도 알 거니와 하나님이 나사렛 예수에게 성령과 능력을 기름붓듯 하셨으매 저가 두루 다니시며 착한 일을 행하시고 마귀에게 눌린 모든 자를 고치셨으니 이는 하나님이 함께 하셨음이라 우리는 유대인의 땅과 예루살렘에서 그의 행하신 모든 일에 증인이라 그를 저희가 나무에 달아 죽였으나 하나님이 사흘만에 다시 살리사 나타내시되 모든 백성에게 하신 것이 아니요 오직 미리 택하신 증인 곧 죽은자 가운데서 일어나신 후 모시고 음식을 먹은 우리에게 하신 것이라 우리를 명하사 백성에게 전도하되 하나님이 산 자와 죽은 자의 재판장으로 정하신 자가 곧 이 사람인 것을 증거하게 하셨고 저에 대하여 모든 선지자도 증거하되 저를 믿는 사람들이 다 그 이름을 힘입어 죄 사함을 받는다 하였느니라"(행 10:34-43).

물론 사도행전은 베드로의 설교 중에 핵심적인 부분을 요약해서 기록했을 것이다. 하지만 첫 눈에 봐도 베드로가 오직 예수님에 대해 이야기하고 있음을 볼 수 있다. 베드로는 당시 사람들이 온통 관심을 쏟았던 정치나 국제 관계, 사회적 문제는 언급조차 하지 않는다. 베드로는 오직 예수님을 전한다. 베드로는 가장 중요한 것, 바로 예수님이 만유의 주 되심을 전한다.

비교종교학은 종교를 비교, 대조하는 학문이다. 하지만 굳이 기독교와 타종교의 비슷한 점을 찾아 맞출 필요는 없다. 예를 들어, 이슬람과 불교의 창시자를 생각해 보자. 두 사람 모두 자신들이 통로에 지나지 않는다고 고백했다. 무함마드는 자신이 본 이상에 대해 이야기했고, 부처는 자신의 깨달음에 대해 이야기했다. 하지만 예수님은 이상을 봤다고도, 깨달음을 얻었다고도 하지 않으셨다. 자신이 선지자라고도 하지 않으셨다. 예수님은 자신이 모든 선지자들이 예언했던 '바로 그'라고 말씀하셨다. 기독교 진리는 선언문도 아니고 윤리강령도 아니고 종교 관측 프로그램도 아니다. 예수님은 진리다. 기독교 신앙은 그리스도를 믿는 것이다.

이슬람이나 다른 종교를 공격할 필요는 없다. 서구인이건 동양인이건, 남반구 사람이건 북반구 사람이건, 다른 사람의 삶의 방식을 공격할 필요는 없다. 다만 우리는 예수님이 진정 누구신지 사람들이 알도록 도와야 한다. 성경에 기록된 대로 우리는 사람들이 "여호와의 선하심을 맛보아" 알도록 (시 34:8) 독려해야 한다. 예수님은 항상 승리하신다. 그 누구도 예수님을 거스를 수 없다. 예수님 이외에 그 누구도 구원하고, 치유하고, 귀신을 내어 쫓고, 사람들을 기쁨으로 채울 수 없다. 예수님을 만나기 전까지는 그 누구도 예수님이 어떤 분이신지 알 수 없다.

이렇게 한번 생각해 보자. 하나님의 아들이 어떤 모습이어야 하는지 명확하게 제시한 사람은 한 명도 없었다. 예수님은 조직신학의 산물이 아니

> 하나님의 아들이 어떤 모습이어야 하는지 명확하게 제시한 사람은 한 명도 없었다. 예수님은 조직신학의 산물이 아니다.

다. 많은 사람들이 하나님이 어떤 모습이어야 하는지, 어떤 일들을 해야 하는지 나름의 생각을 얘기하는데, 나는 그런 생각이 참 터무니없다고 본다. 미스 유니버스나 미스 월드를 뽑는 기준이야 나름대로 세워 볼 수 있겠지만, 그 누구도 하나님에 대한, 하나님의 아들에 대한 기준을 세울 수 없다. 역사적 인물로서의 예수님에 대해 책을 쓰는 학자들은 결국 자가당착에 빠진다. 처음에는 자신들이 생각하는 이상과 모델을 제시하고는 그 모델에 맞는 예수님에 대한 정보를 찾기 위해 복음서를 뒤진다. 예수님의 이미지를 미리 설정해 놓고는 그런 분이 계신지 알아보려고 성경을 펼치는 식이다. 지난 100여 년간 학자들은 기적을 행하지 않는 사회적 예수를 찾아다녔다. 자신들의 이성과 고정관념에 맞춰 예수를 그렸다. 하지만 100년이 지나도록 설득력 있는 그림을 만들어 줄 조각들조차 찾지 못하고 있다.

　예수님은 우리의 작은 머리로 이해하기에는 너무 크시다. 어떤 도식도 예수님을 담을 수는 없었다. 예수님 당시의 학자들은 예수님을 보며 당혹스러워하고 혼란스러워했다. 시바의 여왕은 솔로몬의 휘황찬란한 삶을 보고는 현기증을 일으켰다. 그리고 "내게 말한 것은 절반도 못되니"(왕상 10:7)라고 고백했다. 우리가 예수님을 하나님의 아들로 부르는 것은 예수님이 우리가 생각하는 하나님의 아들의 모습을 갖추셨기 때문이 아니다. 예수님에 대한 모든 진리는 예수님으로부터 온 것이다. 예수님의 얼굴빛은 모든 빛보다 더 밝다.

나는 교리서를 들고 아프리카로 가지 않았다. 아프리카에서 전도가 쉬운 이유는 내가 책 중의 책인 말씀을 굳게 붙들기 때문이다. 사람들이 예수 그리스도와 개인적이고 역동적인 관계를 맺도록 하는 것이 내 목적이다. 우리는 진리를 전하기만 하면 된다. 그럴 때 마귀가 도망가고, 질병이 사라지며, 악한 마음이 정케 되고, 무당이 성자로 변한다.

베드로는 설교에서 예수 그리스도의 이름 이외에는 "구원을 얻을만한 다른 이름을 우리에게 주신 일이 없음이니라"(행 4:12)고 선포한다. 이 선포가 틀렸다고 입증되지 않는 한, 논쟁은 무의미하다. 예수님이 구원하신다면 무엇 때문에 다른 것을 찾겠는가? 다른 사람들이 무엇을 믿는지 쳐다볼 필요가 어디 있겠는가? 에반더 홀리필드(Evander Holyfield)와 내가 권투 시합을 하게 됐다고 생각해 보자. 권투 전문가들은 우리 두 사람 사이의 공통점을 찾아낼 것이다. 우리 두 사람 모두 남자고, 둘 다 귀와 발과 손이 있다. 하지만 내가 홀리필드의 스피드와 힘을 따라가지 못한다면 그런 사전 비교가 다 무슨 소용이겠는가? 예수님에 대해서도 마찬가지다! 그 누구도 예수님에 필적할 수 없다.

물론 힌두교에서 도덕적, 윤리적 교훈을 얻을 수도 있다. 하지만 힌두교가 당신을 구원하는가? 힌두교가 당신에게 죄 사함과 기쁨과 회복을 줄 수 있는가? 힌두교에, 이슬람교에, 불교에 예수님과 같은 구세주, 하나님의 아들이 있는가? 그렇지 않다면 재론의 가치도 없다. 정말 중요한 문제는 간과한 채 피상적인 문제들 사이를 맴도는 대화가 될 뿐이다. 또 한 분의 그리스도가 추가로 있는 게 아니라면 논쟁 자체가 불가능하다.

고넬료를 향한 베드로의 설교는 크게 세 가지를 이야기한다.

1. 마귀에게 눌린 모든 자를 고치시고 건지시는 그리스도의 능력의 기름부음에 대한 설명
2. 십자가에 달려 돌아가신 예수님
3. 다시 사신 예수님

베드로는 이 핵심적인 사실들이 보여 주는 의미를 도출하며 결론을 짓는다. "저에 대하여 모든 선지자도 증거하되 저를 믿는 사람들이 다 그 이름을 힘입어 죄 사함을 받는다 하였느니라"(행 10:43). 새 천 년을 시작하는 이 세상에 이 메시지가 의미 없다 한다면, 그 어떤 메시지에서도 의미를 찾을 수 없을 것이다.

하나님이 주신 메시지는 실제로 일어난 역사의 핵심이었음을 기억하라. 하나님이 주신 메시지는 생각이나 계시, 이상이나 깨달음의 단순한 나열이 아니었다. 복음은 실질적이다. 하나님은 단 한 번도 철학적 개념만을 논하신 적이 없다. 하나님은 진리와 선(善)의 추상적인 개념에 대해 말씀하지 않으신다. 하나님은 진리와 선함의 성육신이신 예수님을 우리에게 보내셔서 우리가 그 진리와 선을 직접 볼 수 있게 하셨다.

첫 번째 단계는 당신이 그분을 직접 아는 것이다. 그리고 나면

다른 이들에게 그분을 소개하게 된다. 그분에 대해 이야기하고 싶은 만큼 할 수 있게 된다. 그분을 사랑하게 되면 분명 그분에 대해 많이 이야기하게 될 것이다. 사실 그분을 일단 알고 나면 그분에 대해 이야기하지 않고는 배기지 못할 것이다!

The Gospel And Sin
10장

복음과 죄

이 책에서 아직까지 죄에 대해서는 이야기하지 않은 듯싶다. 죄의 문제를 직면하지 않고는 전도할 수 없다. 죄는 인류의 근본적인 비극이며, 우리가 전도하는 이유이다. 온 세상이 죄에 대해 이야기한다. 이 세상 모든 사람이 십계명을 하나도 빠짐없이 지킨다면, 아마 저녁 뉴스 시간이 없어질 것이다! 뉴스를 원하는 대중들의 기호에 맞추기 위해 자극적인 소식들이 끊임없이 터져 나온다.

하지만 하나님의 말씀에 따라 죄의 문제와 전도를 이해하기 위해서는 먼저 구약과 복음서의 관계를 알아야 한다. 신약의 저자들은 구약을 통해 빚어졌다. 우리는 이 사실을 바탕으로 복음서를 읽어야 한다.

> 이 세상 모든 사람이 십계명을 하나도 빠짐없이 지킨다면, 아마 저녁 뉴스 시간이 없어질 것이다! 뉴스를 원하는 대중들의 기호에 맞추기 위해 자극적인 소식들이 끊임없이 터져 나온다.

구약과 복음서

마가복음은 이렇게 시작된다.

"하나님의 아들 예수 그리스도 복음의 시작이라"(막 1:1).

책을 참 기이하게 시작했다는 생각이 들지 않는가? 책이나 글이나 설교를 "이게 시작입니다"라는 식으로 시작하는 사람은 없다. 예를 들어, 이 책의 첫 장을 펼치는 순간 어디가 1장인지를 찾는 데 전혀 어려움이 없었으리라 믿는다. 하지만 마가가 이렇게 마가복음을 시작한 것은 명명백백한 사실을 다시 한 번 밝히기 위해서나 아둔한 독자들을 도와주기 위해서가 아니다. 마가는 첫 문장을 통해 이것이 복음의 시작임을 이야기하고 있다.

마가는 처음부터 구약의 이사야 선지자의 말을 인용한다. 마가복음의 첫 부분은 사실 이렇게 읽어야 한다. "선지자의 글에 … 기록된 것과 같이 … 복음의 시작이라." 구약과 구약에 담긴 계시는 실로 복음의 시작이다. 마가는 예수 그리스도의 기쁜 소식이 급작스레 튀어나온 하나님의 관심이 아님을 우리가 깨닫기를 바란다. 복음은 항상 있었다. 선지자들은 이 소식을 계속 흘려보내 주었다. 마가가 16장으로 구성된 마가복음에서 들려주는 이야기의 뿌리는 마가가 알고 있는 말씀, 즉 구약에 있다. 로마 교회에 보내는 편지에서 바울도 같은 이야기를 한다.

"나의 복음과 예수 그리스도를 전파함은 영세전부터 감추었다가 이제는 나타내신바 되었으며 영원하신 하나님의 명을 좇아 선지자들의 글로 말미암아 모든 민족으로 믿어 순종케 하시려고 알게 하신바 그 비밀의 계시를 좇아 된 것이니"(롬 16:25-26).

여기서 세상을 복음화하라는 우리의 사명을 담고 있는 복음서에 대해 우리가 알아야 할 네 가지를 살펴보도록 하자.

복음서는 복음의 수원(水原)이다

복음서를 알지 못하고는 복음을 알 수 없다. 복음서를 기록한 네 명의 전도자들이 없었다면 우리는 우리가 무엇에 대해 이야기하는지 알 수 없었을 것이다. 훌륭한 외판원은 물건만 파는 데 만족하지 않는다. 자신이 무엇을 파는지 정확하게 안다. 복음서는 전도하고, 증거하고, 가르치는 모든 사람에게 가장 기본이 되는 지침서다.

복음은 우리를 예수님께 소개한다. 예수님이 복음이다

복음은 단순한 죄 사함이나, 치유나, 램프의 요정 부리듯 하나님을 부리는 법이 아니다. 복음은 믿음이 우리를 위해 무엇을 해 줄 수 있는가가 아니라, 예수님이 우리를 위해 무엇을 해 주실 수 있는가에 대한 것이다.

역사를 일으키는 믿음을 억지로 자아내기 위해 자극적인 부분이나 초자연적인 현상에 초점을 맞춰 만들어진 영상물이나 출판물이 많이 있다. 수많은 세계적인 설교자들의 설교 테이프 카탈로그를 보면 대부분이 초자연적인 믿음의 역사라는 주제를 다루고 있다. 하지만 초대 교회 교인들은 초자연적인 믿음의 역사를 구하지 않았다. 그들은 거룩함을 갈망했고, 잃어버린 자를 구하기를 간구했다. 그랬을 때 기사와 이적이 이들을 뒤따랐다. 초대 교회 그리스도인들은 사람들을 깜짝 놀라게 하고 관심을 끌 만한 능력을 구하지 않았다. 이들은 표적과 대사건을 구하지 않았다. 이들의 관심사는 예수님의 사랑이었다. 이들의 목적은 사사로운 이익이나 개인의 유익이 아닌 하나님의 영광이었다.

전도는 하나님의 말씀으로 말미암아 말씀을 전하는 것이다

기독교 서적, 기독교 기고문, 기독교 설교가 넘쳐나지만, 성경과는 거의 관계없이 설교자나 저자의 생각만을 담고 있는 경우가 너무 많다. 우리는 도덕 명상집이 아닌 하나님의 말씀의 사역자다. 많은 이들이 좋은 것, 재미있는 것, 지혜로운 것들을 전하고 자신의 생각과 이상을 묶어 사람들에게 제시한다. 어느덧 이런 것이 습관처럼 되는 경우가 있다. 인간이 쉽게 걸려 넘어지는 함정이다.

> 말씀의 사역을 한다는 것은 말씀을 친구로 삼아 매일매일 말씀의 영향 아래서 산다는 의미다. 자연스럽게 말씀의 사랑에 반응한다는 의미다.

말씀의 사역을 한다는 것은 말씀을 친구로 삼아 매일매일 말씀의 영향 아래서 산다는 의미다. 자연스럽게 말씀의 사랑에 반응한다는 의미다. 말씀을 읽고, 연구하고, 묵상하고, 말씀에 집중하는 훈련을 통해 큰 유익을 얻을 수 있다. 사실 천성적으로 말씀을 가까이 하고 말씀과 함께하는 사람은 거의 없다. 하지만 말씀과 함께하는 삶을 훈련할 때 말씀으로부터 공급받고 그를 통해 우리 양들을 먹일 수 있게 된다. 하나님의 말씀을 통해 우리 입에서 흘러나가는 말에 생명이 있어야 한다. 시편 104편 16절은 "여호와의 나무가 우택에 흡족함이여"라고 기록한다. '눈물'이 아니라 '물'이다. 눈물을 짜내는 신파 조 이야기가 아니라, 말씀에서 오는 흡족한 물을 담아야 한다. 예화는 사람들을 웃기는 이야기가 아니라, 하나님의 말씀을 설명하기 위한 도구여야 한다. 사람들을 회심시키는 것은 하나님의 말씀이다.

성경 전체가 복음이다

우리는 하나님의 뜻을 모두(행 20:27) 선포하라고 부름받았다. 복음이라는 개념을 새로 만들어 그것을 전파하라고 부름받은 것이 아니다. 사람들은 흔히 추상적인 대여섯 개의 문장과 그 문장을 뒷받침할 수 있는 성경 구절을 묶어 복음이라고 말한다. 하지만 우리는 하나님의 모든 말씀을 통해 거듭난 자다. 다음의 성경 구절을 한번 살펴보자.

"너희가 거듭난 것이 썩어질 씨로 된 것이 아니요 썩지 아니할 씨로 된 것이니 하나님의 살아 있고 항상 있는 말씀으로 되었느니라 그러므로 모든 육체는 풀과 같고 그 모든 영광이 풀의 꽃과 같으니 풀은 마르고 꽃은 떨어지되 오직 주의 말씀은 세세토록 있도다 하였으니 너희에게 전한 복음이 곧 이 말씀이니라"(벧전 1:23-25).

베드로는 하나님의 말씀이 곧 복음이라고 이야기한다. 베드로의 말을 그대로 번역하면 이렇게 된다. "하나님이 말씀하신 것은 영원히 살아 있느니라. 주가 말씀하신 것이 너희에게 전해진 이 복음이니라"[「성경주석」(Word Commentary), 리처드 보컴(Richard J. Bauckham)]. 우리는 여기서 베드로가 하나님의 말씀이라고 했을 때 이것이 대개 구약을 의미함을 기억해야 한다. 당시는 신약이 한참 씌어지고 있는 상황이었다. 하나님의 말씀은 복음이며, 복음은 하나님의 말씀이다. 이 두 단어는 상호 호환이 가능하다. 복음은 성경의 일부를 발췌한 것이 아니라 성경 전체다. 사복음서는 구약에 둘러싸여 우리에게 왔다. 그러므로 믿지 않는 세상을 향한 메시지도 하나님 말씀 전체에 둘러싸인 메시지여야 한다.[1]

인간의 타락과 회복

창세기 3장 1절부터 24절은 인간의 타락에 대해 이야기한다. 구약과 복음서를 연결하는 고리는 바로 인간의 죄성이다. 전도에 관한 책에 죄 문제에 대한 언급이 빠져 있다면, 그 책은 미완이다. 우리를 죄에서 건지신 예수님이 바로 내가 전하는 복음이다. 인간의 본성에 깊이 자리 잡은 죄의 모습을 세계 도처에서 보게 된다. 죄는 혈관에 침투한 바이러스, 꼭 문둥병 같다. 인간의 범죄는 끔찍하고 추악한 죄의 증상이다. 증상은 병을 치료할 때에야 비로소 사라진다.

나아만 장군을 떠올려 보자(왕하 5장 참고). 그는 아람의 귀족이었다. 하지만 귀족이라도 병이 들면 죽을 수밖에 없었다. 나아만 장군은 병거와 깃발을 들고 군사적 위용을 자랑하며 엘리사에게 온다. 하지만 제복 밑에서 그의 살은 문둥병과 종기로 썩어 들어가고 있었다. 겉만 화려한 이 세상처럼 말이다.

사람들은 자신의 실패와 실수를 인정한다. 용서도 구한다. 하지만 그것만으론 충분치 않다. 문둥병을 고치겠다고 반창고 한두 개만 붙이고 마는 것이나 마찬가지다. 우리가 싸워야 할 적은 우리에게 생채기만 내고 마는 존재가 아니다. 악의 군단이다. 구약은 우리의 죄 이면에는 우리를 거스르는 죄의 본성이 숨어 있다고 기록한다(예: 사 59:7-8). 죄는 우리 안의 모든 좋은 은사를 무력화시

> 구약은 우리의 죄 이면에는 우리를 거스르는 죄의 본성이 숨어 있다고 기록한다

키는 먹구름이다. 많은 이들이 죄를 고백하고 사면의 메시지를 듣는 데 익숙해졌다. 하지만 내가 전하는 메시지는 단순한 사면의 메시지가 아니다. 구속의 메시지다! 할렐루야! 구원은 과거만 지워 주는 데 그치지 않는다. 옥문을 열어 준다!

인간의 본성에는 파괴의 씨앗이 내재되어 있다. 바울은 "선을 행하기 원하는 나에게 악이 함께 있는 것이로다"(롬 7:21)라고 했다. 구약은 인간의 실패를 가장 처절하게 보여 주는 책이다. 창세기에서 말라기에 이르기까지 구약은 인간이 철저히 실패했음을 기록한다. 아담의 족속은 타락한 족속이다. 에덴동산에서의 타락 이후로 기록된 모든 참극과 광기는 인간의 실패를 낱낱이 보여 준다. "선을 행하는 자가 없으니 하나도 없도다"(시 14:3).

복음은 문제의 뿌리를 파헤친다. 사람들은 죄의 본성 때문에 죄를 짓는다. 때문에 죄의 문제를 해결하기 위해서는 본성 자체를 바꿔야 한다. 사람들은 그저 가끔씩만 죄를 짓는 데 그치지 않고 심지어 죄성을 물려받는다. 불완전함이 대를 이어 가는 것이다. 질병, 빈곤, 무지는 죄의 뿌리에서 나온 악한 열매일 뿐이다. 치료나 교육이나 부의 재분배로도 근본적인 문제를 해결할 수 없다. 물론 이런 문제들을 완화시키기 위해 할 수 있는 일들을 해야겠지만, 이런 문제들은 결국 사람의 본성에서 비롯된다는 사실을 기억해야 한다. 악한 일들은 바다 안개처럼 난데없이 일어나지 않는다. 우리의 본성으로 인해 야기된다.

문제는 우리가 면허도 없이 단독운항을 하려 든다는 데 있다.

난폭운항의 결과로 사고가 발생하지만, 난폭운항 역시도 공동 조종사의 도움이나 안내 없이 비행기를 몰았을 때 나타나는 결과다. 많은 이들이 하나님 없이 인생의 조종석에 앉아 있다. 하지만 하늘나라 법정의 심판은 벌점 몇 점으로 끝나지 않는다. 예레미야는 여호와 하나님 없이 살아가는 이스라엘 전체를 바라보며 이렇게 울부짖었다. "여호와여 내가 알거니와 인생의 길이 자기에게 있지 아니하니 걸음을 지도함이 걷는 자에게 있지 아니하니이다"(렘 10:23).

스트롱 성경사전(Strong's Concordance)은 사람의 마음에 대한 성경구절을 800구절 이상 인용한다. 이 중에 700구절이 구약에 기록된 말씀이다. 예레미야 17장 9절은 다음과 같이 명료하게 요약한다. "만물보다 거짓되고 심히 부패한 것은 마음이라." 우리의 본성이 죄다. 우리의 마음은 그릇됐다. 예수님은 우리 눈에 있는 빛이 어두우면 그 어두움이 얼마나 더하겠느냐고 말씀하셨다(마 6:23). 인류는 영적으로 난시(亂視)다. 인간의 눈에 옳게 보인다고 옳은 것이 아니다. 하나님이 없을 때 삶에 대한 우리의 시야는 뒤틀리고 만다.

이 세상은 우리가 아주 가끔씩만 실수를 하는 천사 같은 존재라는 가정 하에 움직이는 것 같다. 인간은 개인의 양심이나 기호에 맞는 정책이 옳은 정책이라고 믿는다. 정부가 과오를 막기 위해 법을 도입하고 심하게 '실수'를 저지르는 사람들을 처벌할 수 있을지는 모르나, 근본적인 문제를 해결하기 위해서는 아무것도 하지 못한다. 죄는 인류의 전염병이다. 의학 발전으로도 해결할 수 없는 바이러스다.

바울은 "이 사망의 몸에서 누가 나를 건져 내랴 우리 주 예수 그리스도로 말미암아 하나님께 감사하리로다"(롬 7:24-25)라고 울부짖었다. 오랜 찬양의 가사가 생각난다. "나는 은혜로 구원받은 죄인일 뿐이네." 나는 이 찬양 가사에 동의할 수 없다. 우리는 더 이상 '죄인일 뿐'인 존재가 아니라 구속받은 하나님의 자녀로 죄에 반대되는 새로운 본성을 부여받은 자들이다. 앞으로도 죄를 짓는 일이 생길 수도 있지만, 더 이상 우리는 죄인이 아니다. 우리가 천국의 황금 길을 걸어갈 때 천사들이 뒤돌아서서 "지금은 괜찮아 보이지만, 저 사람이 예전에 어땠는지 상상도 못할 거야. 하나님이 그걸 다 덮어 주신 거지"라고 말할 이유가 이제는 전혀 없다. 우리는 죄 사함을 받은 자로서가 아니라, 믿음으로 의롭다 하심을 얻은 자로서 하나님 앞에 나아간다. 우리는 정결함 가운데 그리고 영광 가운데 그리스도 안에서 행해야 한다. 요한1서 3장 9절은 이렇게 기록한다. "하나님께로서 난 자마다 죄를 짓지 아니하나니 이는 하나님의 씨가 그의 속에 거함이요 저도 범죄치 못하는 것은 하나님께로서 났음이라."

스데반은 인간 본성의 폐부를 찔렀기 때문에 사람들에게 죽임을 당했다. 스데반은 하나님을 거스르는 것이 문제의 뿌리, 곧 죄의 원인이라고 말했다(행 7:51). 종교 지도자들은 스데반이 진리를 가지고 그들을 대면한다는 이유로 스데반을 미워했다. 귀신에 사로잡힌다는 표현이 있는데, '죄에 사로잡히다' 라는 표현도 만들어야 하지 않을까 싶다. 아담과 하와는 금단의 열매를 먹었을 뿐 아니라, 하나님의 낯을 피해 도망치고, 하나님으로부터 독립하려 했다. 마귀는 인류의 독립을 부추긴다. 자기 자신을 신으로 삼으라고 유혹한다. 하지만 복음은 마귀의 약점을 바로 공격한다.

> 마귀는 인류의 독립을 부추긴다. 자기 자신을 신으로 삼으라고 유혹한다.

- 복음은 우리의 생각뿐 아니라 마음까지 바꾼다.
- 복음은 긍정적 사고방식이 아니다.
- 복음은 하나님의 자녀처럼 행동해 보자는 단순한 격려의 메시지가 아니다.
- 복음은 '모든 게 마음먹기에 달렸다' 라는 식의 사고방식이 아니다.
- 복음은 주관적이 아니라 객관적이다.
- 복음은 심리적 조율이 아니라 하나님의 기적이다.
- 복음은 자기계발의 좋은 소식이 아닌, 아무 힘없는 자들을 위한 좋은 소식이다.

진정한 그리스도인의 교회는 구속받은 자들로 이루어진 교회다. 인간 최악의 결점은 자만과 자기 선(善)에 대한 교만이다. 하나님을 알지 못하는 죄다. "우리의 의는 다 더러운 옷 같으며"(사 64:6).

사람들은 교인들이 좋고, 음악이 좋고, 프로그램이 좋고, 주일

학교 활동이 좋고, 친구들이 많고, 모임이 좋고, 지도자들에게 호감이 간다는 이유로, 심지어 치유에 대한 믿음을 이유로 교회에 간다. 물론 이런 모든 요소들이 필요하기는 하지만, 기독교는 구세주에 대한 믿음을 근간으로 한다. 우리는 구세주가 우리를 구원해 주실 때에야 비로소 하나님께 나아갈 수 있다. 우리 삶에 대한 모든 책임을 그분께 맡기지 않는다면, 심판의 날이 이르렀을 때 우리 삶에 대해, 우리의 죄에 대해, 특히 그리스도를 거부한 죄에 대해 책임을 져야 할 것이다. 그분을 알기 위해 우리는 그분의 구원의 능력을 알아야 한다. 그리스도의 구원의 능력으로 구원받은 죄인들이 모인 곳이 바로 진정한 교회다.

거듭난 그리스도인들도 죄를 지을 수 있다. 하지만 분명한 차이가 있다. 거듭난 그리스도인들은 죄를 지어도 여전히 하나님의 가족이다. 요한은 요한1서를 다음과 같이 마무리한다.

> "누구든지 형제가 사망에 이르지 아니한 죄 범하는 것을 보거든 구하라 그러면 사망에 이르지 아니하는 범죄자들을 위하여 저에게 생명을 주시리라 사망에 이르는 죄가 있으니 이에 대하여 나는 구하라 하지 않노라"(요1 5:16).

대체 무슨 의미일까? 요한은 그리스도 안에 있으면서 죄를 짓는 것, 그리고 죄의 원칙 간의 차이점에 대해 이야기하고 있다. 그는 그리스도를 대적하는 것 또는 주님을 부인하는 것이 죄의 원칙이라고 설명한다. 반역이 곧 죄다. 에베소서 2장 2절은 인간을 "불순종의 아들들", 즉 대반역의 아들딸로 표현한다.

그리스도가 오실 때까지는 죄가 덮여 있었다. 그로 인해 하나님과 인간 사이에는 결코 좁혀지지 않을 것 같은 분리가 있었다. 그리스도는 하나님과 우리를 화목케 하셨다. 십자가 위에서 이 세상이 하나님과 화목할 수 있도록 하신 것이다. 우리의 반역을 해결하시고, 우리를 하나님의 자녀로 만드시고, 우리가 다시 집으로 돌아갈 수 있도록 해 주셨다. 우리는 여전히 죄를 짓는다. 하지만 그 죄가 우리를 하나님으로부터 끊지 못한다. 강도가 당신의 집에 돌을 던져 창을 깨면 그건 범죄다. 하지만 당신의 아들이 그랬다면 얘기가 달라진다. 한 형제가 기도 집회에 참석했다. 몇 주 동안 그는 기도 집회에서 하나님께 똑같은 기도를 했다. "주님, 제 삶을 깨끗케 하여 주옵소서. 거미줄을 걷어 주옵소서." 몇 주 동안 거미줄 기도를 듣다 못한 다른 형제가 소리쳤다. "주님! 그냥 그 거미를 죽여 주십시오!"

> 강도가 당신의 집에 돌을 던져 창을 깨면 그건 범죄다. 하지만 당신의 아들이 그랬다면 얘기가 달라진다.

구약에 등장하는 가장 경건한 사람들은 죄 사함에 대해 많이 이야기한다. 하지만 이들은 하나님과의 관계가 이들의 가장 근본적인 필요임을 알았다. 유대인들의 종교관이 다른 종교와 극명하게 갈리는 부분이다. 예나 지금이나 이교도들은 신과의 관계는 생각조차 하지 못했다! 이스라엘은 잘못에 대한 피상적 용서보다 하나님이 함께하시는지에 더 마음을 쏟았다. 주님은 복음을 위해 이들을 준비시키셨다. 유대인들은 무엇보다 하나님이 자신들에게서 얼굴을 돌리지 마시기를 구했다. 1년에 한 번 속죄일에 대제사장은 하나님의 임재로 들어갔다(레 16:34). 제사장이 다시 모습을 드러내면 백성들은 하나님이 여전히 그들 가운데 계시다는 확신을 얻었다.

하지만 이는 장차 올 좋은 일의 그림자에 불과했다. 진정한 실체는 그리스도를 통해 임했다. 그리스도인은 새롭고 산 길을 통해 담대히 그분의 임재로 나아간다. 예수님은 "내가 곧 길이요"(요 14:6)라고 말씀하셨다. 우리 주 예수님의 육체가 십자가에 찢긴 순간 예루살렘의 성막 휘장 한가운데가 찢어졌다(눅 23:45). 누구나 들어갈 수 있도록 지성소가 활짝 열렸다. 예수님이 단번에 진정한 속죄를 이루셨다.

구약을 읽으면서 다윗처럼 시대를 앞서 간 이들을 보게 된다. 다윗은 하나님이 자신과 함께하심을 알았다. 실로 심오한 계시요, 확신이었다. 다윗과 같은 깨달음을 얻은 사람은 거의 없었다. 그리스도인들의 깨달음은 다윗의 깨달음보다 더 크다. 그리스도는 우리의 죄를 사하실 뿐 아니라 하나님과 우리를 화목케 하신다. 죄 사함만 주시지 않고, 우리를 아버지께로, 아버지 집으로 다시 돌아가게 하시며, 성령으로 말미암아 하나님의 사랑을 우리 마음에 부어 주신다(롬 5:5). 우리가 미워하던 것을 사랑하고 사랑하던 것을 미워하게 하신다. 예수님은 우리와 하나님 사이에 세워졌던 모든 담을 허무신다. 기독교를 제외한 어떤 종교도 이 영광스런 진리를 상상조차 할 수 없다. 너무나 특별한 진리다. 이것이 진정한 복음이다. 복음은 죄의 현상뿐 아니라 죄의 본질을 해결한다.

Evangelism In The Gospels

11장

복음서의 전도

예수님이 들려주시는 탕자 이야기에서 아버지는 아들을 용서할 뿐 아니라 그를 다시 가족으로 받아들인다. 사실 굳이 그 아들을 집안에 들여야 했던 건 아니다. 아버지는 용서한다고 말만 하고 거기서 그냥 끝낼 수도 있었다. "내가 너를 용서한다. 그러니 이제 다시 돼지우리로 돌아가렴. 그동안 했던 나쁜 짓은 내가 눈감아 주마." 하지만 아버지는 아들에게 달려가 입을 맞춘다(눅 15:20, 이 구절에 사용된 헬라어 시제에 따르면 아버지는 아들에게 '계속해서 입을 맞췄다'). 아버지는 아들을 집으로 데려가 옷을 입히고 음식을 먹인다. 그리고 아들의 지위를 회복시킨다. 하나님이 어떤 분이신지 보여 주는 벅찬 그림이 아닐 수 없다.

우리를 향한 아버지의 이 같은 사랑의 확증은 구약에도 등장한다. 하지만 구약에서 나타난 사랑의 확증은 바늘구멍으로 보는 듯 작고 희미하다. 눈을 크게 뜨고 찾아봐야 하긴 하지만, 구약의 시작부터 그 사랑의 확증이 분명히 나타나 있다. 하지만 신약에서는 이 확증이 누구도 지나칠 수 없는 분명한 진리로 나타난다. 죄의 원칙이 쇠한다. "죄가 너희를 주관치 못하리니"(롬 6:14). 여기저기서 산발적으로 짓는 죄뿐 아니라 우리를 끈질기게 따라다니는 죄도 있다. 하지만 그리스도가 우리를 구원하시면 모든 죄의 뿌리 자체가 사라져버린다. 이것이 우리가 세상에 전해야 할 복음이다.

전도자로서 나는 사복음서를 어떻게 보는가? 사복음서는 그의 아들 예수님에 대한 하나님의 계시다. 이 세상 어떤 책도 사복음서에 견줄 수 없다. 사복음서는 우리에게 예수님의 삶을 들려주는 데 그치지 않는다. 사복음서는 일대기도, 역사서도 아니다. 적어도 나는 그렇지 않다고 생각한다. 사실 나는 사복음서가 성령님이 사용하시기 위해 특별히 설계한 책이라고 생각한다. 사복음서는 손에 꼭 맞게 제작된 공구처럼 성령님이 직접 손에 꼭 맞게 빚으신 책들이다. 성령님은 우리가 예수님에 대해 알아야 할 것이 무엇인지 알려 주시기 위해 복음서를 도구로 사용하신다. 다른 책이나 다른 도구를 사용하실 수도 있지만 사복음서는 성령님이 하나님의 아들에 대해 주시는 모든 계시의 원천이다. 기적을 통해 그리스도가 증거될 수도 있다. 하지만 우리는 무엇보다 먼저 우리가 어떤 그리스도를 증거하는지를 알아야 한다. 성령님은 복음서를 통해 참 아들을 볼 수 있도록 우리 눈을 열어 주신다. 우리에게 복음서를 주신 그 성령님이 이제 우리로 하여금 복음서에 담긴 그리스도의

> 사복음서는 그의 아들 예수님에 대한 하나님의 계시다.

영광을 보게 하신다.

마태의 복음

마태복음은 예수 그리스도의 주 되심, 즉 주권과 하나님 나라라는 두 가지 위대한 주제를 제시한다.

예수 그리스도의 주 되심

초대 교회가 전한 메시지의 핵심은 '예수님이 주 되신다'는 것이었다. 이 메시지를 선포하기 위해 수많은 그리스도인들이 기꺼이 자신의 생명을 던졌다. 이들은 지금 이 순간 예수님이 주(主) 되신다고 선포했다. 예수님은 아주 먼 미래에 언젠가 왕관을 쓰시게 될 분이 아니다. 그분은 지금 주가 되신다. 예수님은 이렇게 말씀하셨다. "하늘과 땅의 모든 권세를 내게 주셨으니"(마 28:18).

우리가 그분에게 왕관을 씌워드린다고 생각하지 말라. 작은 자가 큰 자에게 왕관을 씌우는 법은 없다. 큰 자가 작은 자에게 왕관을 씌운다. 그분이 우리를 보좌에 앉혀 주실 수는 있지만, 우리는 그분을 보좌에 앉혀드릴 자격이나 지위가 없는 존재다. 우리는 그분을 왕으로 선출할 자격이 없다. 예수님은 민주적으로 선출된 왕이 아니다. 그분은 창조주요, 구세주로 스스로 왕좌에 앉으신 분이다. 오직 그분만이

> 우리가 그분에게 왕관을 씌워드린다고 생각하지 말라. 작은 자가 큰 자에게 왕관을 씌우는 법은 없다. 큰 자가 작은 자에게 왕관을 씌운다.

왕 되시기에 합당하시다. 그분 외에는 그 누구도 왕이 될 수 없다.

전도는 주 되신 예수님을 선포하는 것이다. 예수님은 모든 것, 모든 차원, 모든 공간, 모든 세계의 주가 되시기 때문에 능히 우리를 구원하실 수 있다. 세상은 예수님의 주 되심을 거부하지만, 결국은 굴복할 수밖에 없다. "하늘에 있는 자들과 땅에 있는 자들과 땅 아래 있는 자들로 모든 무릎을 예수의 이름에 꿇게 하시고 모든 입으로 예수 그리스도를 주라 시인하여 하나님 아버지께 영광을 돌리게 하셨느니라"(빌 2:10-11). 바울도 우리가 화목케 하는 직분을 받은 사신이라고 이야기하면서 유사한 말을 했다(고후 5:18-20).

예수님은 제자들을 두 번 보내셨다. 한 번은 열두 제자를 보내셨고(마 10:1), 나머지 한 번은 70명의 제자들을 보내셨다(눅 10:1). 제자들이 전도 여행을 마칠 때까지 예수님은 제자들을 통해 그분의 이 땅 권세를 확장하셨다. 오순절에 이 권세는 새로이 확장되었고 땅 끝까지 뻗어 가는 영원한 권세가 되었다. 아덴에서 바울은 이렇게 선포했다.

"신께서는 천지의 주재시니 … 이제는 어디든지 사람을 다 명하사 회개하라 하셨으니 이는 정하신 사람으로 하여금 천하를 공의로 심판할 날을 작정하시고 이에 저를 죽은 자 가운데서 다시 살리신 것으로 모든 사람에게 믿을만한 증거를 주셨음이니라"(행 17:24, 30-31).

이는 초대 복음 전도자들이 선포한 활활 타오르는 진리였다. 회개하라! 예수님이 주 되신다. 그의 나라가 이 땅을 다스리시며 주의 주가 되시기 위해 그는 다시 오실 것이다. "그 아들에게 입맞추라 그렇지 아니하면 진노하심으로 너희가 길에서 망하리니 그 진노가 급하심이라 여호와를 의지하는 자는 다 복이 있도다"(시 2:12). 세상이 그분을 주님으로 받아들이든 그렇지 않든, 예수님은 주 되신다.

> 이는 초대 복음 전도자들이 선포한 활활 타오르는 진리였다. 회개하라!

하나님 나라

예수님은 베드로에게 천국 열쇠를 주셨다(마 16:19). 많은 사람들의 생각과 달리 예수님이 진주문을 여는 황금열쇠를 베드로에게 주셨다는 것은 아니다. 천국 열쇠는 바로 복음이다. "진실로 진실로 네게 이르노니 사람이 거듭나지 아니하면 하나님 나라를 볼 수 없느니라"(요 3:3).

베드로가 천국 열쇠를 받은 유일한 사람은 아니라 하더라도 그는 분명 오순절 날 가장 먼저 그 열쇠를 사용했다(행 2:14-41). 그는 유럽인(고넬료)을 하나님 나라에 들이는 데(행 10:1-48) 천국 열쇠를 가장 먼저 사용한 사람이기도 하다. 베드로는 유대인과 이방인에게 천국 문을 활짝 열어 주었다.

그 의미를 정확하게 이해하기 위해 성경의 다른 구절을 살펴보자.

"세례 요한의 때부터 지금까지 천국은 침노를 당하나니 침노하는 자는 빼앗느니라 모든 선지자와 및 율법의 예언한 것이 요한까지니"(마 11:12-13).

이해하기 쉽지 않은 구절임은 분명하지만 한 가지는 확실하다. 세례 요한의 때까지 하나님 나라는 임하지 않았다. 요한은 "회개하라 천국이 가까왔느니라"(마 3:2)고 선포했다. 예수님도 동일한 메시지를 선포하며(마 4:17) 사역을 시작하셨다. 하나님 나라의 메시지가 좋은 소식이었기에 마태는 마태복음에서 자주 그 메시지를 인용한다. 하나님 나라의 메시지는 '새로운' 소식이었다.

하나님 나라의 복음은 우리의 메시지이기도 하다. 하지만 갈보리와 부활 사건 이후 이 메시지는 새로운 모습을 띠게 됐다. 하나님 나라의 자녀인 우리는(마 13:38) 주 되신 그리스도께 순복하라고 선포하며 회개를 촉구함으로써 이 선포에 반응하는 모든 이들이 풍성한 영광의 하나님 나라로 들어갈 수 있도록 해야 한다. 우리는 교리를 전파하는 사람들이 아니다. 우리는 역사적인 선포와 공포를 하는 사람들이다. 복음은 왕 되신 그리스도를 선포한다!

하나님의 자녀인 우리는 새로운 그리스도 중심의 질서 아래서 살아간다.

"(그가) 우리로 하여금 빛 가운데서 성도의 기업의 부분을 얻기에 합당하게 하신 아버지께 감사하게 하시기를 원하노라 그가 우리를 흑암의 권세에서 건져내사 그의 사랑의 아들의 나라로 옮기셨으니"(골 1:12-13).

이 세상은 반군에게 점령당했다. 한때 이 세상은 사탄의 지배와 억압 아래 있었으나(요1 5:19) 예수님이 전쟁터에 들어오시는 순간 하나님 나라의 군대가 맹위를 떨치기 시작했다. 그리스도 안에 하나님 나라의 권세가 나타났다는 증거로 사상 처음으로 귀신이 쫓겨 간다. 예수님의 명령에 의해서 말이다. 예수님의 궁극적 승리를 통해 우리도 이제 귀신을 쫓아냄으로써 우리를 사랑하시는 이로 말미암아 우리가 넉넉히 이긴다는 사실을 입증할 수 있다(롬 8:37). 전도는 영적 전쟁이다. 우리가 복음을 들고 앞으로 한 걸음씩 나아갈 때마다 어둠의 세력은 후퇴를 거듭하게 된다.

바울은 하나님의 말씀이 우리가 전쟁에 사용하는 무기라고 이야기한다(고후 10:3-5, 엡 6:17). 기도 중에 마귀와 맞서기 위해 일대일로 싸우듯 마귀를 대적하는 기도를 하라는 구절은 성경에 없다. 바울은 하나님의 전신갑주를 입으라는 비유를 한다. 하지만 성령의 검, 곧 하나님의 말씀을 제외하고는 투구, 흉배, 방패 등 모두가 보호를 위한 장비다(엡 6:11-17). 우리는 영적인 세력들과 '씨름' 한다(엡 6:12). 하지만 성경은 기도만으로 승리할 수 있다고 말하지 않는다. 우리의 싸움에서 기도는 핵심적인 역할을 차지하지만 공격 무기로는 거론되지 않는다.

기도로는 우리 자신의 힘과 권세를 만들어 낼 수 없다. 예수님의 승리를 통해 그리스도 안에서 이미 우리에게는 권세가 있다. 계시록은 "우리 형제들을 참소하던 자 곧 우리 하나님 앞에서 밤낮 참소하던 자가 쫓겨 났고 또 여러 형제가 어린 양의 피와 자기의 증거하는 말을 인하여 저를 이기었으니"(계 12:10-11)라고 기록한다. 우리는 증언뿐만 아니라 우리가 증언하는 말씀으로 이겨야 한다. 우리가 증언하는 말씀은 바로 살아 있고 활력이 있는 하나님의 말씀에 대한 증언이다. 히브리서 4장 12절은 "하나님의 말씀은 살았고 운동력이 있어 좌우에 날선 어떤 검보다도 예리하여"라고 기록한다. 효과적인 증언은 말의 유려함이 아니라 하나님의 말씀에 달렸다.

우리는 하늘과 땅의 주 되시는 왕의 종으로 앞으로 나아간다. 우리가 성령의 기름부음받아 하나님의 말씀에 힘입어 권세를 가지고 복음을 선포하며 회개를 명할 때, 기사와 이적을 통해 우리의 권세가 확증된다. 이것이 전도자의 할 일이다. 이것이 전도자가 기름부음받은 목적이다. 마태는 지상명령의 완성을 위한 고전적인 해법을 보여 준다.

마가의 복음

마가복음은 매우 개인적인 복음이다. 마가는 사도가 아니었고, 어쩌면 한 번도 예수님을 직접 만난 적이 없었는지도 모른다. 초대 교회 기자들 중 한 명은 마가가 베드로가 하는 이야기를 듣고 마가복음을 적었다고 했다. 사실 마가복음의 배후에 예수님을 아주 가까이에서 관찰한 사람, 예수님을 친밀하게 알았던 누군가가 있다고 생각할 수 있는 근거가 상당히 많다. 마가는 '곧'(Immediately)이라는 단어를 빈번히 사용한다. 예수님의 사역의 즉각성은 베드로에게 충격으로 다가왔다. 당연히 그랬을 것이다. 베드로 자신도 상당히 '즉각적인' 사람이었다. 때문에 베드로는 예수님이 지체하지 않으시고 할 일에 바로 착수하시는 분이심을 알아차렸다. 물론 예수님의 즉각성과 베드로의 즉각성은 달랐다. 베드로는 충동적이었던 반면, 예수님은 완전한 지혜 가운데 행하셨다.

마태와 누가는 예수님의 탄생에 대한 이야기로 책을 시작한다. 요한은 "태초에"(요 1:1) 있었던 말씀에 대해 이야기한다. 하지만 마가복음의 시작은 다르다. 목자들이나 동방박사들이나 천사들의 이야기도 등장하지 않는다. 마가는 바로 이사야 선지자와 말라기 선지자의 말을 인용한다.

이미 좋은 소식이 구약에서부터 시작되었다고 앞에서 살펴보았다. 선지자들은 일반적으로 이스라엘에 임할 고난과 시련에 대해 이야기했지만, 이스라엘이 자초한 모든 고난 한가운데 좋은 소식이 있었다.

"너희 하나님이 가라사대 너희는 위로하라 내 백성을 위로하라 너희는 정다이 예루살렘에 말하며 그것에게 외쳐 고하라 그 복역의 때가 끝났고 그 죄악의 사함을 입었느니라 그 모든 죄를 인하여 여호와의 손에서 배나 받았느니라 할찌니라 외치는 자의 소리여 가로되 너희는 광야에서 여호와의 길을 예비하라 … 여호와의 영광이 나타나고 모든 육체가 그것을 함께 보리라 대저 여호와의 입이 말씀하셨느니라"(사 40:1-3, 5).

> 좋은 소식은 "누군가가 오고 있다!"고 알리는 개인적인 소식이다. 하나님은 이런 분이시다. 하나님은 사람들에게 몇 가지 생각만 던져 주시고 마시는 분이 아니다. 하나님은 사람들을 보내신다. 하나님은 예수님을 보내셨고, 우리를 보내신다.

좋은 소식은 새로운 가르침이나 새로운 은사가 아니었다. 좋은 소식은 바로 주님의 오심을 예비해야 한다고 광야에서 외치는 소리였다. 좋은 소식은 "누군가가 오고 있다!"고 알리는 개인적인 소식이다. 하나님은 이런 분이시다. 하나님은 사람들에게 몇 가지 생각만 던져 주시고 마시는 분이 아니다. 하나님은 사람들을 보내신다. 하나님은 예수님을 보내셨고, 우리를 보내신다.

복음은 단순한 교리가 아니라 개인적인 일이다. 탄탄한 가르침이 중요한 것은 사실이나 사람들을 그리스도인으로 만들기 위해 우리는 복음주의적인 가르침에 그치지 말고, 예수님께 그들을 접붙여야 한다(마 18:18-20). 예수님은 "내게 오는 자는 내가 결코 내어 쫓지 아니하리라"(요 6:37)고 말씀하셨다. 기독교는 강령이 아니라 관계다. 따라서 전도자로서, 증인으로서의 역할을 담당함에 있어 개인으로서의 우리가 매우 중요하다. 우리의 개성과 그리스도가 함께 결합해 전도의 일을 해 나가게 되기 때문이다.

세례 요한은 선지자였다. 그는 예수님을 소개했다. 우리는 평범한 사람들이지만, 우리도 세례 요한과 같은 일을 한다. 바로 전도의 일이다. 전도는 우리 각자가 인자이신 예수 그리스도를 소개하는, 인격과 개성이 담긴 일이다. TV든, 라디오든, 테이프든, 우리가 전도를 위해 어떤 매체를 사용하든 간에, 거기서 사람 냄새가 나야 한다. 성령님이 우리를 통해 살아 계신 예수님을 드러내시기에, 예수님을 소개하는 우리의 말에는 '나'라는 대명사가 아주 많이 들어가야 마땅하다.

그리스도의 진리를 직접적이고 직설적으로 진술하는 것이 진정한 전도자의 정신이다. 이 정신은 많은 이들이 익히 알고 있는, '유황불'이 쏟아지기라도 할 듯이 청중들에게 손가락을 들이대며 선포하는 전도자 스타일과는 확연히 다르다. 마가는 그렇게 하지 않는다. 그저 할 얘기만 하고는 자리를 뜬다. 하나님의 일은 하나님의 성령이 하신다. 우리는 성령님의 일을 대신할 수 없다. 우리가 할 일은 복음의 선포다. 우리 자신이 예수님을 알게 되면, 우리 말에서 확신이 배어나올 수밖에 없다. 믿지 않기로 마음을 정한 사람에게는 논쟁이 아무 소용없다. 하나님이 일하시도록 하자. 굳이 험한 비포장도로를 지나 돌고 돌아 주님께 오는 사람들도 있다.

> 우리 자신이 예수님을 알게 되면, 우리 말에서 확신이 배어나올 수밖에 없다.

논쟁을 통해 복음을 전하려 할 때 결과는 자멸이다. 논리나 말의 지혜는 믿음의 근간이 될 수 없다. 진리를 선포하고, 진리를 알고, 예수님을 아는 것으로 족하다. "자신의 견해를 강요함으로써 상대방을 침묵시켰다고 해서 그 사람이 설득된 것은 아니다"라는 격언도 있다. 마가복음은 독자들을 가른다. 겸손하고 마음이 열린 독자는 마가복음에 기록된 말씀을 믿을 것이다. 하지만 자신의 지성을 의지하는 교만한 독자는 믿지 않을 것이다. 믿으면 보게 될 것이다. 그러나 믿지 않으면 하나님이 하늘을 여시고 이 땅에 내려오셔서 눈앞에 서신다 하더라도 하나님을 보지 못할 것이다(눅 16:31, 요 20:29). 사실 예수님의 역사가 바로 이런 역사였다. 마가를 통해 베드로는 전도 방법을 전수한다. 그리스도를 선포하라, 그를 더 잘 알아 가라, 그리스도가 말씀에 기록된 바로 그분이심을 증거하라.

마가복음은 '결어(結語)가 있는 수난의 서사' 라 불린다. 그리스도의 십자가가 마가복음의 절반을 차지한다. 부활에 대해 기록된 부분은 14절밖에 되지 않는다. 베드로가 기억하는 예수님은 갈릴리를 다니셨고, 십자가로 가신 예수님이다. 전도는 자신이 알고 사랑하는 이, 곧 인자요, 그리스도이신 예수님에 대해 한 사람이 들려주는 이야기다.

누가의 복음

누가복음의 서두는 책 전체의 주제와 분위기를 정해 준다. 누가는 노부부인 사가랴와 엘리사벳의 이야기로 책을 시작한다. 사람들은 제사장 반열에 속했는데도 자식이 없었던 이 부부를 딱하게 여겼다. 대를 이을 자녀가 없다는 것이 이들에게도 크나큰 슬픔이었을 게다. 하지만 그의 아들의 오심을 공포하기 위해 하나님은 이 노부부에게 너무 특별한 아들, 세례 요한을 주사 이들을 축복하신다. 예수님은 여자가 낳은 자 중에 세례 요한보다 큰 자가 없다고 말씀하셨다(눅 7:28). 나는 개인적으로 누가가 궁핍한 사람들에게 관심을 기울이면서도 부유하고 유명한 이들에 대해서도 상당 부분 초점을 맞추고 있다는 느낌을 받았다. 누가는 외면적으로 부유한 이들이야말로 영적으로 궁핍한 사람들이라고 생각했다.

궁핍한 부자들

누가의 좋은 소식은 생명을 잃어버린 사람들, 외인들, 특히 다른 사람들의 눈에는 화려한 인생을 살아온 헤롯과 이스라엘의 영적 지도자들과 같은 사람들을 향한 것이었다. 누가는 자신이 기록한 두 번째 책인 사도행전에서도 같은 기조를 이어 간다. 베스도와 아그립바와 왕족들에게 복음을 선포하는 바울의 목소리에는 연민이 묻어 있다. 바울은 "당신 뿐아니라 오늘 내 말을 듣는 모든 사람도 다 이렇게 결박한 것 외에는 나와 같이 되기를 하나님께 원하노이다"(행 26:29)라고 외친다. 누가복음과 사도행전의 핵심인 궁핍한 부자들을 향한 전도의 메시지를 담은 외침이다.

누가복음은 예시로 가득하다. 예수님은 유산분쟁을 벌이고 있는 한 사람을 만났을 때 예수님은 그에게 물질이 저주가 될 수 있다면서 다른 곳에서 행복을 찾으라고 말씀하신다. "사람의 생명이 그 소유의 넉넉한데 있지 아니하니라"(눅 12:15). 또한 잔치에 가서 높은 자리에 앉고자 하는 이들에게 끝자리에 앉는 것이 더 낫다고 말씀하신다(눅 14:8-10). 예수님은 그 이외에도 많은 이야기를 들려주신다.

- 백 마리 양을 가지고 있으나 잃은 양 한 마리를 염려하는 목자(15:4-7)
- 열 드라크마를 가지고 있으나 한 드라크마를 잃자, 찾기 위해 온갖 애를 다 쓰는 여인(15:8-10)
- 재물로 인해 쓰라린 경험을 하게 되는 아버지와 두 아들의 이야기(15:11-32). 탕자는 돈으로 생명을 얻을 수 있다고 믿었고, 맏아들은 모든 것을 가졌으나 마음이 부패하여 기쁨에 참여하기를 거부한다. 아버지는 재물로 인해 탕자를 잃는 슬픔을 경험해야 했고, 탕자가 돌아왔을 때는 맏아들이 분노하는 모습을 봐야 했다.

거지 나사로와 매일 지나다니며 그를 보았던 부자의 이야기도 있다. 두 사람 모두 죽는다. 하지만 부자는 뒤늦게 지옥에서 천국에 있는 나사로에게 도움을 청한다(16:19-31).

예수님은 '궁핍한 부자들'에 대한 근심의 마음을 숨기지 않으셨다. 신약에서 가난함과 가난한 자들에 대해 기록한 구절 중 4

분의 1 이상이 누가복음의 구절이다. 돈이 없어 물질적으로 가난한 사람들은 '복 있는 자'라 불린다. 이들이 엄청난 부를 소유한 사람들과 비교도 되지 않을 만큼 부요할 수 있기 때문이다. 누가복음은 마리아의 송가라 불리는 마리아의 예언을 기록하고 있다.

"그의 팔로 힘을 보이사 마음의 생각이 교만한 자들을 흩으셨고 권세 있는 자를 그 위에서 내리치셨으며 비천한 자를 높이셨고 주리는 자를 좋은 것으로 배불리셨으며 부자를 공수로 보내셨도다"(눅 1:51-53).

누가복음 18장 18절에서 30절은 어떻게 해야 영생을 얻을 수 있냐고 예수님께 묻는 부자청년의 이야기를 기록한다. 이 짧은 이야기는 부자 청년이 근심하며 돌아가는 장면으로 끝난다. 자신의 재산을 지킨 것은 분명한데 그렇다면 그는 자신의 영혼을 잃은 것일까? 예수님은 부자가 하나님 나라에 들어가기란 거의 불가능하다고 말씀하신다. 오직 하나님의 위대한 능력으로만 가능하다. 이 대목에서 계시록의 두 구절이 떠오른다. 이 두 구절은 가난함과 부유함을 극명하게 대조한다.

"처음이요 나중이요 죽었다가 살아나신 이가 가라사대 내가 네 환난과 궁핍을 아노니 실상은 네가 부요한 자니라"(계 2:8-9).
"네가 말하기를 나는 부자라 부요하여 부족한 것이 없다 하나 네 곤고한 것과 가련한 것과 가난한 것과 눈 먼것과 벌거벗은 것을 알지 못하도다 내가 너를 권하노니 내게서 불로 연단한 금을 사서 부요하게 하고"(계 3:17-18).

나사렛에서 그리스도는 자신의 사명을 선포하셨다. "주의 성령이 내게 임하셨으니 … 가난한 자에게 복음을 전하게 하시려고"(눅 4:18). 하지만 누가 가난한 자들인가? 야고보는 이 부분에 대해 많은 이야기를 들려준다.

"낮은 형제는 자기의 높음을 자랑하고 부한 형제는 자기의 낮아짐을 자랑할찌니 … 부한 자도 그 행하는 일에 이와 같이 쇠잔하리라"(약 1:9-11).

"하나님이 세상에 대하여는 가난한 자를 택하사 믿음에 부요하게 하시고 또 자기를 사랑하는 자들에게 약속하신 나라를 유업으로 받게 아니하셨느냐"(약 2:5).

"들으라 부한 자들아 너희에게 임할 고생을 인하여 울고 통곡하라"(약 5:1).

속한 데 없는 이들의 하나님

고향 나사렛에서 예수님은 두 이방인에 대한 말씀을 선포하셨다(눅 4:24-27). 엘리야 선지자 때 흉년 중에 양식을 공급받은 과부(왕상 17:1-16)와 문둥병을 고침받은 수리아 군대 장군(왕하 5:1-14)에 대해 설교하셨다. 이들이 이스라엘에 속하지 않았음에도 불구하고 하나님은 이들의 필요를 채우셨다.

예수님 당시 유대인들은 이방인들을 절대 인정하지 않았다. 하나님이 이스라엘에 있는 그분의 백성을 그냥 지나치시고 유대인이 아닌 사람들에게 은혜를 베푸실 수 있다는 이야기를 듣고 예수님의 고향 사람들은 격분했다. 누가는 이 이야기를 통해 하나님이 속할 데 없는 이들의 하나님이심을 보여 준다. 하나님은 닻 없는 배처럼 떠돌아다니는 잃어버린 자들에게 다가가신다.

> 하나님은 속할 데 없는 이들의 하나님이시다. 하나님은 닻 없는 배처럼 떠돌아다니는 잃어버린 자들에게 다가가신다.

누가복음은 '사회적 복음'을 옹호하는 이들이 즐겨 인용하는 책이다. 하지만 누가는 계급의 문제를 넘어, 살아도 사는 게 아니라고 생각하는 이들에게 눈을 돌린다.

예를 들어, 누가복음 8장 43절에서 48절의 말씀은 예수님의 옷자락을 만진 후 혈루증을 고침받은 여인의 이야기를 들려준다. 끊임없는 출혈은 이 여인에게 말할 수 없는 고통을 안겨다 주었다. 빈혈에 시달리며, 언제나 몸에 힘이 없고, 숨이 가빴을 뿐 아니라, 이제는 걷기조차 힘들어졌다. 모든 재산을 의사에게 갖다 바친 끝에 이젠 남은 재산이 없었다. 돈이 없었기 때문에 기력을 보충할 음식을 살 돈도 없었다. 규례 상 부정한 여인이었기에 그 여인과 접촉한 모든 사람과 모든 물건은 부정하게 여겨졌다(레 15:19-30). 아무도 그 여인의 친구가 되어 주지 않았다. 그 여인을 원하는 사람도 아무도 없었다. 여인은 문둥병자처럼 사회의 이방인이었다.

예수님은 순서에 따라 각 마을을 순회하셨고, 여인은 예수님이 자신이 있는 마을에도 오신다는 걸 알고 있었다. 마침내 예수님이 그 마을에 오셨을 때 여인은 사람들 틈을 힘들게 비집고 들어가 예수님의 옷 끝자락에 손을 댔다. 그리고 그 즉시로 치유를 받았다. 여인은 치유를 받은 그 순간 바로 알았다. 예수님도 아셨다. 이어 누가복음은 치유 다음에 이어지는 사건을 기록한다.

예수님은 누가 당신의 몸에 손을 댔는지 물으셨다. 흠, 수십 명이 아니었을까? 예수님 바로 앞에 서 있다가 예수님과 몸을 부대끼고 나중에 예수님과 어깨가 닿았다고 자랑한 사람도 있었을 게다. 혹시 예수님이 손을 대시고 고쳐 주실지 모른다는 기대로 예수님의 뒤를 계속 따라 다닌 병자들도 많이 있었을 것이다. 나사렛에서 온 기적을 일으키는 사람 가까이 있고 싶어 하는 사람들이 언제나 끊이지 않았다. 하지만 "내게 손을 댄 자가 누구냐"는 예수님의 말씀에 모든 사람들이 굳은 듯이 멈춰 섰다. 예수님은 당신께 손을 댄 자를 힐난하시는 듯 주변을 둘러보셨다. 군중을 둘러보시는 예수님의 눈길에 사람들이 뒤로 주춤주춤 물러나기 시작했다.

그때 여인이 부들부들 떨며 앞으로 나왔다. 왜 그랬을까? 자신이 예수님을 만졌고, 자신의 부정함 때문에 예수님도 부정해지실 것을 알았기 때문이다(마찬가지로 죄로 인한 우리의 부정함이 그분을 더럽혔다 – 예수님은 우리를 위하여 십자가에서 죄로 삼은 바 되셨다(고후 5:21)]. 잔치에 찬물을 끼얹은 사람이 대체 누구인지 보기 위해 모든 사람들이 고개를 돌렸다. 모든 사람들의 눈길이 여인에게 쏟아졌고, 주변은 쥐 죽은 듯이 조용해졌다. 하나님의 아들 예수 그리스도는 사회 전체의 외면을 받은 한 여인, 이름 없는 그 한 사람에게 온전히 집중하셨다. 여인의 외로움과 아픔에 온 하늘나라가 분개했고, 하나님은 그 순간, 오직 그 여인 한 사람을 위해 그의 아들을 보내셨다. 최종 평결이 내려졌다. 언젠가 열방을 심판하시고, 강력한 제국들에게 형벌을 내리실 그분, 하늘과 땅의 주와 창조주 되시는 그분이 그 순간 모든 것을 멈추시고 말씀하셨다. "딸아 네 믿음이 너를 구원하였으니 평안히 가라" (눅 8:48).

> 하나님의 아들 예수 그리스도는 사회 전체의 외면을 받은 한 여인, 이름 없는 그 한 사람에게 온전히 집중하셨다. 여인의 외로움과 아픔에 온 하늘나라가 분개했고, 하나님은 그 순간, 오직 그 여인 한 사람을 위해 그의 아들을 보내셨다.

우리가 부하든 가난하든, 크든 작든, 그리스도의 눈은 우리를 있는 모습 그대로 보신다. 그는 "친히 사람의 속에 있는 것을 아시므로 사람에 대하여 아무의 증거도 받으실 필요가 없음이니라"(요 2:25)라고 성경은 기록한다. 사람들에 대한 그분의 반응은 언제나 동일했다. 언제나 사랑이었다. 예수님은 사람들을 언제나 사랑하셨다. 마가는 예수님이 부자 청년을 사랑하셨다고 기록한다. 예수님은 제자들 중 가장 나이 어리고 보잘것없는 요한을 사랑하셨다. 사람들은 인자이신 예수님의 사랑의 파도에 완전히 잠겨 버렸다. 그분의 따뜻하고, 솔직하고, 포근한

은혜로우심에 감격하고 말았다. 그분을 만나는 그 순간은 결코 잊지 못할 순간이었다.

누가복음은 예수님이 밀밭 사이를 거니시다 일어난 어느 안식일의 사건을 기록한다. 배가 고픈 제자들은 밀 이삭을 잘라 손으로 비벼 먹었다. 바리새인들은 제자들이 추수하는 모습, 그러니까 일을 하고 있는 모습을 보고는 예수님께 말한다. "어찌하여 안식일에 하지 못할 일을 하느뇨"(눅 6:2). 누가는 예수님의 답변 일부를 기록한다. 하지만 마태는 구약의 말씀을 인용하면서 예수님이 이렇게 말씀하셨다고 기록한다. "나는 자비를 원하고 제사를 원치 아니하노라 하신 뜻을 너희가 알았더면 무죄한 자를 죄로 정치 아니하였으리라 인자는 안식일의 주인이니라"(마 12:7-8).

예수님은 제자들이 주렸음을 아셨다. 하지만 그날이 안식일이었기 때문에 제자들은 떡을 살 수도, 요리를 할 수도 없었다. 바리새인들도 이 사실을 알았다. 하지만 바리새인들의 머릿속에는 인간의 필요가 아닌 온통 인간의 실패에 대한 생각뿐이었다. 제자들이 주렸는지 아닌지는 전혀 중요치 않았다. 바리새인들은 오직 규칙과 의식만을 염려했다. 하지만 예수님은 경건보다 형제의 필요를 채우는 것이 먼저라고 가르치셨다(마 5:44-47, 눅 6:27, 14:12 이하, 10:29-37). 예수님의 관심은 종교가 아닌 사람에게 있다. 예수님은 바리새인들에게 말씀하셨다. "안식일은 사람을 위하여 있는 것이요 사람이 안식일을 위하여 있는 것이 아니니"(막 2:27). 사실 안식

> 바리새인들의 머릿속에는 인간의 필요가 아닌 온통 인간의 실패에 대한 생각뿐이었다.

일의 규례는 본래 자유를 위한 규례였다. 애굽의 노예로 사는 동안 이스라엘 백성들은 일주일 내내 하루도 쉬는 날 없이 일해야 했다. 이스라엘 백성들이 노예 생활에서 벗어났을 때 하나님은 이들에게 일주일에 하루 안식하라고 말씀하셨다(출 20:10-11, 31:15, 히 4:3 이하). 하지만 시간이 흐르면서 이스라엘의 소위 학식 있는 자들이 안식일의 의미를 왜곡시켜 일하지 말라는 규례가 일하는 것보다 더 과중한 짐이 되도록 만들어 버렸다. 안식해야 할 안식일이 도무지 감당할 수 없는 무거운 짐이 되어 버린 것이다!

하지만 예수님은 버림받은 자들, 소외당한 자들의 보호자셨다. "큰 무리를 보시고 그 목자 없는 양 같음을 인하여 불쌍히 여기사"(막 6:34)라고 성경은 기록한다. 사람들은 자신들을 위해 일어설 이가 아무도 없음을 알았다. 하지만 예수님은 그 일을 감당하시고도 남는 분임을 알고 사람들은 예수님께로 몰려들었다. 우리 삶의 가장 생생한 순간은 바로 예수님이 우리 마음에 들어오신 그 날, 그 시각이다. 이 세상에 우리밖에 없는 듯, 우리 마음에 예수님이 들어와 주신 순간이다. 그 순간이 세상이 열린 순간이다. 전도와 개인적인 증거에 있어 가장 결정적인 순간이기도 하다. 당신이 한 사람에게 복음을 증거하든, 10만 명에게 증거하든, 예수님은 반드시 일대일로 다가가 사람들을 구원하신다. 예수님은 각 사람을 특별하게 여기시며 개개인과 함께 일하신다. 예수님이 그분께로 부르시는 각 사람은 각자 하나님의 계획과 목적에 핵심적인 역할을 하게 된다.

누가복음 8장 27절부터 39절은 예수님이 귀신 들린 자에게서 군대 귀신을 내어 쫓으시고 그 군대 귀신이 돼지 떼에게 들어가도록 허락하시는 장면을 기록한다. 귀신이 들어간 돼지 떼는 결국 호수로 뛰어 들어가 몰사한다.

돼지를 치던 자들은 도망하여 성내와 마을에 이 사실을 알리고, 마을 사람들은 무슨 일이 벌어졌는지 보러 나온다. 예수님께 나아온 사람들은 이전에 군대 귀신 들렸던 자가 옷을 입고 제정신으로 앉아 있는 모습을 보고는 두려워한다. 돼지를 치던 자들은 마을 사람들에게 귀신 들렸던 자에게 무슨 일이 일어났는지에 대해 전했을 뿐 아니라, 돼지 떼에게 무슨 일이 일어났는지도 전했다. 이후 사람들은 예수님께 그 지역을 떠나 주시기를 구한다(막 5:14-15, 17).

놀랍지 않은가! 제정신이 되는 걸 두려워하다니! 마찬가지로 사람들은 참 그리스도인들을 두려워한다. 이 미친 세상이 보기에는 그리스도인들의 정신이 너무나 멀쩡하기 때문이다. 물론 예수님이 귀신을 내어 쫓으시기 전에 사람들은 귀신 들린 자의 광기를 두려워했다. 이 세상은 항상 무언가를 두려워한다. 하지만 그리스도인들은 아무것도 두려워할 필요가 없다.

> 사람들은 참 그리스도인들을 두려워한다. 이 미친 세상이 보기에는 그리스도인들의 정신이 너무나 멀쩡하기 때문이다.

돼지 치는 자들의 반응을 보면 돼지가 당한 일이나 광인이 경험한 일이나 이들에게 매일반이었음을 알 수 있다. 이들의 머릿속에는 이 두 가지가 떼려야 뗄 수 없는 관계였다. 사람들은 와서 귀신 들렸던 자에게서 귀신이 나가고, 그가 옷을 입고, 제정신으로 앉아 있는 모습을 보았다. 이들은 두려워했다. 어쩌면 거라사에 다른 귀신 들린 자들이 많이 있고, 예수님이 그 사람들에게서 귀신을 쫓아 주신다면, 돼지 떼를 더 잃게 될지 모른다는 생각에 두려워했는지도 모르겠다. 아니면 예수님의 임재 안에서 자신들의 어두운 일면이 더욱 선명하게 드러나는 것이 괴로웠는지도 모른다. 이유가 무엇이 됐든 이들은 예수님께 떠나시도록 간청했다! 하지만 예수님께는 거라사 광인 한 사람이 이 세상 모든 돼지 떼를 합한 것보다 더 소중했다. 돼지는 한 배에 수십 마리씩 태어나지만, 이 세상 모든 사람은 각각 특별하고 독특한 피조물이다. 죄인 하나가 회개할 때 모든 천사들이 기뻐한다(눅 15:7, 10).

죽은 자 가운데서 살아나신 후 예수님이 처음 하신 말씀은 승리의 함성이 아니었다. 예수님의 육성, "마리아야!"(요 20:16)라는 말씀이었다. 이것이 전도다. 전도는 구호도, 군중심리 조종도, 선동도, 교사행위도 아니다. 예수님이 그분의 사랑과 치유와 능력의 손길을 우리 각 사람에게 얹으시는 것, 그것이 전도다. 전도자로서 우리는 예수님의 족적을 따라가야 한다. 이것이 각 복음서를 읽으며 받는 느낌이다. 마가는 개개인을 향한 예수님의 손길을, 누가는 이름 없는 자, 잊힌 자, 소외된 자들을 향한 그분의 마음을 담아낸다. 전도는 잃어버린 자들을 데려와 가족으로 삼는 것이다.

요한의 복음

모든 그리스도인들의 증거의 목적은 두 가지다. 실질적인 것에 대해 말하고, 그것을 입증하는 것이다. 요한복음을 읽을수록 이 두 가지 목적이 더욱 또렷해진다. 복음을 전파하면 복음의 역사가 일어난다. 좋은 소식을 전하면 좋은 소식이 현실로 일어나니, 복음은 좋은 소식 발생기라 할 수 있겠다.

요한복음에는 물에 대한 이야기가 많이 등장한다. 물은 화학기호로 H_2O다. 수소 분자 두 개와 산소 분자 하나, 두 개의 기체로 이루어져 있다. 그런데 이 두 가지 기체성분을 밀폐용기에 넣고 흔들어 봐도 물이 생기지 않는다. 계속 기체 상태로만 남아 있다. 기체는 눈에 보이지 않기 때문에 그 밀폐용기 안에 정말 기체가 있는지조차 식별할 수 없다. 많은 사람들이 복음 전파를 그렇게 생각한다. 말과 열기와 공기뿐이라고 생각한다. 우리가 전하는 것은 믿지 않는 이들이 볼 수 없고, 때문에 실재하지 않는다고 생각하는 것이다.

그런데 수소와 산소 혼합물에 전기 충격을 줘 보자. 그 순간 기체가 액체인 물로 변한다. 보이지 않던 것이 보이는 것으로, 실질적인 것으로 변한다. 복음 전파도 마찬가지다. 얼굴이 검붉어질 때까지 복음의 진리에 대해 열변을 토할 수는 있겠지만, 성령님의 손길이 없다면 영광스런 복음의 진리는 믿지 않는 자들에게 이해할 수 없고, 비현실적이고, 알 수 없는 존재로 남을 뿐이다.

그러다 성령님이 당신의 말에 불씨를 당겨 줄 전기 충격을 주시면, 복음은 그 순간 생명의 물로 변한다. 하지만 당신이 그 복음을 전하지 않는 한 생명을 변화시키는 복음의 능력은 나타나지 않는다. 당신이 복음을 전하면, 하나님의 성령의 도움으로 복음이 구원에 이르는 하나님의 능력이 된다(롬 1:16). 물론 그 과정에는 믿음이 필요하다(롬 4장).

> 얼굴이 검붉어질 때까지 복음의 진리에 대해 열변을 토할 수는 있겠지만, 성령님의 손길이 없다면 영광스런 복음의 진리는 믿지 않는 자들에게 이해할 수 없고, 비현실적이고, 알 수 없는 존재로 남을 뿐이다.

요한복음은 물을 길으러 야곱의 우물에 온 한 여인에게 예수님이 말씀하시는 장면을 기록한다. 예수님은 여인에게 말씀하셨다. "내가 주는 물을 먹는 자는 영원히 목마르지 아니하리니 나의 주는 물은 그 속에서 영생하도록 솟아나는 샘물이 되리라"(요 4:14). 진정한 물. 후에 예수님은 여인에게 참된 예배자는 하나님께 신령과 진정으로 예배한다고 말씀하신다(요 4:23-24). 예수님은 이 땅의 것과 영적인 것, 즉 상징과 실체를 대조하신다. 후에 이 여인과 같은 마을에 사는 사람들은 "우리가 친히 듣고 그가 참으로 세상의 구주신줄 앎이니라"(요 4:42)고 고백한다.

요한복음 4장은 참된 것, 진실한 것과 그 뒤에 숨겨진 보이지 않는 실체라는 개념을 다시 한 번 기록하고 있다. 먹을 것을 사러 갔다 돌아온 제자들은 예수님께 음식을 드시라고 권한다. 하지만 예수님은 이렇게 대답하신다. "내게는 너희가 알지 못하는 먹을 양식이 있느니라 … 나의 양식은 나를 보내신 이의 뜻을 행하며 그의 일을 온전히 이루는 이것이니라"(4:32, 34).

그 후 예수님은 추수에 대해 말씀하시면서 참된 영혼의 추수에 대해 깨닫게 하시기 위해 눈앞에 펼쳐진 희어진 밭에 대해 이야기하신다(35-36절). 참 추수. 실로 증인들과 전도자들을 위한 고귀한 단어다. 우리는 교회에서 추수감사절을 기리며 예배를 드리지만, 한 영혼이 추수될 때마다 하늘에서는 천사들이 추수감사의 축제를 연다.

요한은 요한복음 전반에 걸쳐 실체라는 개념에 대해 이야기한다. "말씀이 육신이 되어"(요 1:14). 육신은 유령이 아닌 진짜 육신을 의미한다. 하지만 진정한 실체는 바로 말씀이다. 요한은 독자들이 육안으로 볼 수 있는 것을 넘어서서 성령이 주시는 깨달음을 얻기를 바랐다. 하지만 거듭나지 않고는 볼 수 없다. 거듭날 때에야 비로소 하나님 나라를 보게 된다(요 3:5). 모든 경이로움과 짜릿한 소망과 목적 가운데 하나님 나라를 보게 되는 것이다! 우리 눈에 보이는 이 땅의 모든 것 뒤에는 실체가 있다. 요한은 항상 참 빛, 참된 눈, 참된 양식, 참 물, 참된 목자, 참 포도나무, 참된 진리에 대해 이야기한다.

예수님은 "내가 곧 길이요 진리요 생명이니"(요 14:6)라고 말씀하셨다. 진리는 실체, 참된 근원을 의미한다. 예수님은 우리 눈에 보이는 모든 것 뒤에 계신 실체다. 예수님은 창조에 대한 진리이시며, 미래에 대한 진리이시며, 우리에 대한 진리이시다. 요한은 서신서에서도 동일한 주제를 풀어낸다. "생명의 말씀에 관하여는 … 눈으로 본 바요 … 우리 손으로 만진 바라"(요1 1:1). 육체는 영원한 것의 포장일 뿐이다. 요한은 예수님을 보았고, 그분을 통해 모든 신비와 의문이 풀렸다. 모든 것이 본연의 자리를 찾았다. 진리의 탐구는 끝이 났다. 요한은 "태초에 말씀이 계시니라"는 구절로 요한복음을 시작한다. 예수님은 모든 것의 근원이 되시는 실체다. 우주의 근원을 찾아내는 데 과학도 한계에 부닥쳤다. 대폭발이론(The Big Bang)을 자신감 있게 제시하지만, 대체 폭발한 그 '물질'은 애당초 어떻게 생겨났는지에 대해서는 아무 말도 하지 못한다. 대체 그 물질은 무엇이었을까? 어디서부터 생겨났을까? 우리는 우주가 어디서 왔는지 알고 있다. 우주는 하나님으로부터 생겨났다. 하나님이 정말 대폭발이론이 얘기하듯 우주를 만드셨을 수도 있다. 하나님의 전능하신 손으로 모든 물질을 아무것도 없는 공간에 모으시고 폭발시켜 놀라운 다양성과 에너지와 생명의 우주를 만드셨는지도 모른다.

> 예수님은 모든 것의 근원이 되시는 실체다.

"믿음으로 모든 세계가 하나님의 말씀으로 지어진 줄을 우리가 아나니 보이는 것은 나타난 것으로 말미암아 된 것이 아니니라"(히 11:3).
"아브라함이 바랄 수 없는 중에 바라고 믿었으니 이는 … 많은 민족의 조상이 되게 하려 하심을 인함이라"(롬 4:18).

우리는 구약을 통해 어두운 이교도의 세계를 뚫고 들어가시는 전능하신 하나님, 왕들과 맞서시고, 왕들을 당혹케 하시는 하나님, 불로 응답하시는 하나님을 엿보게 된다. 또한 일상과 과학과 이성과 사람의 머리로 설명할 수 있는 모든 것들을 뛰어넘어 실체와 영적 본질을 갈구하는 마음을 주시는 하나님을 보게 된다. 영적인 세계는 흥분과 만족의 세계다. 그런데 어떻게 해야 그 영적인 세계에 들어갈 수 있을까?

결국 우리는 중요한 문제에 봉착하게 된다. 어떻게 어두운 세상에서 암중모색하고 있는 이 잃어버린 세대가 진정한 실체를 실질적으로 깨닫도록 할 수 있을까? 육신이 되신 말씀으로, 우리 안에 계신 하나님의 말씀으로, 우리 삶과 우리 마음과 생각 가운데 있는 복음을 통해 가능하다. 살아 있는 말씀을 가진 살아 있는 사람들을 통해 가능하다. 전도는 하나님이 우리에게 요구하시는 전부다. 그분의 말씀을 선포하라. 나머지는 그분이 알아서 해 주실 것이다. 사람들이 돌연 보게 될 것이다.

복음은 다리다! 이 땅의 것과 하늘의 것 사이의 간극을 연결하는 다리, 이 세상과 다른 세상을 잇는 다리, 인간의 것과 하나님의 것을 연결하는 교량이다. 복음이라는 다리를 통해 하나님의 능력이 우리 눈에 보이지 않는 전류처럼 아무런 변화 없이 죽은 듯 보이는 전선으로 흘러들어간다. "우리가 이 보배를 질그릇에 가졌으니"(고후 4:7).

우리는 증거를 통해 복음의 다리를 놔야 한다.

> 전도는 하나님이 우리에게 요구하시는 전부다. 그분의 말씀을 선포하라. 나머지는 그분이 알아서 해 주실 것이다.

사람들이 그 기적의 다리를 통해 정죄함에서 해방으로, 빛으로, 하나님 나라로, 왕의 집으로, 하나님 자녀의 영광스런 자유 가운데로 들어갈 수 있도록 해야 한다(롬 8:21). 눈 먼 자들이 보게 될 것이며, 주린 자들이 참된 양식을 먹게 될 것이다. 다른 양식은 우리를 만족시킬 수 없다. 참된 양식, 참된 생수, 참된 진리는 오직 하나, 예수님뿐, 그 어떤 것도 대신할 수 없다.

영적인 삶은 신비주의나 명상, 금식, 단식으로 경험할 수 없다. 영성은 성례나 훈련이나 오래된 교회 순례나 음악, 시를 통해 얻을 수 없다. 영성은 오직 하나님의 말씀, 복음에서만 발견할 수 있다. 우리는 과정을 전하는 것이 아니라 시작 버튼만 누르면 되는 완성작을 전한다. 고군분투할 이유는 없다. 전도는 벼랑 끝에서 펼치는 처절한 노력이 아니다. 전도는 기쁨이다!

우리는 "지혜의 권하는 말로 하지 아니하고 다만 성령의 나타남과 능력으로 하여 너희 믿음이 사람의 지혜에 있지 아니하고 다만 하나님의 능력에 있게 하려"(고전 2:4-5) 전한다. 복음은 생명의 힘, 능력의 꾸러미다. 복음을 전하고 복음의 역사를 지켜보라! 전도는 이렇게 간단한 일이다.

Evangelism According To The Apostle Paul
12장

사도 바울의 전도

신약의 단어 하나하나가 복음의 숨결을 뿜어낸다. 바울이 디모데와 디도에게 들려주는 교회 지도자들 임명에 대한 지침서도 사실은 전반적인 전도전략의 한 부분이다. 이제 초대 교회를 향한 사도 바울의 서신을 함께 살펴보도록 하자.

바울 서신 중 가장 먼저 쓰인 것으로 추정되는 서신은 데살로니가전서다. 바울은 두 명의 친구와 함께 3주 동안 데살로니가를 방문했다. 3주라는 짧은 기간 동안 이들이 폭동을 일으킬까 염려한 데살로니가시(市)의 지도자들은 이들을 부당하게 핍박하고, 때리고, 옥에 가두고, 후에 이들을 풀어 주면서 그곳을 떠나라고 재촉한다. 그런데 그 짧은 시간 동안 데살로니가의 많은 이들이 그리스도께 돌아온다. 세 명의 죄수는 역동적인 교회를 개척했고 이 교회는 그 이후 견실하게 성장해 나갔다.

이교도 사회에 복음을 전파함

데살로니가인들이 그리스도께 나아오는 데 그들이 우상숭배자로서 가졌던 '종교성'이 도움이 됐을까? 절대 그렇지 않다. 바울은 이들에게 이렇게 썼다.

> "너희가 어떻게 우상을 버리고 하나님께로 돌아와서 사시고 참되신 하나님을 섬기며 또 죽은 자들 가운데서 다시 살리신 그의 아들이 하늘로부터 강림하심을 기다린다고"(살전 1:9-10).

그리스도의 복음은 인간의 생각이 아닌 하나님의 생각이다. 인간에게는 결코 복음과 같은 것을 생각해 낼 능력이 없다. 때문에 우리는 이처럼 자랑스럽게 복음을 전파할 수 있다. 우리는 바울처럼 "내가 복음을 부끄러워하지 아니하노니"(롬 1:16)라고 고백할 수 있는 것이다. 이교도들의 믿음 중 그 무엇도 이들이 기독교를 이해하는 데 전혀 도움이 되지 않는다. 데살로니가인들은 먼저 잘못된 믿음에서 돌아서서 전혀 다른 방향을 바라봐야 했다.

자유주의자들은 이교도들의 종교가 기독교가 쉽게 뿌리내리도록 해 주는 비옥한 토양 같은 역할을 한다고 주장한다. 기독교가 흥할 수 있었던 이유로 하나님의 감동보다는 그리스의 사상을 꼽고 싶어 한다. 뿐만 아니라 신비주의 종교 안에 다시 태어나는 것과 같은, 기독교의 가르침과 유사한 요소들이 있다고 주장한

> 기독교는 이전의 어떤 종교와도 다르다.

다. 하지만 기독교는 이전의 어떤 종교와도 다르다. 이교도들의 종교가 아무리 위대하고 지혜롭다 한들 복음에는 터럭만큼도 보탬이 되지 못한다. 초대 교회 교부들이 그리스 철학자들의 사상을 인용한 것은 자신들의 가르침을 발전시키기 위함이었다. 하지만 참된 하나님의 말씀은 독창적이고 순수하다.

"여호와의 말씀은 순결함이여 흙 도가니에 일곱번 단련한 은 같도다"(시 12:6).

우상 숭배자들이 그리스도를 따르기 위해서는 그들의 사고방식 전체를 바꿔야 했다. 새로운 피조물이 되어야 했다(고후 5:17). 복음은 이들이 알고 있던 그 무엇에도 들어맞지 않았다. 이방 종교는 성읍의 공적인 삶 가운데로 깊숙이 파고들어가 있는 형국이었다. 사람들은 신들에게 제물을 바치지 않고는 아무 일도 할 수 없었다. 신에 대한 불경은 심한 경우 사형을 받을 정도로 극악한 죄였다. 때문에 하나님의 말씀을 선포하는 그리스도인들도 사형을 당할 수 있다는 위험을 인식하며 살아야 했다. 수많은 그리스도인들이 디오클레티아누스 황제를 '주(主)요 하나님'으로 인정하는 의미에서 소금을 바치지 않았다는 이유로 죽임을 당했다. 이방 문화는 복지부동인 듯이 보였다. 어두움이 빛에 맞서는 듯이 보였다. 하지만 초대 그리스도인들은 승리했다. 이것이 복음의 능력이요, 영광이다!

이와 비교해 보면 미국이나 유럽에서 복음을 전하는 일은 아주 익숙하고 쉬워 보인다. 미국과 유럽에는 믿는 부모를 둔 이들이 많은데, 이들이 회심을 하는 경우가 회심의 대부분을 차지한다. 믿는 가정을 주신 하나님께 감사한다. 하지만 가족 전체가 말씀에 대해 전혀 아는 것이 없고 하나님으로부터 멀리 떨어져 살아가는 경우도 있다. 이러한 사람들의 세계로 들어가기가 힘들다는 얘기를 들었다. 하지만 사도들이 복음을 들고 뛰어들었던 세계는 어떠했는가? 유럽 전체에, 로마 제국 대부분 지역에 그리스도인이 단 한 명도 없었다.

이런 힘난한 때에, 대부분 감옥에서 쓰인 서신서는 우리에게 놀라운 영감을 준다. 교회는 수천 년간 온 세계를 뒤덮었던 우상숭배에 맞서 싸웠고, 바울은 혈혈단신이나 다름없이 이 싸움을 싸웠다. 그가 넘어야 할 장애물은 너무나 높았고 무시무시했다. 바울은 자신이 두려워하고 심히 떨며(고전 2:3) 고린도에 있다고 기록했다. 하지만 바울은 자신의 감정을 잠재웠다. 아니, 보다 정확히 말하자면 그리스도를 향한 그의 열정이 다른 감정을 이겼다(고후 5:14). 바울은 과업에 착수했고, 복음을 전했으며, 그로 인해 유럽의 미래가 변했다. 복음은 문제를 해결하고도 남았다.

이것이 순수한 복음이요, 그리스도를 위해 문제를 직면하는 참된 모습이다. 예수님은 그로부터 겨

> 예수님은 그로부터 겨우 20여 년 전 범죄자로 십자가에 달려 처형을 당하셨다. 이것이 그리스도인들이 전하는 메시지의 근간이었다.

우 20여 년 전 범죄자로 십자가에 달려 처형을 당하셨다. 이것이 그리스도인들이 전하는 메시지의 근간이었다. 당시 사람들에게 좋은 인상을 심어 주기에 가장 힘든 메시지가 아니었을까? 하지만 제자들의 삶에 임한 기름부음이 데살로니가에서도 분명하게 드러났고, 그 결과 수많은 그리스의 우상 숭배자들이 살아 계신 하나님께 돌아오게 됐다. 오늘날에도 이런 역사가 일어날 수 있다. 오늘날에도 반드시 이런 역사가 일어나야 한다!

미국을 목표로

미국은 여러 가지 면에서 유럽과 비교가 된다. 미국과 유럽의 역사는 예나 지금이나 서로 복잡하게 얽혀 있다. 또한 우리는 서로를 거울 삼아 많은 것을 배울 수 있다.

미국은 많은 축복을 받았다. 연구조사에 따르면 미국 인구의 50~60퍼센트가 어떤 종류로든 종교적 관심을 가지고 있다. 온 세계에 큰 희망이 되는 소식이 아닐 수 없다. 이렇게 하신 하나님을 찬양한다!

종교적 전통은 값진 유산이다. 이전 세대들은 현 세대 신자들을 위해 기초를 다져 줬다. 예수님은 "다른 사람들은 노력하였고 너희는 그들의 노력한 것에 참예하였느니라"(요 4:38)고 말씀하셨다. 이전 세대들이 노력한 결과 많은 이들이 기독교에 대한 관심을 가지고 그리스도인들이 자신들에게 다가오기를 기다리게 됐다. 이렇게 마음이 준비된 사람들의 규모가 유럽에서 작은 웅덩이라면, 미국에서는 대양 수준으로 많다.

하지만 다원주의 국가인 미국의 여러 측면 중에서 우리를 사뭇 착잡하게 하는 부분도 있다. 수천만의 미국인들이 하나님의 것에는 전혀 관심이 없고, 비기독교적 영성에 집착에 가까운 관심을 보인다. 이 간극을 뛰어넘기란 여간 어렵지 않다. 그렇다면 미국 교회는 어떻게 성장할 수 있는 걸까? 대형 교회들은 또 어떤가? 불신자들의 삶에 복음이 들어갈 틈을 조금이라도 만들고 있는가? 아니면 불에서 그슬린 나무를 꺼내기보다는(슥 3:2) 이미 그리스도에게 관심이 있는 사람들만을 모아들이고 있는가?

교회의 우선순위는 불에서 그슬린 나무, 교회의 외부인들에게 있어야 한다. 이들이 교회의 2차적인 사역 부문에 포함되어서는 안 된다. 교회가 잘 운영되면서 많은 회중을 모으는 것으로 만족해야 할까? 다가갈 수 있는 곳에 단 한 명이라도 불신자가 남아 있는 한 교회는 결코 쉬어서는 안 된다! 대형 교회가 되는 것이 목적이 될 수 없다. 대형 교회는 세계 전도를 위한 도구일 뿐이다. 교회가 교회 내부의 일, 교인 수에만 치중하게 될 때 교회는 보기 좋은 잎사귀만 만들어 내는(막 11:13) 효율적인 기계로 전락하고 만다. 교회는 기관이 아니라 열매를 맺기 위한 포도나무 가지다. 열매를 맺지 못하는 가지는 결국 잘려 나가고 만다.

좋은 기업 모델을 도입함으로써 교회 성장을 촉진시킬 수는 있지만, 기업 모델은 판매 저항이 적은 역동적인 시장에서만 효용이 있다. 사실 북미 지역의 상황이 이렇다고 생각한다. 이제는 이런 여건을 활용해 좋은 기회를 놓치지 말아야 한다. 상업적 기술은 기존의 가능성을 활용할 수 있게끔 해 줄 뿐이지만, 복음은 불가능을 가능케 한다. 진정한 교회 성장은 전도를 통해 온다. "하나님께서 전도의 미련한 것으로 믿는 자들을 구원하시기를 기뻐하셨도다"(고전 1:21).

최근 몇 년간 플로리다에서만 백만 명 이상이 새롭게 교회에 나간 적이 있고, 수십만 명이 결단의 초청에 응했다고 한다. 이 사실만 봐도 영적인 관심이 폭발적으로 늘어나고 있음을 알 수 있다. 하지만 이들 가운데 종교에 전혀 관심이 없는 사람들은 얼마나 될까? 이들 중에 기적 같은 일이 일어나는 걸 봤기 때문에 강대상 앞으로 나온 교회 관광객 같은 사람들은 얼마나 많았을까? 교회가 큰 교회가 되면 그 목적을 성취한 것일까? 큰 교회가 되고 나면 업적을 흐뭇해하며 누리기만 하면 되는 걸까? 펜사콜라의 브라운스빌 하나님의 성회 교회가 시인하듯 물론 절대 그렇지 않다. 오해가 없기를 바란다. 그리스도인들이 다른 그리스도인들과의 교제를 통해 새로운 것들을 배우는 건 참 좋은 일이다. 하지만 우리에게 가장 필요한 것은 그리스도의 지상명령이 우리 마음속에 활활 불타는 것이다.

여기서 한 가지 분명히 해 두고 싶다. 나는 하나님으로부터 원하는 걸 받는 법을 가르치는 것이 우리 사역의 궁극적 목적이라고 생각하지 않는다. 그리스도인의 삶의 목적은 받고, 받고, 또

받는 것이 아니라, 주고, 주고, 또 주는 것이다.

지금 중국에서는 부흥이 일어나고 있다. 하지만 그리스도께 나아오는 수백만의 중국인들은 중국 정부가 계속해서 기독교를 거부하고 있기 때문에

> 그리스도인의 삶의 목적은 받고, 받고, 또 받는 것이 아니라, 주고, 주고, 또 주는 것이다.

그리스도인이 됨으로써 자신들이 고난과 투옥을 자처하고 있음을 잘 알고 있다. 기독교는 커다랗고 푹신한 안락의자가 아니다. 하나님은 우리가 원하는 것은 무엇이든 주기 위해 기다리시는 5분 대기조가 아니다. 우리가 이 땅에 있는 이유는 이 세상을 하나님께로 돌리기 위함이다.

매일의 전도

부흥이 꿈틀거리며 일어나는 듯 보이지 않는 때에도 전도는 계속되어야 한다. 사람들은 전도를 가시적 현상이 일어나는 순간과 종종 혼동한다. 전도가 감탄을 자아내는 현상이나 어마어마한 영적 충격과 동반되지 않으면 전도를 육의 일이라 단언하는 사람들도 있다. 전도가 일부 사람들이 정의하는 부흥과 다를 수도 있겠지만, 어쨌든 전도는 하나님이 우리 앞에 두신 일이다. 때로는 전도가 전투처럼 힘이 들 수도 있다.

전도가 항상 강한 감정이나 부흥의 불, 몰려드는 군중, 기사, 만사형통으로 이어지는 건 아니다. 사도들이 항상 부흥에서 부흥으로 옮겨 다녔던 건 아니다. 바울은 정기적으로 회당에 들어갔

고(행 17:2), 논쟁 끝에 종종 쫓겨나곤 했다. 전체적으로 사도들의 일은 벽돌을 하나하나 쌓듯 더딘 작업이었다. 바울은 이렇게 표현했다.

"많이 견디는 것과 환난과 궁핍과 곤난과 매 맞음과 갇힘과 요란한 것과 수고로움과 자지 못함과 먹지 못함과"(고후 6:4-5).

사도들이 하는 일은 휴식을 위한 소풍처럼 즐겁기만 하지는 않았다. 아니, 사실 그들은 전쟁을 치렀다. "그리스도 예수의 좋은 군사로 … 고난을 받을찌니"(딤후 2:3). 데살로니가전서로 돌아가서 바울은 데살로니가에서 다음과 같은 일을 겪었다고 기록한다.

"먼저 빌립보에서 고난과 능욕을 당하였으나 … 우리가 … 하나님의 복음으로만 아니라 우리 목숨까지 너희에게 주기를 즐겨함은 너희가 우리의 사랑하는 자 됨이니라 형제들아 우리의 수고와 애쓴 것을 너희가 기억하리니 너희 아무에게도 누를 끼치지 아니하려고 밤과 낮으로 일하면서 너희에게 하나님의 복음을 전파하였노라 우리가 너희 믿는 자들을 향하여 어떻게 거룩하고 옳고 흠없이 행한 것에 대하여 너희가 증인이요"(살전 2:2, 8-10).

당시에 사도 바울이 겪은 이 같은 고난은 불가피했다. 복음을 전파하는 특권을 얻는 대신 그는 하나님을 위해 목숨을 내놔야 했다. 그래서 바울은 데살로니가전서 3장 3절에서 이렇게 말한다. "누구든지 이 여러 환난 중에 요동치 않게 하려 함이라 우리로 이것을 당하게 세우신 줄을 너희가 친히 알리라."

바울은 로마 교회의 교인들에게 이렇게 썼다. "내가 그리스도의 이름을 부르는 곳에는 복음을 전하지 않기로 힘썼노니 이는 남의 터 위에 건축하지 아니하려 함이라"(롬 15:20). 우리는 아직 구원받지 못한 많은 이들에게 한꺼번에 다가가고 이들을 복음 가운데 들일 수 있는 방법을 찾아야 한다. 그러고 난 후에는 이들만을 위한 프로그램을 운영해야 한다. 유럽에서는 많은 교회에서 불신자들만을 위한 모임인 알파코스를 활용하고 있다. 나는 교회의 초점이 불신자들에게 맞춰져야 한다고 믿는다. 전도는 그리스도의 주된 부르심이며 마지막 명령이다. 사도 바울 역시 이 주제에 대해 이야기한다.

> 전도는 그리스도의 주된 부르심이며 마지막 명령이다.

"이는 우리 복음이 말로만 너희에게 이른 것이 아니라 오직 능력과 성령과 큰 확신으로 된 것이니 우리가 너희 가운데서 너희를 위하여 어떠한 사람이 된 것은 너희 아는 바와 같으니라 또 너희는 많은 환난 가운데서 성령의 기쁨으로 도를 받아 우리와 주를 본받은 자가 되었으니 그러므로 너희가 마게도냐와 아가야 모든 믿는 자의 본이 되었는지라"(살전 1:5-7).

바울을 따르는 자들은 다른 이들의 지도자가 됐다. 이들은 바울이 하는 일을 보고 어떻게 해야 할지를 배웠다. 이들에게 기독교는 곧 사람들에게 복음을 전하는 것이었다. 바울은 이미 복음이 전해진 곳에는 복음을 전할 필요가 없다고 덧붙인다. 어떻게 그럴 수 있었을까? 거대한 도시에서 우상 숭배의 물결을 거스른 이들의 개인적 간증이 있었기 때문이다. 성읍의 지도자들은 공개적인 대중 집회를 통해 복음을 전하지 못하도록 했다. 그래서 믿는 자들은 대신 바울의 위대한 전도 노력을 통하여 시작된 일대일 전도 방법을 통해 영혼을 얻었다. 대중 집회를 통한 선포와 일대일 전도는 상호 보완적으로 동일한 목적을 달성해 가는 전도의 핵심적 두 중심축이다.

> 하나님은 인격적인 하나님이시며, 개개인이 하나님을 섬기는 사람들로부터 개인적인 관심을 받게 되기를 바라신다.

중요한 것은 사람이 사람에게 다가가는 것이다. 결국 하나님은 인격적인 하나님이시며, 개개인이 하나님을 섬기는 사람들로부터 개인적인 관심을 받게 되기를 바라신다. 아프리카 전도 집회 때 우리는 종종 수십만 명에게 한 번에 복음을 선포한다. 하지만 이후 일대일로 연락을 할 수 있도록 한다.

개인에 대한 무작위 전도는 쉽지 않지만, 대규모 전도 집회를 통해 개인과의 만남을 위한 문을 열 수 있다. 대중 전도 집회는 어색함과 불편함을 녹이고 전도자 개개인에게 힘을 실어 준다. 우리는 전도 집회에서 복음으로 나아오라는 초청에 응한 모든 사람들이 최대한 빨리 다른 그리스도인을 만날 수 있도록 한다. 하하나님이 여러 사람들의 다양한 개성을 사용하셔서 각기 다른 사람들에게 복음을 전하는 방식으로 일하시는 것을 보면 실로 놀랍다. 그리스도가 부도덕한 사마리아 여인에게 보이신 관심은 높은 자리에 있는 랍비 니고데모에게 보이셨던 관심보다 조금도 떨어지지 않았다. 하지만 헤롯에게는 '여우'라 부르신 것 외에는 어떤 관심도 보이지 않으셨다(눅 13:32). 우리는 가장 작고 낮은 자에게 미국이나 독일의 대통령, 영국의 여왕에게 쏟는 것과 동일한 영적 관심을 쏟아야 한다. 왕자든 거지든 한 명이라도 잃어버린 영혼이 있다는 것은 비극이다.

불편한 그리스도인

"이는 우리 복음이 말로만 너희에게 이른 것이 아니라 오직 능력과 성령과 큰 확신으로 된 것이니"(살전 1:5).

복음은 이렇게 전해졌다! 바울은 인간의 약함 가운데 있었으나 능력으로 복음을 전했다. 바울은 십자가에 못 박히시고 부활하셨으며 다시 오실 그리스도를 선포했다. 바울은 초자연적인 현상을 시연해 보이거나 자랑하지 않았다. 듣는 이들의 감정적 흥분을 조장하려 하지도 않았다. 능력은 보이라고 있는 것이 아니라 사용하라고 있는 것이다. 능력에

> 바울은 인간의 약함 가운데 있었으나 능력으로 복음을 전했다. 바울은 십자가에 못 박히시고 부활하셨으며 다시 오실 그리스도를 선포했다.

취해서 흥청망청하는 일은 결코 없어야 한다. 하나님은 연예업계에 있는 분이 아니며, 성령님의 능력은 진기명기를 위한 특수효과가 아니다. 하나님의 팔이 복음의 시위를 당겨 듣는 이의 마음에 쏘아 주시는 확신의 화살이 바로 능력이다.

데살로니가전서에 기록된 바울의 말은 신약 전체에 걸쳐 나타나는 전형적인 주제들을 고스란히 담고 있다. 사도들이 기록한 모든 서신은 그리스도를 위해 모든 세대를 얻고, 교회를 확장하고 잃어버린 자를 다시 찾고자 하는 열정과 열심으로 넘쳐난다. 모든 서신서에는 타는 듯한 열정이 담겨 있다.

그리스도인들이 뒤로 물러나 아무것도 하지 않고 앉아 있어도 된다는 식의 교리들이 요즘 등장하고 있다. 냉정한 듯, 무심한 듯, 모든 것을 하나님께 맡겨 두자는 식의 주장에 대한 근거로 성경 구절을 제시한다. 하나님이 이미 어떤 사람들이 구원을 받을지 결정을 해 놓으셨으니 하나님의 주권적인 뜻을 바꾸기 위해 우리가 할 수 있는 일은 아무것도 없다는 주장을 편다(이런 식의 주장에 대해서는 이미 살펴보았다). 사람들이 어떤 구절을 들어 이런 주장을 펴든 간에 그런 사고방식은 신약의 정신에 완전히 위배된다고 나는 확실히 말할 수 있다. 이 부분에 대해서만큼은 어떤 반박도 두렵지 않다. 신약은 믿는 자들의 활동으로 살아 꿈틀거린다. 이 활동은 그리스도인들을 편안하고 안일하게 만들어 주기 위한 활동이 아니다. 이웃에게 실제로 복음을 전하기까지는 그리스도인들을 영적 부담으로 불편하게 만들 수밖에 없는 활동이다.

그리스도의 살아 있는 계시

"은혜로 나를 부르신 이가 그 아들을 이방에 전하기 위하여 그를 내 속에 나타내시기를 기뻐하실 때에"(갈 1:15-16).

"오직 내 안에 그리스도께서 사신 것이라 이제 내가 육체 가운데 사는 것은 나를 사랑하사 나를 위하여 자기 몸을 버리신 하나님의 아들을 믿는 믿음 안에서 사는 것이라"(갈 2:20).

"하나님이 그 아들의 영을 우리 마음 가운데 보내사"(갈 4:6).

이 말씀은 결코 "하나님이 그의 아들을 '나에게' 나타내기를 기뻐하셨을 때에"라고 해석될 수 없다. 분명 '내 속에' [헬라어 엔 에모이(En Emoi)]로 해석해야 한다. 바울은 자신이 다메섹 도상에서 무엇을 봤는지가 아니라 다른 이들이 자신의 삶에서 무엇을 보는지에 대해 이야기한다. 우리가 그리스도를 만나고 나면 다른 이들이 우리 안에 있는 그리스도를 볼 수 있어야 한다. 물론 하나님이 바울 속에 그의 아들을 나타내시기를 기뻐하신 이유는 "그의 아들을 이방에 전하기 위하여"였다. 여기서 이방은 유대인들을 제외한 모든 민족을 의미한다.

이 구절에서 "나타내다"는 '묵시'라는 뜻의 '아포칼립스'(Apocalypse)의 어원인 헬라어 '아포칼룹토'(Apocalupto)에서 온 단어다. 당신과 나는 이 세상을 향해 하나님이 그리스도를 나타내시는 행위, 즉 그리스도의 계시다. 우리 힘만으로는 예수님을 제대로 전할 수 없다. 하나님이 핵심적인 요소를 공급해 주셔야 가능하다. 내가 사는 것은 내 안의 그리스도로 말미암은 것이다. 내 안의 그리스도로 말미암아 살지 않는다면 전도는 달성 불가능한 이상일 뿐이다. 그리스도 안에서의 정체성이 우리의 진정한 정체성이다. 나는 독일인이다. 때문에 굳이 애를 쓰지 않아도 나는 독일인으로 있을 수 있다. 내게 재능이 있다면 그 재능은 자연스레 밖으로 표출된다. 음악적 재능이 있으면 분명 그 재능이 표현될 수밖에 없다. 그리스도인도 마찬가지다. 하나님의 아들이 우리 안에 계시면 그 아들이 드러날 수밖에 없다. 뿐만 아니라 하나님이 그의 아들을 우리 속에 나타내신다고 성경은 기록한다. 하나님은 우리의 존재, 우리가 가진 것을 취하셔서 놀라운 것을 만들어 내신다.

하나님이 우리 속에 그리스도를 나타내셔서 우리가 그를 열방 중에 전하는 것이 전도가 아니라면 대체 무엇이 전도겠는가? 우아한 그리스도인의 자세를 사람들 앞에 드러내 사람들이 우리를 존경하도록 만드는 것이 목적이 아니다. 실질적인 전도를 하는 것이 목적이다. 다소의 사울이 어떻게 구원받았는지 아는가? 사울은 그리스도인 스데반이 천사와 같은 얼굴로 "주여 이 죄를 저들에게 돌리지 마옵소서"(행 7:60)라고 기도하며 죽어 가는 모습을 지켜봤다. 예수님 전까지 그런 고백을 한 사람은 역사상 단 한 명도 없었다.

물론 역사에 기록된 순교자들도 있기는 했다. 마카비서(The

Books of the Maccabees, 구약성경의 외경과 위경의 명칭 - 편집자)는 잔인하게 죽임을 당한 한 여인의 일곱 아들에 대해 기록한다. 하지만 이들은 자신을 죽이는 사람들에 대한 일말의 동정심도 없이 끝까지 저항하며 죽어 갔다. 율법은 복수를 가르쳤다. 적을 적으로 대하라. 하나님께 적을 저주하시길 구하라. 이것이 율법의 가르침이었다. 하지만 그리스도의 영을 가진 사람 스데반은 모든 통념을 무너뜨렸다. 자신을 향해 분노에 사로잡혀 고함을 지르고, 입에 거품을 물고 달려드는 사람들, 잔혹한 살인자들을 용서해 주시라고 하나님께 기도했다. 바울이 이전에는 한 번도 본 적 없는 모습이었다. 그리스도가 다메섹 도상에서 바울을 부르셨을 때에도 여전히 스데반이 남긴 말은 그의 양심을 괴롭히며 동시에 그를 감동시켰다.

우리 속의 그리스도. 이것이 세상에 복음을 전하는 참된 길이다. 고린도전서 13장은 고귀한 사랑이 어떤 모습인지 우리에게 보여 준다. 하지만 우리를 사랑하시고 우리를 위해 자신을 내어 주신 그리스도의 삶이야말로 진정한 사랑의 모습이 아닐까? 우리도 우리 자신을 내어 줌으로써 우리 속에 계신 그리스도를 통해 나타난 하나님의 사랑을 보여 줄 수 있다. 우리 자신의 힘으로 사람들을 사랑할 수도 있다. 하지만 그건 사회적인 사랑, 동정과 자선일 뿐이다. 우리는 하나님의 사랑을 가져야 한다. 오직 우리 안에 계신 그리스도의 영을 통해서만 우리는 받기만 하는 사람이 아니라 적극적으로 우리 자신을 나눠 주는 사람이 될 수 있다. 우리는 하나님께 돌아오지 않은 이들을 위해 우리 삶을 쏟아야 한다. 바울은 자기 야망에 사로잡혀 그리스도를 전하는 사람들에 대해 이야기한다(빌 1:15-16). 이는 지극히 비생산적이다. 투기와 분쟁에 사로잡혀 한 손으로는 진리를 주고 다른 손으로는 그 진리를 도로 빼앗는 것이나 마찬가지다.

'중요한 것은 당신이 무슨 말을 하는가가 아니라 당신이 누구인가이다' 라는 격언을 들어 봤을 것이다. 당신은 누구인가? 그것이 중요하다. 당신이 누구인지는 당신 속에 무엇이 있는지를 통해 결정된다. 에스겔 3장 1절부터 3절은 이렇게 기록하고 있다.

"그가 또 내게 이르시되 인자야 너는 받는 것을 먹으라 너는 이 두루마리를 먹고 가서 이스라엘 족속에게 고하라 하시기로 내가 입을 벌리니 그가 그 두루마리를 내게 먹이시며 내게 이르시되 인자야 내가 네게 주는 이 두루마리로 네 배에 넣으며 네 창자에 채우라 하시기에 내가 먹으니 그것이 내 입에서 달기가 꿀 같더라"

> 예수님은 육신을 입으신 말씀이며 살아 있는 말씀이다. 문자로 기록된 말씀이 그리스도 안에서 살아났듯이, 그 말씀이 우리 안에서도 살아나야 한다.

에스겔이 먹은 두루마리는 바로 하나님의 말씀이었다. 우리 속에 하나님의 말씀이 있어야 한다. 우리는 뭇사람이 알고 읽은바 된 편지, 그리스도의 표현이다(고후 3:2-3). 예수님은 육신을 입으신 말씀이며 살아 있는 말씀이다. 문자로 기록된 말씀이 그리스도 안에서 살아났듯이, 그 말씀이 우리 안에서도 살아나야 한다.

"오늘날 우리에게 일용할 양식을 주옵시고"(마 6:11).

많은 학자들이 주기도문의 이 부분을 제대로 이해하지 못하고 있다는 생각이 든다. 학자들은 이 구절에 기록된 '양식'을 참된 양식이 아닌 우리가 먹는 빵이나 떡이라고 주장하면서 헬라어의 의미를 고찰한다. 하지만 이 양식이 하나님의 말씀을 의미한다고 생각하고 읽으면 영어든 헬라어든 문제가 되지 않는다. 우리를 위한 일용한 양식은 가만히 있어도 받을 수 있는 게 아니다. 우리는 매일 그 양식을 구해야 한다. 에스겔처럼 우리 입을 열어야 한다. 그러면 하나님이 그 입을 채우신다. 하나님이 우리에게 말씀을 주시지 않는다면 우리는 어디서도 말씀을 얻을 수 없다. 성경 전체를 암기하는 사람이라 하더라도 그 말씀이 양식이 되기 위해서는 하나님으로부터 매일 새롭게 받아야 한다. 그 말씀을 받고 나면, 다른 이들에게 줄 수 있게 된다.

다리를 흔들게 하옵소서!

"우리가 하나님과 함께 일하는 자로서 너희를 권하노니 하나님의 은혜를 헛되이 받지 말라"(고후 6:1).

친구가 들려준 이야기를 나누고 싶다. 친구가 네 살 때 친구의 아버지는 집을 고치는 데 쓸 나무와 연장이 가득 담긴 이륜수레 위에 친구를 앉혀 줬다. 아들을 나무더미 위에 앉히고 아버지는 수레를 밀었다. 잠시 후 친구는 내려가고 싶어 조바심을 내다가 결국 아버지께 자기가 수레를 밀게 해 달라고 졸랐다. 아버지는 친구를 아래로 내려 줬다. 친구의 키가 수레의 바닥 높이보다도 작았지만 친구는 아랑곳하지 않고 수레 다리를 잡고 수레를 밀기 시작했다. 아버지가 어린 아들의 보폭에 맞춰 걸어야 했기 때문에 움직이는 속도는 훨씬 느려졌다. 수리할 집에 도착했을 때 아버지는 집주인에게 이렇게 말했다. "우리 아들이 제가 수레 미는 걸 도와줬습니다!" 그 순간 친구는 말로 표현할 수 없을 만큼 기쁘고 뿌듯했다. 자신이 아주 중요한 사람이 된 것만 같았다. 하지만 내 친구가 아버지를 '도와드리지' 않았다면 친구 아버지는 훨씬 더 목적지에 빨리 도착했을 것이다!

하나님도 우리의 '도움'이 없으면 훨씬 일을 잘 처리하실 수 있다. 사실 우리는 그분께 도움보다는 방해가 된다. 예수님이 다음과 같이 말씀하셨듯이 말이다. "이와 같이 너희도 명령 받은 것을 다 행한 후에 이르기를 우리는 무익한 종이라 우리의 하여야 할 일을 한것 뿐이라 할찌니라"(눅 17:10).

하지만 하나님은 정말로 우리에게 의지하신다. 복음을 전하는 일에서 하나님은 우리 없이는 아무것도 하지 않으신다. 하나님은 우리를 통해 그분의 위대한 일을 완성하기를 원하신다. 진정한 전도의 정신을 담은 말씀을 함께 읽어 보자.

> "내가 이제 너희를 위하여 받는 괴로움을 기뻐하고 그리스도의 남은 고난을 그의 몸된 교회를 위하여 내 육체에 채우노라 내가 교회 일군 된 것은 하나님이 너희를 위하여 내게 주신 경륜을 따라 하나님의 말씀을 이루려 함이니라"(골 1:24-25).

건축의 미(美)가 살아 있는 건물을 한번 보라. 사람의 머릿속에 있었던 생각이 거대한 예술작품으로, 교향악처럼 서 있음을 느끼게 될 것이다. 하지만 건축가는 그 건물에 돌 하나 없는 일도 하지 않았을 것이다.

교회와 복음의 위대함은 활활 불타오르며 살아 움직이는 하나님의 마음과 생각의 위대함에 있다. 오늘을 사는 사람들의 삶에서 하나님의 마음과 생각의 위대함이 현실이 되는 데 우리가 보탬이 되었다고 말할 수 있다면 정말 무한한 영광이다. 하지만 그 위대함이 생겨나는 데 우리는 어떤 역할도 하지 않았으니 어떤 권리도 주장할 수 없다. 우리에게 계시하신 계획이 아주 단순해 보일 수도 있지만, 그 계획은 모든 인간의 능력을 초월하는 계획이다. 인간이 만든 어떤 종교도 복음의 계획과 하나님의 위대함에 근접하지 못했다. 하지만 그 계획을 이 세상에서 실현하기 위해서는 바울이 이야기했듯 수고와 고난이 있어야 한다. 계획이 시행되기 위해서는 자신의 목숨을 내려놓는 사람들이 있어야 한다. 오스왈드 챔버스(Oswald Chambers)가 말했듯 우리는 예수 그리스도의 행군명령을 따르는 사람들이다.

아프리카에 전해져 내려오는 이야기가 있다. 개미 한 마리가 코끼리의 귀 위에 앉아 위태위태한 다리를 건너게 됐다. 다리를 다 건넌 후 개미는 코끼리에게 말했다. "세상에, 우리 때문에 그 다리가 흔들리는 거 봤어?" 하나님과 우리가 함께 해결할 수 없는 문제는 없다. "나라와 권세와 영광이 아버지께 영원히 있사옵나이다 아멘"(마 6:13). 모든 나라와 권세와 영광이 아버지께 있고, 우리에게는 수고와 기도와 신실함과 용기와 희생이 있다. 언젠가 우리는 그분의 영광에 동참하고 그분의 기쁨 가운데 들어가게 될 것이다.

Evangelism And Spirituality

13장

전도와 영성

 사람들은 종종 용어를 혼동해서, 전도와 부흥이 같은 뜻이라고 생각한다. 영성에 대해서도 마찬가지다. 영성이라는 단어를 들으면 사람마다 다른 그림을 떠올린다. 부흥이 오고 안 오고는 우리의 영성에 달려 있다고 가르치는 사람들도 있다. 정의 불가한 것으로 정의 불가한 것을 정의하려는 형국이다!

 '영적인 사람'이라는 단어를 우리가 어떻게 이해하든 거의 모든 사람들이 영성에 하나님에 대한 순종이 포함되어 있다는 데 동의할 것이다. 전도와 증거는 하나님의 명령인데 그분의 명령에 순종하지 않으면서 어떻게 영적으로 성장하리라 기대할 수 있겠는가? 영적인 사람이라면 어떻게 지상명령을 무시할 수 있겠는가? 전도에 나서기 전에 먼저 교회가 바로 서야 하지 않느냐고 말하는 이들도 있다. 하지만 전도야말로 교회를 바로 세워 준다. 앞서 살펴본 대로 교회는 증거를 위해 존재하며, 성령님이 교회 안에 계시는 주된 이유도 바로 전도를 위해서다(요 4:23-24, 행 1:8, 계

22:17).

> 교회가 잃어버린 양을 교회 안으로 들이는 데 힘을 쏟을 때 교회의 영적 삶의 질이 고양된다.

교회가 잃어버린 양을 교회 안으로 들이는 데 힘을 쏟을 때 교회의 영적 삶의 질이 고양된다. 전도는 성결케 하는 힘이 있다. 교인들이 불신자들을 회심시키겠다는 열정에 사로잡히면 진정한 그리스도인의 모습을 보이기 위해 애를 쓰게 된다. 영혼을 얻는 교회에는 분열과 소문, 갈등이 들어올 틈이 없기 때문에 전도는 교회를 해치는 문제에 대한 해결책이다. 신약은 영성을 세상이 우리에게서 무엇을 보는가와 연결해서 이야기한다. 마태복음 5장 16절에서 예수님은 "너희 빛을 사람 앞에 비취게 하여 저희로 너희 착한 행실을 보고 하늘에 계신 너희 아버지께 영광을 돌리게 하라"고 말씀하신다. 베드로도 첫 번째 서신에서 그리스도의 말씀을 그대로 반복한다. "너희가 이방인 중에서 행실을 선하게 가져 너희를 악행한다고 비방하는 자들로 하여금 너희 선한 일을 보고 권고하시는 날에 하나님께 영광을 돌리게 하려 함이라"(벧전 2:12).

집중적인 전도의 노력을 펴지 않는다면 지역 교회는 많은 이들을 회심시킬 수 없다. 전도의 열매가 없으면 초조함이 밀고 들어온다. 복음에 반응하는 새로운 사람들이 없으면 교회가 '뭔가 영적으로 잘못됐다'는 얘기가 나온다. 교회 내부에만, 기존 교인들에게만 초점을 맞추는 교회는 점점 편협해지고, 결국은 비방만이 오게 된다. 교회가 가장 중요한 사명을 간과하면, 결국 누군가에게 비난의 화살이 쏟아지게 된다.

영혼을 얻는 것은 영성의 최종 산물이 아니라 영성에 이르는 길이다. 먼저 우리는 "주님, 나에게 복 주시고, 교회를 축복하옵소서" 같은 모호한 기도를 멈추고, 뚜렷한 목적을 가지고 절박하게 기도해야 한다. 전도에 초점을 맞추기 위해서는 교회 안에 있는 모든 사람들의 실질적인 계획과 노력이 필요하다.

> 전도에 초점을 맞추기 위해서는 교회 안에 있는 모든 사람들의 실질적인 계획과 노력이 필요하다.

영과 육

신약에서 '영적인' 혹은 '신령한'이라는 형용사가 사람에게 붙는 경우는 몇 번 되지 않는다. 그중 두 번은 사뭇 아이러니한 상황에서 쓰였다. 일례로 고린도 교회를 질책하면서 바울은 이렇게 기록했다. "만일 누구든지 자기를 선지자나 혹 신령한 자로 생각하거든"(고전 14:37). 바울은 교만한 마음으로 자신이 영적이라 주장하는 사람들을 염두에 두고 있었을 것이다. 앞서 말했듯 사람들은 '영적'이라는 것에 대해 다들 나름대로의 생각을 가지고 있다.

하지만 고린도전서 2장 15절에서 바울은 "신령한 자는 모든 것을 판단하나"라고 기록한다. 많은 것을 시사하는 구절이다. 이 구절은 성경 안에서의 삶에 대한 바울의 일반적인 가르침을 담고 있다. 갈라디아서에서 바울은 육과 영을 대조한다. 갈라디아서 5

장 19절부터 21절에서 바울은 육체의 일을 나열한다.

"육체의 일은 현저하니 곧 음행과 더러운 것과 호색과 우상 숭배와 술수와 원수를 맺는 것과 분쟁과 시기와 분냄과 당 짓는 것과 분리함과 이단과 투기와 술 취함과 방탕함과 또 그와 같은 것들이라"

동일한 서신서에서 그는 선한 듯이 보이지만 영생의 것을 결코 얻지 못할 육체의 행위에 대해서도 기록한다.

"너희가 이같이 어리석으냐 성령으로 시작하였다가 이제는 육체로 마치겠느냐 … 너희에게 성령을 주시고 너희 가운데서 능력을 행하시는 이의 일이 율법의 행위에서냐 듣고 믿음에서냐"(갈 3:3, 5).

성적 음행이나 우상 숭배가 육체의 일인 것처럼, 믿음이 없이 완벽해지기 위해 벌이는 모든 노력도 육체의 일이다! 오늘날 많은 이들이 은혜로 구원을 받으나 행위로 성결케 된다고 생각하는 것 같다. 자신이 하나님의 능력으로 구원을 받았음을 믿지만 하나님의 도움이 없이 완벽해짐으로써 천국에 들어가는 길을 '닦아야' 한다는 듯이 행동하는 사람들이 많다.

영성은 눈에 보이지 않는 내적인 가치이기 때문에 영적인 사람을 정의하기란 매우 어렵다. 기독교의 은혜는 인간의 노력으로 절대 흉내 낼 수 없으며, 우리의 내적인 상태에서부터 발생한다.

참 열매는 가지로부터 자라난다. 손으로 붙들어 맨 다고 열매가 되지 않는다. 인간이 만든 열매는 아무리 그럴듯해 보여도 결코 성령의 열매가 될 수 없다. 영성이 있는 사람들에게 어떤 특성이 나타나

> 인간이 만든 열매는 아무리 그럴듯해 보여도 결코 성령의 열매가 될 수 없다.

기는 하지만 그런 특성이 있다고 해서 영성이 생기는 것은 아니다.

교회에는 성문화됐든 그렇지 않든 간에 일정한 규약이 있다. 교인들은 서로 규약을 지킬 수 있도록 독려하고 책임을 물어야 한다(엡 4:3-5, 15-21). 교인들이 지켜야 마땅하다고 간주하는 금기조항들이 있다. 어디는 가면 안 되고, 어떤 행동은 하면 안 되고, 술 마시면 안 되고, 담배 피우면 안 되고, 도박해서는 안 되고, 욕을 하면 안 되고 등등. 교인들이 그리스도께 합당한 행동을 통해 교회를 대표하게 된다는 점에서 이런 기준들은 참 바람직하다. 하지만 이런 기준이 교회의 규율과 잣대로 사람들에게 강요된다면, 성령이 하시는 일은 유명무실해지고 만다. 성령님께 반응하는 교회가 아닌 율법주의적인 교회가 되고 만다. 갈라디아 교인들은 율법주의적인 기준을 택하고는 그 기준 때문에 힘들어했다. 바울은 어떤 것이든 법, 율법 아래 살기로 선택하는 것은 곧 은혜 안에서 떨어지는 것을 의미한다고 경고했다(갈 5:4).

그분을 아는 것이 곧 사는 것이다

육체적인 고난이 사람들을 영적으로 만들어 주지는 않는다. "주의 영이 계신 곳에는 자유함이 있느니라"(고후 3:17)는 말씀을 생각해 보라. 하나님의 자녀는 당연하게 하나님으로부터 받은 성품을 드러낼 수밖에 없다. 성령님이 이들에게 생기를 불어넣어 주신다. 이들은 성령님의 인도하심을 받아, 성령 안에서 기도하고, 성령 안에서 걸으며, 성령 안에서 살고, 성령 안에서 노래한다. 이들의 행복은 이 땅의 소유나 환경과 관계가 없다. 하나님 나라의 문제가 가장 중요한 자리에 놓이게 되면, 나머지 모든 문제들이 제자리를 찾게 된다.

"나의 간절한 기대와 소망을 따라 아무 일에든지 부끄럽지 아니하고 오직 전과 같이 이제도 온전히 담대하여 살든지 죽든지 내 몸에서 그리스도가 존귀히 되게 하려 하나니 이는 내게 사는 것이 그리스도니 죽는 것도 유익함이니라…내가 그 두 사이에 끼였으니 떠나서 그리스도와 함께 있을 욕망을 가진 이것이 더욱 좋으나"(빌 1:20-21, 23).

사도 바울이 이 글을 기록한 곳은 사람들이 죽고 싶어 할 만큼 환경이 열악했고, 실제로 많은 사람이 죽어 나갔던 감옥이었다. 하지만 바울은 달랐다. 바울은 모든 환경을 하나님이 주신 것으로 기쁘게 받아들였다. 다른 죄수들은 차라리 죽어서라도 끔찍한 감옥에서 벗어나기만을 바랐다. 하지만 바울은 감옥 안에서든 밖에서든 오직 그리스도께 가까이 가기만을 원했다.

> 바울은 감옥 안에서든 밖에서든 오직 그리스도께 가까이 가기만을 원했다.

빌립보의 교인들에게 보내는 편지 서두에 바울은 그들과 교제하게 하신 하나님께 감사한다. 하지만 바울은 그뿐 아니라 "더욱 좋은"(빌 1:23) 일, 즉 그리스도와 얼굴과 얼굴을 맞대는 교제 가운데 있기를 간절히 소망한다. 하지만 바울은 자신의 안위보다 형제들의 행복을 더욱 중히 여겼다. 자신이 살아 있는 것이 회심한 이들의 "믿음의 진보와 기쁨"(빌 1:25)을 위해 필요했기에, 그는 살아 있는 자 중에 있기로 선택한다. 그럼에도 불구하고 그가 진정으로 원한 것은 그리스도였다. 그 바람이 위대한 사람 바울의 어떤 열정보다 더 컸다. 빌립보서 후반부에서 우리는 바울의 동일한 탄식을 듣는다.

> "내가 그리스도와 그 부활의 권능과 그 고난에 참예함을 알려하여 그의 죽으심을 본받아 어찌하든지 죽은 자 가운데서 부활에 이르려 하노니 내가 이미 얻었다 함도 아니요 온전히 이루었다 함도 아니라 오직 내가 그리스도 예수께 잡힌바 된 그것을 잡으려고 좇아가노라"
> (빌 3:10-12).

바울은 가장 위대한 전도자였다. 하나님은 아나니아에게 다메섹에 있는 직가라는 거리로 가서 바울에게 안수하라고 하시면서 이렇게 말씀하셨다.

"가라 이 사람은 내 이름을 이방인과 임금들과 이스라엘 자손들 앞에 전하기 위하여 택한 나의 그릇이라 그가 내 이름을 위하여 해를 얼마나 받아야 할 것을 내가 그에게 보이리라"(행 9:15-16).

바울은 바로 이 일을 위해 기름부음받았다. 사도행전은 로마를 주 대상으로 한 바울의 전도 행적의 기록이라 해도 과언이 아니다. 예수님의 부활 이후 초대 교회 시대에 기독교는 산불처럼 번져 나갔다. 그에 대한 기록이 거의 없음이 아쉬울 뿐이다. 사도행전은 하나님의 전략의 밑그림만 그려 주는 정도다. 하나님은 복음의 메시지를 왕들과 통치자들, 나아가 세계의 중심인 로마가 듣게 할 계획을 세우셨다. 바울은 하나님이 로마를 관통하기 위해 그분의 시위를 당겨 쏘신 불타는 화살이었다. 바울은 로마의 저 깊숙한 곳, 바로 감옥에서 불타는 화살의 역할을 했다. 그가 있었던 곳은 비록 감옥이었으나, 바울은 이교의 중심부에 큰 상처를 냈다.

그를 향한 부르심이 너무도 분명했지만, 바울의 마음에는 더 큰 갈망이 자라났다. 그로 인한 부르짖음을 우리는 거듭 듣게 된다. 바울은 이렇게 기록했다. "우리가 하나님을 두려워하는 가운데서 거룩함을 온전히 이루어 육과 영의 온갖 더러운 것에서 자신을 깨끗케 하자"(고후 7:1).

바울은 자신의 삶의 목적에 대해 "오직 내가 그리스도 예수께 잡힌바 된 그것을 잡으려고 좇아가노라"(빌 3:12)고 고백했다. 물론 바울은 전도자로 부르심을 받았고, 전도자로서 누구도 필적할 수 없는 업적을 남겼다. 하지만 바울은 하나님이 자기 앞에 두신 그 목적을 아직 다 이루지 못했다고 말한다. 그리스도가 바울을 잡으신 이유가 오직 전도 때문이었다면, 바울은 확실히 그 목적을 다 달성했다고 할 수 있다. 누구도 그가 한 것 이상을 할 수는 없었을 게다. 그렇다면 바울은 사도나 전도자가 되는 것을 넘어서 더 큰 목적을 마음에 두고 있었음이 분명하다.

그 목적은 바로 그리스도를 아는 것이었다. 그리스도를 아는 데는 끝이 없지만, 바울은 더욱더 깊이 그를 알기를 원했다. 바울은 아직 그리스도를 아는 지식의 깊이가 끝까지 이르지 않았음을 알고 있었다. 그리스도를 친밀하게 아는 그에게도 하나님은 영원한 목적이셨다. 사실 사도 바울은 그리스도를 아는 유일한 참 길은 바로 "살든지 죽든지 내 몸에서 그리스도가 존귀히"(빌 1:20) 되는 것이라고 구체적으로 밝혔다. 바울은 그리스도의 부활의 능력이 자신이 죽기 전에 자신 안에서 더욱더 많이 나타나게 되기를 갈망했다.

바울은 "어찌하든지 죽은 자 가운데서 부활에"(빌 3:11) 이르기를 소망했다. 참으로 기이한 소망이 아닐 수 없다. 바울은 자신이 부활하게 될지 아닐지 의심하고 있었던 걸까? 부활하는 자 가운데 들기 위해 정말 열심히 일을 해야겠다고 이야기하고 있는 것일까? 아니다. 바울은 자신이 그리스도의 약속을 따라 죽은 자 가운데서 살아나리라는 것을 알고 있었다. 사실 바울은 같은 장에서 부활의 확신을 생생하게 표현한다.

> "우리의 시민권은 하늘에 있는지라 거기로서 구원하는 자 곧 주 예수 그리스도를 기다리노니 그가 만물을 자기에게 복종케 하실 수 있는 자의 역사로 우리의 낮은 몸을 자기 영광의 몸의 형체와 같이 변케 하시리라" (빌 3:20-21).

믿는 자의 궁극적 부활은 사도 바울의 가장 일관성 있고 강력한 가르침 중 하나였다. 바울이 11절에서 구하고 있는 것은 그리스도의 부활을 이 땅에서 더욱더 경험하는 것이었다. 바울은 그리스도가 자신을 잡으신 이유는 그로 부활의 생명을 누리게 하기 위함이심을 알았다. 이것이 이방인에게 복음을 전하기 위해 선택받은 것보다 더 큼을 그는 알았다. 바울은 예수님의 부활을 익히 잘 아는 사람이었다. 골로새서 1장 29절에서 그는 "내 속에서 능력으로 역사하시는 이의 역사를 따라 힘을 다하여 수고"한다고 증거한다. 그는 경험을 통해 아직도 더 깊고, 더 높은 풍성함이 있음을 인지하고 있었다. 물에 들어가서 헤엄을 쳐 보니 더 깊은 곳으로 들어가고 싶은 열망이 생겨난 것이다. 그리스도를 알고 더 알아 가는 것이야말로 인생의 가장 높은 상급이다.

사실 이것은 우리가 전도하는 이유이기도 하다. 우리는 영혼이 지옥에 떨어지지 않고 천국에 가도록 영혼 구원에 힘쓰는 데에 그치지 않는다. 우리는 사람들을 그리스도의 부활의 차원으로 이끌어야 한다. 장래에 누리게 될 천국의 약속만, 영생을 보내게 될 두 곳 중 더 나은 곳에 대해서만 이야기하는 데 그치지 않는다. 물론 그것도 너무나 놀라운 약속이지만, 우리는 거기에 그치지 않고 전혀 다른 삶을 전한다. 지금 바로 이곳에서 경험할 수 있는 육신의 새 삶, 영의 새 삶을 전한다. 믿는 자는 이 땅의 삶만을 위해 지음받은 자가 아니라 성령님의 영역, 즉 하나님 나라에서의 삶을 위해 거듭난 자다. 이것이 진정한 '영적인 사람', 그리스도 예수 안에 있는 새로운 피조물이다 (고후 5:17).

> 믿는 자는 이 땅의 삶만을 위해 지음받은 자가 아니라 성령님의 영역, 즉 하나님 나라에서의 삶을 위해 거듭난 자다.

바울이 그리스도를 안다고 얘기했을 때, 이는 우리가 흔히 친구를 잘 안다는 식의 그런 '앎'이 아니었다. 친구들은 우리를 격려해 주고, 우리를 도와준다. 우정은 참으로 소중하다. 하지만 그리스도를 아는 것은 친구와 손을 잡고 만나서 대화를 하는 것 이상이다. 그리스도를 아는 것은 곧 그리스도가 우리 안에 사신다는 의미다. 저 멀리서 들려오는 목소리 정도로만 그리스도를 아는 이들도 있다. 예수님을 신비한 존재로만 아는 사람들이 있다. 하지만 그리스도는 우리가 역동적으로 알아야 하는 분이다. C. S. 루이스는 그리스도인들이 '그리스도화' (Christ-ized) 되어 가는 사람들이라고 기록했다. 예수님은 인간의 삶을 그 몸으로 받아들이 서서 우리가 하나님의 생명을 받아들일 수 있도록 하셨다. 우리의 목적은 그리스도와 같이 되는 것이다. 행동만 그분을 닮는 것이 아니라, 그분의 생명이 우리 마음에 들어오심으로써 그리스도와 같이 되는 것이 우리의 목적이다. "사랑과 희락과 화평과 오래 참음과 자비와 양선과 충성과 온유와 절제니"(갈 5:22-23). 성령의 열매는 내적인 경험으로부터 말미암은 외적 증거다.

영성과 성령의 능력

사도 바울이 이해했던 대로 영성은 부활하신 자와의 만남의 능력이다. 일회적인 경험이 아니라 지속적으로 우리에게 흘러들어오는 능력이다. 참된 영성은 느닷없이 나타나는 뜬금없고 순간적인 기적이나 능력이 아니다. 우리는 단번에 목적지에 도달할 수 없다. 우리는 항상 길 위에 서 있다. 영성은 과정이다. D. W. 휘틀(D. W. Whittle)이 쓴 오래된 찬양에 "언제나 새 생명 주시나니"라는 부분이 있다. 찰스 웨슬리(Charles Wesley)가 쓴 찬양에도 우리가 "영광에서 영광으로 천국까지 이르러"라는 가사가 등장한다.

교회 안에서 상당한 혼란을 자아낸 한 가지 문제에 대해 분명히 밝히고 싶다. 증거를 위한 성령의 능력이 필요한 것과 우리의 개인적, 영적 유익을 위해 성령의 능력이 필요한 것은 별개다. 바울은 섬김을 위한 능력과 자신의 개인적 삶을 위한 능력 모두를 누렸다. 바울은 이렇게 기록한다.

"우리가 그를 전파하여 각 사람을 권하고 모든 지혜로 각 사람을 가르침은 각 사람을 그리스도 안에서 완전한 자로 세우려 함이니 이를 위하여 나도 내 속에서 능력으로 역사하시는 이의 역사를 따라 힘을 다하여 수고하노라"(골 1:28-29).

여기서 언급하는 능력은 바울의 사역을 위한 능력이다. 하지만 바울은 고난과 반대를 견뎌내고 모든 고난 가운데 기뻐하기 위해서도 능력이 필요했다. 바울은 바로 그 능력이 모든 골로새 교인들을 비롯한 모든 그리스도인들에게 주어지기를 기도했다.

"그 영광의 힘을 좇아 모든 능력으로 능하게 하시며 기쁨으로 모든 견딤과 오래 참음에 이르게 하시고"(골 1:11).

귀신을 쫓아낼 능력은 있으면서도 정작 마음속의 마귀는 이기지 못할 수도 있다. 사실 진정한 영적 전쟁이 벌어지는 전장은 저 멀리 하늘 어딘가가 아니라 우리 마음속이다. 병든 자를 고치면서도 길에서 만나는 첫 번째 유혹에 걸려 넘어질 수도 있다.

바울은 고린도후서 12장에서 사도의 표징을 설명한다. 그는 "표적과 기사와 능력"(고후 12:12)뿐 아니라 "약한 것들과 능욕과 궁핍과 핍박과 곤란"(고후 12:10) 역시 사도의 표징이라고 이야기한다. 누구나 병든 자에게 손을 얹을 수 있다. 심지어 어린아이들도 복음을 선포한다. 탕자는 자기 몫의 유산을 달라고 주장하고, 그 유산을 받을 믿음은 있었다. 하지만 그 유산을 지킬 만한 성품은 없었다. 우리에게는 성품을 단련해 나갈 하나님의 능력이 필요하다. 참된 위대함은 온 세상이 우리를 반대한다 하더라도 인내하고 견디는 것이다. 사단이 온갖 방법으로 우리를 대적해올 때, 우리는 오직 하나님의 능력으로만 사단을 이길 수 있다.

하나님은 우리를 이용하기 위해서가 아니라 우리에게 복 주기 위해 우리를 구원하셨다. 우리는 하나님이 편리하게 사용하고 버리면 그만인 도구가 아니다. 하나님은 우리를 '이용하지' 않으신다. 하나님은 우리를 이용하기 위해서가 아니라 사랑하기 위해 지으셨다. 그분은 우리를 작업장이 아닌 만찬장으로 초대하신다. 우리는 하나님의 부엌데기가 아니라 '그리스도의 신부' 다. 하나님은 우리가 일의 무게에 눌려 헐떡거리는 일 중독자가 되길 원치 않으신다. 하나님은 우리를 지도자들 가운데 앉히신다(시 113:8).

바울은 회심자들에게 복음을 들고 다른 이들에게 다가가라고 권면함과 동시에 다른 목표를 제시한다. 골로새서 2장 6절과 7절에서 그는 이렇게 말한다. "그러므로 너희가 그리스도 예수를 주로 받았으니 그 안에서 행하되 그 안에 뿌리를 박으며 세움을 입어 교훈을 받은대로 믿음에 굳게 서서 감사함을 넘치게 하라." 하나님은 그의 백성들에게 복을 주고, 그들이 부활의 기쁨, 자유와 안식과 행복을 맛보게 되기를 원하신다. 하나님

> 하나님은 그의 백성들에게 복을 주고, 그들이 부활의 기쁨, 자유와 안식과 행복을 맛보게 되기를 원하신다.

을 위해 일하는 것은 물론 특권이다. 하지만 그것이 그리스도 안에서의 삶의 전부는 아니다. 우리는 일을 하는 것만으로 만족해서는 안 된다.

하루는 예수님이 사역을 하시다가 그를 기다리는 무리들을 보시게 됐다. 제자들은 예수님께 "모든 사람이 주를 찾나이다"라고 말씀드렸다. 그 말에 예수님은 이렇게 답하셨다. "우리가 다른 가까운 마을들로 가자 거기서도 전도하리니 내가 이를 위하여 왔노라"(막 1:37-38). 예수님은 모든 기회를 다 활용하고, 모든 일을 다 해야 한다며 스스로에게 짐을 지우지 않으셨다. 예수님은 하나님과 동행하셨고, 하나님께 결과를 맡기셨다.

우리는 '생산'이 핵심인 시대에 살고 있다. 이런 시대상은 교회의 눈을 흐린다. 교회는 더 일하고, 더 기도하고, 더 움직이고, 새로운 계획을 더 많이 내놓아야 한다는 중압감에 시달린다. 다른 사람들 눈에 내가 책상 앞에 앉아만 있는 사람이 아니라 분주히 움직이는 바쁜 사람으로 비춰지기를 바란다. 그 결과 목사들은 중압감과 산더미 같은 일에 짓눌리고 목회자 가정은 방치된다. 교회 내에 가정 붕괴와 이혼이 많을 수밖에 없다. 남편과 아내가 서로에게 신경을 쓸 시간이 없으니 말이다. 요한복음 10장 10절을 "내가 온 것은 양들로 회의를 하고 더 많이 하게 하려는 것이라"라고 패러디하는 것도 들어 봤다.

하나님의 일을 하기 위한 능력을 구하며 기도해야 한다는 구절은 신약 어디에도 없다. 열흘을 기다리고 오순절에 성령을 받은 후 제자들은 증거하러 나갔다. 이들이 성령을 근심케 하고 소멸하지 않는 한 언제나 필요한 것 이상의 능력이 이들에게 주어졌다. 제자들은 주님을 계속해서 구했으나 이는 더 큰일을 행하거나 기적을 일으키기 위해서가 아니라 자신들의 영적 성장을 위해서였다. 제자들은 자신들이 영적으로 성장하기를 구했다.

주님을 위해 일하는 사람이라면 그 누구도 능력이 부족할 일이 없다. 능력을 제한하는 것은 믿음이 부족해서지 선행이 부족해서가 아니다. 능력은 영성의 분량이 아닌 믿음의 분량에 달렸다. 부흥도 마찬가지다. 기도에 들인 시간과 능력이 정비례한다는 글을 쓴 사람들이 있는데, 이는 인간이 만든 이론이다. 예수님은 말씀하셨다. "또 기도할 때에 이방인과 같이 중언부언하지 말라 저희는 말을 많이 하여야 들으실줄 생각하느니라"(마 6:7). 안타깝게도 큰 믿음과 영성이 반드시 함께 가는 것은 아니다. 예수님은 영성이 전혀 없으나 큰 믿음을 가졌던 몇몇 사람들을 칭찬하셨다. 그 중에는 기독교의 진리나 이스라엘의 하나님에 대한 지식이 전혀 없었던 이방인들도 있었다. 이들이 놀라운 치유를 받은 것은 바로 믿음 때문이었다.

거룩함과 영성

많은 그리스도인들이 하나님께 쓰임받고 싶어 한다. 거룩함이 믿는 자의 성공을 보장한다고, 거룩함이 목적에 이르는 수단이라고 생각하고는 섬김에 합당한 자가 되기 위해 완벽한 삶을 살려고 애쓴다. 하지만 거룩함은 수단이 아닌 목적이다. 노력하는 이유가 무엇인가? 예수님을 닮기 위함인가 아니면 '더 나은 사람'이 되기 위함인가? 예수님을 닮고 싶은 이유가 궁극적으로는 유명한 설교자가 되기 위해서인가? 그리스도를 닮는 것은 성공에 오르는 사다리의 한 단계가 아니다. 그리스도를 닮는 것은 가장 위대하고 큰 성공이다! "이것(거룩함)이 없이는 아무도 주를 보지 못하리라"(히 12:14).

> 거룩함은 수단이 아닌 목적이다.

가장 큰 선(善)은 섬김이 아니다. 거룩함이, 예수님을 아는 것이 섬김보다 더 크다. 예수님은 나사로의 집에서 이 점을 우리에게 가르치셨다. 마르다는 주님을 위해 섬기며, 훌륭한 식사를 준비했다. 상에 빈틈이 하나도 보이지 않도록 음식을 많이 차리느라 마르다는 정신이 없었다. 그녀는 주님을 기쁘시게 하고 싶은 마음에 잔뜩 부담을 가졌다. 하지만 예수님은 마르다가 그분의 노예가 되기를 원치 않으셨다. 예수님은 마르다가 그분의 사랑을 알기를 원하셨다. 마리아는 예수님과 함께 앉았고 이것이 마르다의 분주함보다 그분을 더욱 기쁘시게 했다. 예수님은 마리아가 더 좋은 편을 택하였으니 빼앗기지 않을 것이라 말씀하셨다(눅 10:42).

구약에는 하나님의 능력에 힘입어 그분을 위해 놀라운 일들을 행한 수많은 이들이 등장한다. 하지만 이들 가운데 성자라 부를 수 있는 사람은 거의 없었다. 성 야곱, 성 모세, 성 아브라함이라는 이름이 붙은 교회는 거의 없다. 만약 이들이 지금 다시 살아난다면 과연 몇 명이나 사역을 할 수 있을까? 모세가 미국 교단에서 안수를 받겠다고 신청했다고 생각해 보라. 과연 안수를 받을 수 있을까? 그는 사람을 죽인 살인자다!(출 2:11-12)

다윗과 사울을 비교해 보면 참 흥미롭다. 왜 하나님은 다윗은 사용하시고 사울은 사용하지 않으셨을까? 끔찍한 죄들을 지은 다윗은 용서하셨지만, 사울은 용서하지 않으셨다. 티는 내지 않지만 사울 왕을 딱하게 생각하는 사람들도 있다. 하나님은 사울을 조금도 봐주지 않으셨다. 사무엘 선지자는 이스라엘에 왕이 세워지는 것 자체를 반대했다. 사무엘은 50년간 이스라엘의 재판장이었다. 때문에 사울이 왕으로 기름부음을 받는 순간이 사무엘이 밀려나는 순간이었다. 사무엘은 이스라엘에 인간 왕이 세워진다는 것 자체를 반대했고, 사울에게도 사뭇 엄격했다. 사울은 실패했고, 그의 실패에 대해 하나님은 전혀 연민을 보이지 않으셨다. 하지만 더 끔찍한 죄를 지은 다윗의 경우는 달랐다. 사울은 덩치가 큰 시골 사람이었다. 사울에게는 다윗과 같은 세련된 모습이 없었을 뿐더러 그는 권력을 두고 벌이는 암투에도 무지했다. 다윗에 대한 사울의 질투심은 광기로까지 발전했지만, 사실 어느 정도는 이해가 간다. 젊은 다윗은 용감하고 약삭빠르고 배짱이 있고 인기가 높았고, 사울은 처음부터 그런 다윗에게서 위협을 느꼈다.

사울은 그래도 도덕적인 사람이었지만, 다윗은 그렇지 않았다. 사울은 자신이 큰 실수를 했음을 인정했지만, 다윗이 저지른 죄는 실수 정도가 아니었다. 다윗은 번민의 고백이 담긴 시편 51편을 썼지만, 사울은 그런 시편을 쓸 일이 없었다. 사울의 아들 요나단은 반역을 도모한 다윗의 아들들과 비교할 수 없을 정도로 고결한 성품을 가진 사람이었다. 사울은 농사꾼이었다. 사울은 왕족의 분위기를 풍기지 않았고, 다윗처럼 왕궁을 짓거나 전통을 남기지 않았다.

하나님이 다윗을 사용하신 것은 그의 놀라운 믿음 때문이었다. 다윗은 하나님을 이해했고, 자신이 속한 세대뿐 아니라 이후 수많은 세대들이 하나님을 보다 깊이 이해할 수 있도록 도왔다. 그가 지은 죄는 오히려 하나님의 위대하심을 볼 수 있도록 그의 눈을 열어 줬다. 다윗은 모든 것을 넘어 하나님을 신뢰했고, 여호와가 그의 왕 되심을, 왕의 왕 되심을 인정했다. 하나님은 바로 이 점을 보셨다. 하나님은 다윗을 놀랍게 사용하셨다. 다윗이 살인을 저질렀을 때에도 성령님은 그가 통회에 대한 가장 위대한 시편을 쓸 수 있도록 그에게 감동을 불어넣으셨다. 사실 다윗의 믿음과 하나님을 위한 그의 업적은 다윗이 살았던 시대를 생각해 볼 때 정말 놀랍다고밖에 말할 수 없다. 당시에는 하나님에 대한 지식이 있는 사람들이 거의 없었다. 선지자들이 하나님에 대한 지식을 보다 상세하게 설명한 것도 한참 후의 일이다. 다윗은 이스라엘의 믿음을 한 차원 높였고, 예배 제도를 수립했다. 다윗의 성품에 상반된 측면이 많았음에도 불구하고 그가 그토록 큰 영향

> 다윗의 성품에 상반된 측면이 많았음에도 불구하고 그가 그토록 큰 영향력을 끼친 이유는 오직 한 가지, 그의 살아 있는 믿음 때문이다.

력을 끼친 이유는 오직 한 가지, 그의 살아 있는 믿음 때문이다.

하나님의 위대한 종들 가운데는 다윗처럼 기이한 성격을 소유한 이들이 많았다. 요나는 하나님의 가라고 하시는 곳과 정반대 방향으로 움직이며 하나님으로부터 도망쳤다. 요나는 성경에 기록된 선지자 중 유일하게 불순종한 선지자다. 하지만 동시에 그는 한 나라를 회개케 한 유일한 선지자이기도 하다. 삼손은 그야말로 구제불능이었다. 성경은 부적격이다 싶은 사람들을 주저 없이 들어 쓰시는 하나님의 모습을 기록한다.

사도들은 그리스도의 이름으로 귀신을 내어 쫓는 사람을 보고는 그를 저지한다. 하지만 예수님은 그를 금하지 말라고 말씀하신다(막 9:38-39). 그 사람은 예수의 이름을 믿으면 놀라운 역사가 일어난다는 사실을 깨달았다. 오늘날에도 마찬가지다. 영성의 좋은 본보기가 되지 못하는 듯한 이들이 능력을 행하는 경우가 있다. 사실 영성의 본보기라는 측면에서는 제자들도 딱히 내세울 게 없다. 하지만 우리의 본보기가 되는 성자의 모습을 갖추기 한참 전부터 제자들은 귀신을 쫓고 병든 자들을 고쳤다.

최근 미국에서 일어나는 일들을 봐도 기적을 행하고 하나님을 위해 위대한 일을 한다고 해서 그가 반드시 선한 사람이라고는 할 수 없음을 새삼 깨닫게 된다. 때문에 우리는 섬김을 위한 능력만 구할 것이 아니라 하나님이 우리 자신의 삶 가운데 역사하시도록 구해야 한다. 섬김의 능력은 있으나 그리스도를 따르는 자로서는 처참하게 실패할 수도 있다. 그리고 이것이 결국은 그리스도를 증거하는 데 장애가 된다. 씨 뿌리는 자가 씨를 뿌리면서 땅을 강퍅하게 만들어 버려 열매 맺는 것을 오히려 가로막게 되는 것이다.

예수님은 심판의 날에 주님을 부르며 주님의 이름으로 많은 권능을 행했다고 주장하는 이들이 있을 것이지만, 그들이 "불법을 행하는 자들"(마 7:23)이기 때문에 그들을 버리실 것이라 말씀하셨다. 악을 행하는 자들이 어떻게 귀신을 쫓아내고 병든 자를 고칠 수 있는지 솔직히 나도 이해가 가지 않는다. 하지만 예수님은 그렇게 말씀하셨다. 이는 그런 종류의 능력이 거룩함을 통해 생겨나지 않음을 확증한다. 바울은 자신의 의가 아니라 그리스도를 믿는 믿음 안에 발견되기를 소망한다고 고백했다(빌 3:9). 하나님은 오직 그분의 은혜와 긍휼을 따라 우리를 통해 역사하신다. 우리는 구세주의 보혈에 씻겨 깨끗케 된 자로 하나님 앞에 선다. 젊은 시절, 한 연로하신 목사님이 자신의 처참한 실패를 후회하며 기도하는 걸 들었다. 그 기도를 듣고 나는 이런 기도를 했다. "오, 주님. 제가 저 목사님처럼 나이가 들었을 때 저는 저런 기도를 하지 않게 저를 도우시옵소서." 하나님의 일을 하려 할 때에 우리가 맞닥뜨리는 유혹은 은밀하지만 강하다. 설사 그렇다 하더라도 우리는 거룩함에 이르러야 한다. 신실한 기독교 지도자요, 주님의 종이 되어야 한다. 앞서 사무엘에 대해 잠시 언급했다. 사무엘은 정직하고 청렴한 지도자였다. 하지만 그도 완벽하지는 못했다. 어쩌면 사무엘은 사울에게 앙심을 품은 듯도 하다. 그는 사울에게 유난히 냉정했다. 하지만 사무엘은 자신의 삶을 마치는 순간 자신에게 부정부패한 부분이 있었는지 찾아보라며 이스라엘 백성들을 직면한다. 사무엘은 권력을 남용하거나 뇌물을 받아 축재(蓄財)를 한 일이 없었다. 사무엘은 분명 역사적인 위인이다.

사실 그리스도인의 온전한 선을 이루고 나서야 하나님께 쓰임 받을 수 있을 거라 생각하며 평생을 기다릴 필요는 없다. 하지만 우리 자신의 영혼을 위해 우리도 바울처럼 그리스도를 알게 되기를 구해야 한다. 교회가 어떤 영향력을 미칠 수 있는지는 그리스도인이 진정한 그리스도인으로 살아가는지 여부에 달렸다 해도 과언이 아니다. 능력은 증거를 위해 주어지는 것이지만, 거룩함은 그 자체가 목적이다. 영성의 목적은 개개인이 하나님을 닮음으로써 하나님의 궁극적인 목적을 성취하는 것이다. 하나님이 태초에 "우리의 형상을 따라 우리의 모양대로 우리가 사람을 만들고"(창 1:26)라고 분명히 밝히신, 인간을 만드신 그 크신 목적을 이루는 것이다. 하나님은 우리 한 사람 한 사람과 하실 일이 있으시다. 하나님은 우리를 사랑하시지만, 그건 우리가 그분의 종이나 도구이기 때문이 아니다. 우리가 쓸모 있는 존재이기 때문이 아니다. 우리는 망치 따위의 연장과 관계를 맺고 있다고 말하지 않는다. 마찬가지로 하나님은 우리를 그분의 도구로 보시고 우리와 관계

> 능력은 증거를 위해 주어지는 것이지만, 거룩함은 그 자체가 목적이다.

를 맺으시는 것이 아니다. 하나님께 쓰임받는 것은 그리스도를 아는 특권에서 비롯된 수많은 혜택 중 하나일 뿐이다.

믿는 자들은 사단의 공격을 받아 종종 넘어진다. 어떤 이들은 공개적으로 죄를 지으며 마음속의 선함을 감추고 억누른다. 다른 이들은 선함을 과시하면서 한편으로는 은밀하게 죄를 짓는다. 바울은 "때가 이르기 전 곧 주께서 오시기까지 아무것도 판단치 말라"(고전 4:5)고 기록한다. 우리는 전지전능하신 하나님보다 앞서 판단할 자격이 없다. 승리는 거뒀으나 치열한 전투에서 입은 부상으로 죄가 나타나는 경우도 있다. 다른 이들이 한 달 동안 당하는 시험보다 더 많은 시험과 매일 맞서 싸워야 하는 사람들도 있다. 작은 실수도 명성이라는 렌즈를 통해 크게 투영되기 때문에 큰 사람이 지은 죄는 큰 여파를 남긴다.

참된 확신의 삶

사도 베드로의 예를 생각해 보자. 그는 행동하는 사람이었다. 하지만 행동력이라는 장점은 동시에 그의 약점이었다. 그는 많은 경우 일단 저지르고 보는 성격을 자제하지 못했다. 말을 하지 말아야 하는 때에도 말을 해 버렸다. 베드로는 열정과 자신감으로 가득 찬 사람이었다. 예수님이 적들에게 붙들려 가시게 될 거란 얘기를 들었을 때는 마치 큰형처럼, 그의 주인의 보호자이자 영웅이라도 되는 것처럼 행동했다(마 16:21-22). 주님을 자신의 품 안에 두려 하다니, 참 대단한 발상이다! 당신이 예수님께 나만 믿으라고 얘기한다고 생각해 보라! 분명 만용일 수도 있고, 건방일 수도 있고, 자신감일 수도 있다. 그때 베드로가 그랬다.

> 진정한 자신감은 예수님에 대한 온전한 확신을 갖는 데서 시작된다.

진정한 자신감은 예수님에 대한 온전한 확신을 갖는 데서 시작된다. 예수님에 대한 확신을 잃어버리면 이내 자기 자신에 대한 자랑이 터져 나오면서 바람 빠진 풍선처럼 꼴사나워지고 만다. 예수님이 체포되어 재판받으셨을 때 베드로는 움츠러드는 자신의 모습에 깜짝 놀랐다. 베드로는 완전히 움츠러들어 계집 종 아이의 몇 마디에 부들부들 떨 정도로까지 쪼그라들었다. 겁에 질린 베드로는 주위에 있는 사람들과 전혀 다르지 않은 것처럼 연기했다. 믿지 않는 사람들 틈에 끼어 불을 쪼이며 그들과 똑같이 행동했다. 나사렛 예수를 욕하고 저주하고, 자신과 아무 상관이 없다고 부인했다(마 26:74, 막 14:54). 사실 사역 위원회에서 베드로를 파문하고 사도직을 철회해도 할 말이 없을 정도로 큰 실수다.

예수님은 처음 베드로를 부르실 때 "나를 따라 오너라"고 말씀하시고 많은 고기를 낚게 하셨다(마 4:19). 이후 베드로는 그리스도와 3년간 놀라운 시간을 함께한다. 그리고 그 시간은 십자가로 인해 끝이 난다. 십자가의 사건으로 베드로는 완전히 무너져 버렸다. 저 높은 곳에서 땅바닥으로 추락한 것이나 마찬가지였다. 예수님과 함께한 놀라운 시간들이 신기루처럼 사라지는 것만 같았다. 베드로는 일어나 자리를 툭툭 털고 자신에게 익숙한 곳, 원점으로 돌아간다. 그곳은 바로 바다였다. 하지만 그곳은 예수님이 그의 삶에 처음으로 들어오시고 그를 부르신 곳이기도 했다. 그리고 그곳에서 예수님은 다시 한 번 베드로의 삶 가운데 들어오신다. 예수님은 고기 잡는 베드로를 다시 한 번 만나 주신다. 어제도, 오늘도, 영원토록 동일하신 예수님이시다. 예수님은 다시 한 번 동일한 기적을 일으키셔서 베드로가 많은 고기를 잡게 하신다. 그리고 3년 전에 하셨던 말씀을 다시 한 번 해 주신다. "나를 따르라!"(요 21:19) 하나님의 은사와 부르심에는 후회하심이 없기 때문이다(롬 11:29).

에베소서 4장 11절은 하나님이 어떤 자들을 복음 전하는 자로 세우셨다고 기록한다. 우리는 흔히 교회에 전도 담당 부서를 두거나 선교 단체를 세우자고 얘기한다. 하지만 하나님은 부서 단위로 보시는 것이 아니라, 교회 전체를 보신다. 교회 전체가 전도 부서다. 하지만 복음 전하는 자들만으로는 전도가 이루어지지 않는다. 사도와 교사와 선지자와 목사가 필요하다. 왜일까? 회심한 이들을 양육해야 하기 때문이다. 전도 집회 자체에는 문제가 없으나, 그 이후 과정에서 뭔가 심각하게 잘못된 부분이 있다는 생각이 든다. 예수님은 해변에서 제자들에게 "지금 잡은 생선을 좀 가져오라"(요 21:10)고 말씀하셨다. 이 명령은 복음을 전하는 전도자들만을 향한 명령이 아니다.

베드로를 회복시키시는 이 장면에서 내가 의아하게 생각한 부분이 있다. 예수님은 여기서 베드로에게 성령, 즉 천국 열쇠를 주신다는 이전의 말씀을 반복하지 않으신다.

예수님은 "내 양을 먹이라"(요 21:17)고 말씀하셨다. 이번에는 고기잡이가 아니라 양 떼에 대해 말씀하신다. 물고기는 우리가 잡아서 먹지만, 양 떼는 우리가 먹여야 한다.

> 물고기는 우리가 잡아서 먹지만, 양 떼는 우리가 먹여야 한다.

"전도자들은 결신자들을 만들어 내지만 예수님은 '제자 삼으라'고 하셨다"고 비판하는 사람들이 있다. 하지만 전도자는 결신자들을 만들어 내는 사람이 아니다. 결신은 회심자 본인이 하는 것이다. 전도자는 아무것도 스스로 만들어 내지 않는다. 그리스도께 관심을 돌리도록 하고 그로 인해 반응이 일어나도록 힘쓸 뿐이다. 사람들의 반응을 처음으로 보는 것은 전도자이지만, 제자를 만드는 것은 목사들이다. 전도자가 원석을 가져오면 목사는 그 원석을 다듬어야 한다. 전도자가 자신의 사역을 얼마나 철저히 하든지 간에 한 사람의 제자화는 6일간의 전도 집회로는 끝날 수 없는, 오랜 시간이 걸리는 일이다. 오래도록 제자화를 위한 노력을 전혀 기울이지 않고 그냥 방치하는 목회자들도 있다. 예수님은 열두 제자와 3년을 함께하셨다. 그렇게 3년을 보내고 난 후에도 제자들의 모습이 그리 좋지만은 않았다. 새로운 사람들이 교회 안에 들어올 수 있도록 복음을 전하고, 이들이 모두 거듭난 그리스도인이 되도록 하고, 이들을 제자도의 원칙에 따라 훈련할 수 있는 전도자는 없다. 만약 그렇게 할 수 있는 전도자가 있다면 목사와 교사는 필요치 않을 것이다(다른 믿는 자들 역시 필요 없을 게다. 고전 12장,

엡 3:18 참고).

사도와 선지자와 목사와 교사와 복음 전하는 자는 교회가 선택하고 임명하는 것이 아니다. 주님이 하신다. 사람이 선택하고 임명한 사람이 주님이 택하시고 임명하신 사람과 다를 수도 있다. 가톨릭교회는 마틴 루터를 거절했다. 성공회교회는 존 웨슬리를 거절했다. 감리교회는 윌리엄 부스를 거절했다. 침례교회는 윌리엄 캐리를 거절했다. 성결교회는 윌리엄 시모어를 거절했다. 하지만 하나님은 이 중 어느 누구도 거절하지 않으셨다.

하나님은 모든 교회에 목회자를 두셨고, 이들은 교회 지도부의 한 부분이다(고전 12:28). 목회자들에게는 사람들을 돌아보고 이들을 위해 기도하고자 하는 마음이 있다. 이들은 하나님의 비밀 의료 팀이다. 성경은 사람들이 "서로 연결"(엡 2:21)된다고 기록하는데, 헬라어 원어는 탈골되거나 부러진 뼈를 맞춘다는 의미다. 하나님은 여러 지도자들을 세우셨고, 사람들을 돌볼 지혜를 주셨다.

인간이 선택한 목회자들에게는 이런 성품이 털끝만큼도 없을 수 있다. 우리는 기업인이나 인기인, 관리자, 기획가, 장성(將星)이나 장교 같은 사람들에게 끌리는 경향이 있다. 하지만 온유와 긍휼의 마음을 가진 사람, 이름 없이 언제든 자신을 내어 줄 준비가 되어 있는 사람이 참된 일을 할 수 있다. 나이 고하(高下)나 성별은 중요치 않다. 이들에게는 다른 사람들의 고민과 괴로움을 알아보는 은사가 있다. 지식의 말씀을 받아 도움이 필요한 사람들과 함께 나누는 이들도 있다. 지식의 말씀을 받고 아무 말도 하지 않은 채 조용히 다가가 기도해 주는 사람들도 있다.

나는 어떤 전도자라도 거리에서 만난 사람들을 회심시키고 이들을 제자의 삶에 합당한 자들로 만들어 며칠 내에 교회를 세울 수는 없다고 생각한다. 전도는 완성이 아닌 첫걸음이다. 6일간의 전도 집회를 통해 완벽한 교회를 세울 수 있으려면 교주가 되어야 한다. 하지만 전도자는 추종자를 몰고 다니는 교주가 되어서는 안 된다. 전도자 때문에 교회 안에 그런 상황이 생겨날까 두려워하는 목회자들이 있다. 전혀 근거 없는 두려움은 아니라는 것이 서글플 따름이다.

사랑을 통해 역사하는 믿음

"이러므로 너희가 더욱 힘써 너희 믿음에 덕을, 덕에 지식을, 지식에 절제를, 절제에 인내를, 인내에 경건을, 경건에 형제 우애를, 형제 우애에 사랑을 공급하라 이런 것이 너희에게 있어 흡족한즉 너희로 우리 주 예수 그리스도를 알기에 게으르지 않고 열매 없는 자가 되지 않게 하려니와"(벧후 1:5-8).

앞서 밝혔듯 믿음이 열쇠다. 하지만 영성 또한 계발해야 한다. 천국에서 우리는 우리의 영성에 따라 상급과 지위를 받게 될 것이다. 영성은 평생 동안 영적인 것을 육적인 것보다 중히 여기며 끊임없이 싸우고 이겨내는 과정에서 계발된다.

위의 성경 구절에서 베드로는 한 가지 열매가 다른 열매에서부터 비롯된다고 이야기하지 않는다. 절제가 지식에서 나오거나 인내가 절제에서 온다고 이야기하지 않는다. 우리는 한 가지 열매에서 다른 열매로 이동하는 것이 아니라 모든 열매를 더욱 크게 맺어 가야 한다. 믿음이 우리를 궁극적으로 사랑까지 인도해 주는 것이 아니라 믿음과 사랑이 함께 움직인다. 믿음은 사랑을 통해 역사한다.

베드로를 회복시키시며 예수님은 "그래, 이제 네 죄를 용서받았으니 과거는 잊어라. 이제 네 할 일을 해라"라고 말씀하지 않으셨다. 예수님은 "요한의 아들 시몬아 네가 나를 사랑하느냐?"(요 21:15-17)고 물으셨다. 예수님이 물으신 처음이자 마지막 질문은 그리스도를 향한 베드로의 사랑에 관한 것이었다. 이 질문은 예수님이 물으실 유일한 질문이다. 주님은 얼마나 많은 영혼을 얻었는지 묻지 않으실 것이다. 주님은 오직 그분을 향한 우리의 사랑으로 우리를 달아 보실 것이다. 그분은 지금도 물으신다. "네가 나를 사랑하느냐?" 우리는 진정 그분을 사랑하는가?

Preaching Judgment To A Politically Correct World
14장

정치·사회적 공의를 외치는 사회에 선포하는 심판의 메시지

"바울을 불러 그리스도 예수 믿는 도를 듣거늘 바울이 의와 절제와 장차 오는 심판을 강론하니 벨릭스가 두려워하여"(행 24:24-25).

바울은 최초의 유럽 선교사였다. 그는 어디를 가든 복음을 정면으로 거스르는 생각을 가진 사람들을 만났다. 사람들의 생각은 복음에 정반대되는 사고방식에 맞춰져 있었다. 모든 면을 다 고려해 봐도 유럽은 복음의 씨앗이 뿌려지기 불가능한 황폐한 땅이었다. 바울과 벨릭스의 만남만 봐도 이 사실이 잘 드러난다. 기독교는 만물을 전혀 다른 눈으로 보는 것을 의미했기에 벨릭스는 두려움과 의심으로 기독교를 대했다.

기독교는 어떤 점이 그리 새로웠을까? 먼저 기독교는 일반적인 '종교'가 아니었다. 그리스인들과 로마인들은 많은 신들을 숭배했다. 하지만 이 신들은 한 사람의 삶 전체를 바꿀 힘이 없었다. 의식을 행하고 필요한 제사를 지내면 그만이었다. 하지만 기독교는 새로운 사고방식, 새로운 삶의 방식을 의미했다. 사실 벨릭스도 기독교를 '도'(道), 즉 길로 알고 있었다. 바울은 삶을 향한 사람들의 태도와 삶의 다른 모든 것들을 바꾸어 줄 혁명적인 길, 하나님을 아는 길을 제시했다.

바울은 유대교 전통을 따라 엄격하게 교육받으며 자랐지만, 예수님은 윤리적, 종교적으로 다양한 그리스와 로마의 이방인들에게 복음을 전하라고 그를 부르셨다(행 22:21). 바울 당시에 이방인들은 다양한 철학과 신념 체계를 굳게 믿고 있었다. 사도행전은 마술을 행하는 사람들과(8:9, 19:19) 전형적인 신들을 믿는 이들(14:11), 점치고 사술을 행하는 자들(16:16), 우상 숭배자들(17:16), 에비구레오(에피쿠로스) 및 스도이고(스토아) 철학자들(17:18) 그리고 여신 숭배자들(19:27)에 대해 구체적으로 기록하고 있다. 황제 숭배와 오르페우스 밀교, 풍요를 기원하는 엘레우시스 신전에서의 의식, 델피 신탁 등도 광범위하게 퍼져 있었다. 심지어 유대 공동체도 종교적으로 분열된 상태였다. 사두개인들은 초자연적인 측면을 부인한 반면, 바리새인들은 초자연적인 면을 믿었다(행 23:7-8). 에세네파는 악한 세상의 제도를 피해 광야에 수도(修道) 공동체를 세웠다. 다른 유대인들은 그리스 사상과 문화의 영향을 받아들였다.

오늘날에는 이런 사회를 다원주의 사회라 부른다. 바울은 복음의 기초가 되는 기본적인 원칙들과 전혀 다른, 심지어 정면으로 배치되는 환경과 관점을 가진 사람들에게 복음을 전했다.

모든 종교가 피상적인 삶의 양식을 제시하지만, 참된 기독교

> 모든 종교가 피상적인 삶의 양식을 제시하지만, 참된 기독교는 다르다. 참된 기독교는 거기서 더 나아간다.

는 다르다. 참된 기독교는 거기서 더 나아간다. 예를 들어, 무슬림 성직자와 종교 경찰은 무슬림들이 먹고, 씻고, 옷 입고, 서로 관계를 맺고, 기도하는 방식을 엄격히 규제하며 자신들의 규칙을 따르게 하기 위해 안간힘을 쓴다. 하지만 성경을 제대로 이해했을 때는 그런 행동이 나오지 않는다. 참된 기독교는 삶의 원칙을 바꿔 준다. 모든 것이 그리스도를 향한 우리의 사랑에서 비롯되게 된다. 거듭난 사람은 거듭난 후 눈을 뜨는 그 순간부터 세상을 전혀 다른 눈으로 보게 된다(고후 5:14-17).

많은 국가에서 그리스도인들의 삶의 방식이 주변의 종교나 문화와 충돌하면서 이들이 잔혹한 핍박을 받는 일들이 발생하고 있다. 미국과 유럽의 문화를 반대하는 종교들도 있다. 무슬림 극단주의자들은 미국을 '큰 사탄'이라 부른다. 다른 종교를 가진 이들에게 복음의 의미를 어떻게 전할 것인가는 누구든 어디서든 그리스도를 증거하려는 사람이 직면하게 되는 문제다. 다양한 사람들이 섞여 있는 군중에게 복음을 전해야 하는 나의 경우에는 이것이 매일의 문제다. CfaN에서는 믿지 않는 자들에게 다가가는 다리를 놓기 위해 142개 언어로 1억 5천만 권의 책과 소책자를 출간했다. 많은 문화권에서 개개인이 국가나 종교 공동체와 자신을 동일시한다는 것이 우리가 매일 직면하게 되는 문제다. 이런 상황에서 회심은 곧 배신행위다. 기독교로의 개종이 곧 사형 선고를 의미하는 이슬람권 국가에서 이런 모습은 더욱 두드러지게 나타난다.

하지만 다원주의는 더 이상 선교사들만의 문제가 아니다. 제2차 세계대전 이후, 미국과 유럽에서는 인구의 구조적 변화가 일어났다. 독일과 프랑스, 영국, 미국 및 다른 국가들은 아시아와 중동에서 이민자가 쏟아져 들어오면서 상당한 인구 구성의 변화를 경험하게 됐다. 서구 사회는 새로운 문화가 서구의 기독교 전통과 통합되면서 변모할 수밖에 없었다. 다원주의는 분열을 초래했고, 관용과 정치적 공정함에 대한 요구가 늘어나면서 미국에서는 갈등을 완화시키기 위한 법안이 채택되었다.

우리는 무엇에 맞서고 있는가?

사도행전 24장 4절에서 5절은 다양한 국가에서 온 이들에게 바울이 복음을 전하는 방식을 보여 준다. 벨릭스는 유대의 총독이었고(본디오 빌라도의 후임이었을 것이다) 과거 노예 신분이었던 것으로 추정된다. 어쨌든 그는 로마 태생이었고, 그의 아내 드루실라는 유대인이었다. 벨릭스는 아내를 통해 기독교에 대해 어느 정도 알고 있었던 것으로 보인다. 바울이 이 이방 통치자에게 어떻게 복음을 제시하고 있는지를 보면 참으로 흥미롭고, 또한 많은 점을 깨닫게 된다.

바울은 벨릭스에게 (1) 그리스도를 믿는 믿음, (2) 의, (3) 절제, (4) 장차 올 심판에 대해 이야기한

> 바울은 벨릭스에게 (1) 그리스도를 믿는 믿음, (2) 의, (3) 절제, (4) 장차 올 심판에 대해 이야기한다.

다. 이 책에서 이 중 세 가지 주제들에 대해서는 이미 상세히 살펴봤고, 이제는 네 번째 주제에 대해 살펴봐야 할 차례다. 그리스도인으로서 우리는 다원주의적이고 정치적 공정함을 외치는 이 사회에서 심판이라는 주제를 어떻게 이해해야 할까?

오늘날 전도와 선교는 많은 나라, 언어, 종교와 사고방식을 향해 던져진 그물과도 같다. 근대 선교사들은 인도와 아프리카에서 사역을 할 때, 마치 서구의 삶의 방식이 기독교적 삶의 방식이라는 듯 회심한 이들에게 서구의 생활 방식을 강요했다. 근대 초기의 선교사들은 대부분 영국인들이었다. 존 웨슬리도 원래는 미국 인디언 선교사였다. 이들은 영국식 교회 건물을 세우고, 영국식 예배를 가르치고, 영국 찬양을 부르고, 원주민들에게 영국 의상과 문화를 권했다.

초기 선교사들은 회심자들의 서구화를 시도함으로써 심각한 문제를 자초했다. 저 멀리 있는 나라들이 보기에 기독교는 서구와 동의어인 외국 종교일 뿐이었다. 일부 지역에서는 아직도 기독교를 외국에서 수입된 종교라고 생각한다. 하지만 허드슨 테일러는 그리스도를 믿는 믿음을 각국의 문화를 통해 표현할 수 있다고 믿었다. 그리스도는 모든 나라에 속한 분이시기 때문이다. 허드슨 테일러 당시 중국에서는 선교사들이 영국식으로 그리스도를 믿는 믿음을 전했다. 하지만 허드슨 테일러는 그것이 잘못된 방식이라고 믿었다. 그래서 그는 중국인들에게 다가가기 위해 중국식 의상과 방법을 택했다. 그것이 출발점이 되었다.

복음을 듣고 회심한 이들은 다른 영을 숭배하는 데 기초를 둔 악한 문화인 경우를 제외하고는 국가의 문화를 바꿀 필요가 없다. 중국의 기독교 문화나 인도의 기독교 문화는 서구 문화와 동등하다. 서구 문화가 완벽한 기독교 문화라고 생각한다면 큰 오산이다. 최초의 민주주의는 성경이 아닌 고대 그리스에서 시작된 것으로 기독교가 들어가기 전부터 시행되었다. 우리는 서구의 자본주의 제도 하에서 살면서 하나님을 섬기지만, 사실 거대한 서구 자본주의 제도는 엄밀히 말해 완전히 기독교적이라고는 할 수 없다.

영성의 문제는 다양한 신념과 배경을 가진 사람들로부터 다양하게 공격을 받고 있다. 어떤 이들은 기독교가 독특하지 않다고 주장하며 자신들의 신념과 복음 사이의 절충지대를 찾으려 한다. 본질적으로는 모든 종교가 똑같고 결국 어떤 공통적 경험을 했느냐의 문제라는 주장이다. 이들은 이 공통적 경험이라는 것이 우리 모두에게 있는 '마음의 빛'을 의미한다고 생각하고 넘어가려 한다. 어쨌거나 기독교가 독특하다는 주장은 정치적으로도 공정치 못한 발언이니 말이다.

또 다른 다원주의적 방법은 모든 종교의 좋은 부분을 조금씩 떼어내 한데 모으는 소위 혼합주의다. 다른 이들은 종교적 자각을 위해 동방신비주의에 탐닉한다. 외부의 영향에 눈을 돌리는 것이다. 교리도, 강령도, 심지어 예배도 없이 감정의 고조만을 찾는다.

미국에서 종교란 종종 교회 안에 앉아 있는 데서 오는 경험을 지칭하는 경우가 많다. 교회라는 건물에서 느끼는 고요하고 평온하고 신비한 분위기를 종교라 이야기하는 것이다. 예배 의식도 이런 심리적 효과를 증진시키기 위한 것이고 설교는 귀가 닳도록 들은 얘기의 반복일 뿐이다.

교회 내에 타종교와의 '대화'를 시도하려는 움직임이 일고 있다. 모든 종교 안에 빛이 있다는 이야기도 오간다. 이런 상황을 보자니 심히 우려가 된다. '대화'가 다른 이들에게 예수님에 대해 이야기하고 다른 이들의 종교적 신념을 들을 수 있는 기회를 의미한다면 아무 불만이 없다. 하지만 종종 대화는 상호작용과 통합을 의미한다. 어떻게 기독교와 믿음의 행위를 수정해 불교와 이슬람, 힌두교에 끼워 맞출 수 있겠는가? 그건 타협이다. 용인할 수도 없고, 가능하지도 않다. 모든 종교를 용광로 안에 집어넣고 끓이면 더욱 강력한 합금이 나올 것 같은가? 절대 그렇지 않다. 터무니없는 종교적 잡동사니로 가득 찬 넝마만 남을 뿐이다.

기독교는 확고한 교리의 종교다. 복음은 받아들이지 않을 수 없는 강력한 명제를 제시한다. 기독교는 역사적인 종교다. 기독교는 사실이다. 복음은 감정을 불러일으키지만, 감정만으로는 복음을 설명할 수 없다. 사람들이 어떻게 느끼든 기독교는 진리다. 사람들은 감정이 아닌 진리를 위해 자신들의 목숨을 기꺼이 내어 던진다. 우리는 진리를 담대히 선포해야 하며, 다른 사람들의 감정을 상하지 않게 하기 위해 진리를 타협하거나 희석시켜서는 안 될 것이다.

모래에서 사금을 찾아낼 수 있는 것처럼 거짓 신앙에서도 좋은 부분을 찾아낼 수 있다(롬 1장). 하지만 좋은 것이 우리를 구원해 주지는 않으며, 모든 진리가 다 구원의 진리인 것은 아니다. 좋은 충고와 지혜로운 격언이 우리 죄를 사해 주지도 않는다. 예수님은 우리에게 충고를 해 주고, 지식을 전해 주고, 마음속의 빛을 찾아내는 방법을 알려 주기 위해 오시지 않았다. 예수님은 우리로 생명을 얻고 더 풍성히 얻게 하기 위해 오셨다.

> 좋은 것이 우리를 구원해 주지는 않으며, 모든 진리가 다 구원의 진리인 것은 아니다.

모든 종교가 다 똑같다면 우리는 그냥 집에만 있어도 된다. 무슬림은 무슬림으로 계속 살아도 되고, 힌두교 신자, 인도 승려, 불교 신자, 정령 숭배자, 무당, 점치는 자, 다 그대로 살도록 내버려 둬도 아무 문제없다. 하지만 모든 종교가 다 똑같지는 않다! 수많은 사람들이 종교로 인해 복을 받는 것이 아니라 오히려 고통을 당하고 있다. 이들의 종교적 행위는 진보가 아닌 후퇴를 낳으며, 악을 조장한다. 여성에 대한 억압, 불관용, 복수, 광신주의, 하층 계급의 종속 등이 그 비견한 예다. 하지만 복음에는 사람들을 자유케 하고 일으키는 힘이 있다! 복음은 어디를 가든 사회적 진보와 사회의 가장 낮고 약한 이들에 대한 존중을 낳는다. 아이작 왓츠(Issac Watts) 목사의 위대한 찬양 "햇빛을 받는 곳마다"(Jesus Shall Reign Where'er the Sun)의 가사를 되새겨 보라.

주 예수 계신 곳마다
그 은혜 충만하도다
곤하고 병든 사람들
다 주의 사랑 받도다

좋은 감정, 그 이상을 바라며 기다리는 수많은 이들이 있다. 그리스도를 알지 못하는 민족들 가운데서 30년을 보낸 지금, 나는 이 땅의 영혼들이 오직 예수 그리스도 안에서만 발견할 수 있는 무언가를 갈구하고 있다고 확실히 말할 수 있다. 이들은 의식이나 겉치레, 기도와 상징을 넘어서는 더 높은 실체를 원한다. 이들은 폭풍우가 몰아칠 때 반석이 되어 줄 믿음을 원한다.

사람들은 이 세상에 정의가 있음을 알고 싶어 한다. 그래서 나는 만유의 재판장 되시는 그리스도를 선포한다. 사람들은 마음속의 악을 이길 수 있는 힘을 원한다. 그래서 나는 구원하시는 예수님을 선포한다. 사람들은 죄 사함받기를 원한다. 그래서 나는 예수 그리스도를 힘입어 "죄 사함을"(행 13:38) 그들에게 선포한다. 사람들은 하나님을 경험하고 싶어 한다. 그래서 나는 이들의 마음과 생각과 육체를 채우시는 성령 세례를 선포한다. 사람들은 더 많은 짐을 지우는 종교 대신 하루하루를 버틸 수 있도록 도움을 받기를 원한다. 그래서 나는 이들이 삶을 맡기면 이들의 과거와 현재와 미래를 책임지실 예수님을 선포한다. 다른 누가 이 일을 할 수 있겠는가? 오직 예수님만이 우리의 구원자 되신다. 죽은 자 가운데서도, 산 자 가운데서도 예수님을 능히 당할 자는 아무도 없다. 그리스도는 먹고, 씻고, 기도하는 데 지켜야 할 규칙을 세우지 않으신다. 그분은 우리의 가장 기본적인 본능을 바꾸신다. 그분의 지혜가 우리 안에 자연법칙으로 뿌리내린다. 그리스도 안에서 우리에게 새로운 본성이 주어진다. 우리는 거듭난 자다. 우리에게는 하나님의 유전자가 있다. 우리의 유전자에 입력된 DNA 이중 나선 구조는 우리 육체의 성장과 특성을 관장한다. DNA는 각 세포가 무엇을 해야 하는지에 대한 지침이 기록되어 있는 테이프와 같다. 이와 마찬가지로 하나님의 성령은 우리의 영적 DNA가 되어 그리스도 안에서 우리가 성장하고 자랄 수 있도록 하신다.

다원주의적 세계에서 전하는 복음

사도들은 심판을 선포했다. 사실 심판은 이방인들이 그리 많이 고민하지 않는 문제였다. 그럼에도 불구하고 심판은 진리였고, 사도들은 진리를 선포하라고 보냄받은 이들이었다. 최근 몇 년간 나는 수십만 명의 무슬림들과 힌두교도들에게 복음을 선포했다. 나는 복음 전체를 선포하는 데 조금도 주저함이 없다. 나는 기쁜 마음으로 예수님과 의와 절제와 다가올 심판을 선포한다.

이 복음은 어두움 끝에 갑작스레 동이 터오듯이 사람들의 마음을 타오르게 한다. 예수님은 불확실성의 바다 위를 표류하는 세

> 예수님은 불확실성의 바다 위를 표류하는 세상을 위한 확신의 반석이시다.

상을 위한 확신의 반석이시다. 하나님은 우리가 쉽사리 요동치는 감정이나 덧없는 희망에 의지하도록 버려두지 않으셨다. 우리가 이 혼란스런 세상에 전하는 기독교 메시지는 힘 있고, 견고하고, 합리적이다.

나는 다른 이들의 종교적 신념을 비난하지 않는다. 굳이 다른 종교를 믿는 이들의 기분을 해치려 하지도 않는다. 나는 종교에 대해서 논쟁을 벌이거나 어떤 종교가 옳은지에 대해 왈가왈부하지도 않는다. 나는 그저 그리스도의 영광스런 복음을 힘 있게 전할 뿐이다. 내가 전하는 복음을 듣고 자신이 믿는 힌두교의 신이나 알라나 부처가 죄를 사해 줄 수 있고, 죄를 이길 수 있는 능력을 주고, 의로 옷 입혀 주고, 심판 때에 소망을 줄 수 있다는 생각이 든다면, 좋다. 그런 사람은 그냥 살던 대로 계속 살도록 내버려 두자. 하지만 전하는 나도, 듣는 이들도 이들의 교리와 의식에는 그와 같은 것들이 담겨 있지 않음을 안다. 오직 예수님만 구원하실 수 있다! 다른 누구도 구원할 수 없다.

사람들이 원하는 것이 윤리라면 하나님의 말씀만큼 온전한 것은 없다. 기독교 윤리는 성경에서부터 비롯됐다. 우리는 코란이나 힌두교의 우화에서 도움을 구할 필요가 없다. "그의 신기한 능력으로 생명과 경건에 속한 모든 것을 우리에게 주셨으니 이는 … 우리를 부르신 자(예수 그리스도)를 앎으로 말미암음이라"(벧후 1:3). 모든 종교는 어떻게 궁극적 정의가 실현될 것인지에 대해 나름의 이론을 가지고 있다. 이는 종교의 기본적 토대가 된다. 그래서 예수님도 이 부분에 대해 그토록 많이 말씀하셨다. 예수님은 "아버지께서 아무도 심판하지 아니하시고 심판을 다 아들에게 맡기셨으니"(요 5:22)라고 말씀하셨다. 심판은 예수님의 손에 있다. 예수님의 손은 어떤 손인가? 못 자국이 그대로 남아 있는 손, 바로 자비의 손이다. 우리를 사랑하시는 그분이 만유의 재판장이시다. 얼마나 다행인가! 예수의 이름은 이 세상을 격려하고 응원하는 이름이다.

우리는 사도들이 심판의 메시지로 사람들에게 겁을 주지 않았다는 사실을 주목해야 한다. 심판은 좋은 소식의 한 부분이었다. 사도들은 사람들의 공포심을 조장하려 하지 않았다. 사도들은 그리스도 없이 이들이 멸망하게 되리라고 경고할 필요도 없었다. 사람들은 이미 자신들이 멸망의 길을 걷고 있음을 아주 잘 알고 있었다. 이들은 자신들에게 무슨 일이 닥칠지, 특히 죽음 이후 어떤 일이 벌어질지 두려움으로 가득 차 있었다. 많은 이들이 죽고 나면 케르베로스라는 머리 셋 달린 개가 지키는 끔찍한 지옥에 가게 된다고 믿었다. 사도들은 죽음과 심판에 대한 이야기를 꺼내면 이방인들이 두려워 떨며 엎드러진다는 것을 알았다. 하지만 하나님의 사도들은 십자가와 부활과 하나님의 은혜의 보좌의 공의와 자비의 메시지를 가지고 나아갔다. 얼마나 영광스런 메시지인가! 문화와 종교와 시대와

> 사도들은 그리스도 없이 이들이 멸망하게 되리라고 경고할 필요도 없었다. 사람들은 이미 자신들이 멸망의 길을 걷고 있음을 아주 잘 알고 있었다

인종을 초월한, 모든 사람들을 위한 메시지다. 우리는 이 놀라운 소식을 타협할 이유가 없다. 우리는 진리를, 사실을 선포한다. 다원주의적 사회에서 살아가는 모든 사람들이 직면할 수밖에 없는 확고한 진리를 선포한다.

사도들은 지옥 불이 아니라 심판을 선포했다. 사도들의 서신들과 사도행전의 설교는 지옥에 대해서는 거의 함구하다시피 하지만, 심판의 개념에 대해서는 아주 강력한 어조로 이야기한다. '지옥'이라는 단어는 복음서와 계시록을 제외하고는 거의 등장하지 않는다. 사람들에게 지옥에 대해 이야기하며 겁을 줘도 사실 별 효과가 없다. 지옥이 불꽃과 유황과 동굴과 꼬리 달린 마귀들이 돌아다니는 곳으로 우화적으로 표현되는 현 시대에 사람들에게 지옥에 대해 얘기하면 아마 비웃음을 살 것이다.

과거에 설교자들은 끔찍한 지옥의 고통을 이야기했다. 하나님이 최악의 피조물에게조차 허락하지 않으셨을 법한 지옥의 모습을 묘사했다. 지옥의 모습은 이들을 통해 과대 포장되었다. 중세 교회는 지옥에 대해 편집증적 집착을 보였다. 한 중세 작가는 세례받지 못한 아기들은 해를 거듭할수록 더 뜨거워지는 지옥 불에서 고통받게 된다고 썼다. 요즘 이런 얘기에 귀 기울일 사람이 어디 있겠는가?

지옥에 대해 전하기 위해서는(다른 것에 대해 전할 때도 마찬가지로) 두 가지가 필요하다. 첫째, 성경이 이야기하는 바에 대해 정확하게 설명해야 하며, 둘째, 예수님이 말씀하시듯 전해야 한다. 예수님의 모든 행사에서 느낄 수 있는 것처럼 예수님의 음성에는 모든 피조물을 향한 그분의 깊은 염려와 무한한 사랑이 담겨 있었다. 예수님은 사람들에게 지옥에 대해 경고하시면서 전혀 즐거워하지 않으셨다. 예수님은 사람들이 지옥에 가는 것을 막기 위해 이 땅에 오셨고, 때문에 지옥 길에 서 있는 사람들을 보며 절대 기뻐하실 수 없었다. 예수님은 갈라진 목소리로 심판을 선포하셨다.

사도들이 거둔 결과를 거두고 싶다면 우리도 사도들처럼 선포해야 한다. 내가 영적으로 어두운 곳에서 복음을 선포하면서 만일 사도들이 전한 복음이 아닌 다른 복음을 전한다면 이는 참된 복음에

> 사도들이 거둔 결과를 거두고 싶다면 우리도 사도들처럼 선포해야 한다.

대한 심각한 배신일 뿐 아니라 그 복음을 듣는 사람들에 대한 배신이다. 나는 예수님과 바울과 베드로와 사도들의 복음을 전한다. 듣는 이들이 어떤 종교적 세뇌를 당했든 간에 복음은 그들을 파고들 수 있다. 복음은 모든 이들의 가장 근본적인 삶의 문제를 다룬다. 복음은 죄의 암세포를 도려내는 의사의 나이프다. 복음의 선포는 "좌우에 날선 어떤 검보다도 예리"(히 4:12)하다고 할 만큼 날카로워야 하며, 죄와 심판과 의와 십자가의 구원 및 하나님의 능력을 정직하고 힘 있게 담아내야 한다. 이러한 것들은 논쟁의 대상이 아니다. 선포의 대상이다.

예수님은 말세의 것들과 메시지를 어떻게 결합하셨는가?

심판은 예수님의 가르침에서 상당한 부분을 차지한다. 심판은 예수님이 하신 모든 말씀을 엄숙하게 했다. 때로 예수님이 심판에 대해 직접적으로 말씀하시는 경우도 있었지만, 심판의 메시지는 예수님의 모든 말씀에 간접적으로 담겨 있었다. 예수님의 가르침에서 영생의 메시지는 언제나 빠지지 않았다. 우리가 전하는 복음에는 말세의 것들에 대한 메시지가 반드시 들어가야 한다. 그리스도가 선포하신 복음에도 말세의 것들에 대한 메시지가 들어가 있었으며, 우리는 주님으로부터 말세에 대한 직접적인 지식을 얻는다. 예수님의 모든 말씀에 심판이 얼마나 깊이 스며들어가 있는지 실로 놀라울 정도다. 예수님은 모든 사람들이 메시야와 파티를 벌이며 즐거운 시간을 보내라고 이 땅에 오신 것이 아니다. 예수님은 상급과 벌에 대해 직접적으로 말씀하셨다. 나는 전체적으로 교회가 심판에 대한 부분을 희석하고 있다고 생각한다. 하지만 심판은 그리스도의 가르침에서 빠지지 않았던 메시지다. 예수님은 우리가 가늠할 수 없을 정도의 긍휼을 가지셨지만 그렇다고 진리를 숨기지도 않으셨다. 예수님은 긍휼의 마음으로 심판이 오고 있음을 분명히 말씀하셨다.

예수님은 심판이 불가피했기에 이 땅에 오셨고 십자가로 향하셨다. 이는 인간의 모든 지식을 뛰어넘는 숭고한 사실이다. 예수님은 무리를 향한 긍휼의 마음으로 인해 5천 명을 먹이시고는 이들이 예수님을 믿지 않으면 어떤 운명에 처하게 될지 말씀하셨다. 우리는 떡에만 우리 마음을 둘 것이 아니라 우리를 구원하시는 주님을 신뢰해야 한다. 예수님 이외에 그 누구도 우리를 구원할 수 없다.

> 예수님은 무리를 향한 긍휼의 마음으로 인해 5천 명을 먹이시고는 이들이 예수님을 믿지 않으면 어떤 운명에 처하게 될지 말씀하셨다.

예수님이 말씀하신 심판

"이때부터 예수께서 비로소 전파하여 가라사대 회개하라 천국이 가까왔느니라 하시더라"(마 4:17).

이는 예수님의 사역의 시작을 알리는 말씀이다. 하지만 세례 요한도 예수님 전에 동일한 메시지를 선포했다(마 3:2). 때문에 예수님이 세례 요한의 제자로 시작했다고 주장하는 이들도 있는데, 성경 어디에서도 이에 대한 근거를 찾아볼 수 없다.

하지만 예수님의 메시지처럼 요한의 메시지는 곧 심판의 메시지였다. "임박한 진노를 피하라"(마 3:7). "좋은 열매 맺지 아니하는 나무마다 찍어 불에 던지우리라"(마 3:10). "손에 키를 들고 자기의 타작 마당을 정하게 하사 알곡은 모아 곡간에 들이고 쭉정이는 꺼지지 않는 불에 태우시리라"(마 3:12). 요한은 이런 표현들을 썼다.

예수님도 사역을 하시는 내내 이런 경고의 말씀을 선포하셨고, 비슷한 표현을 사용하셨다. 세례 요한과 예수님 모두 회개를 촉구했다. 하지만 예수님은 한 가지 결정적인 요소를 더하실 수 있었다. "복음을 믿으라"(막 1:15)는 것이었다. 예수님은 사람들을 겁주고 협박하지 않으셨다. 피할 수 없이 벌어질 일에 대해 말씀하실 뿐이었다. 그리스도 외에는 피할 길이 없다. 그리스도를 거절하고 악을 행하면 그 사람은 즉시 하나님의 진노 아래 놓이게 된다. 심판은 원인과 결과의 문제다. 언젠가 우리는 심판을 받게 된다. 우리의 행위는 견고히 서든지, 아니면 산산이 무너지게 될 것이다. 최후의 홍수에 휩쓸려 가든지, 아니면 우리의 공적이 영영히 남게 될 것이다. 성경은 일상의 걱정과 근심을 넘어 더 높은 실체를 우리에게 보여 준다. 정말 중요한 것은 영생이다.

> 그리스도가 태어나셨을 때 영생은 시간과 공간의 한계를 깨고 이 땅에 들어왔다.

그리스도가 태어나셨을 때 영생은 시간과 공간의 한계를 깨고 이 땅에 들어왔다. 하늘과 땅의 교류가 시작되었고, 하나님의 심판이 이미 시작되었다. 성경은 인간의 운명을 결정하는 힘의 본질이 무엇인지 밝힌다. 잠시 있다 사라질 이 세상은 영생을 간과해서는 안 된다. 산상수훈은 다가올 것들을 기억하며 매일의 삶을 살라는 권고다. 이 세상이 그 진리를 기억할 때, 분명 더 나은 곳이 될 것이다. 다가올 심판을 기억할 때 사람들은 주님을 기쁘시게 할 일들을 부지런히 행함으로써 이 땅에 공의를 가져올 수 있다. 다가올 하나님의 심판을 선포할 때 현재의 삶에 가시적인 변화가 일어난다.

전도자 D. L. 무디가 파업 중인 근로자들에게 복음을 전한 적이 있다. 무디는 이로 인해 비난을 받았다. 당시 무디가 근로자들에게 진정한 상급은 나중에 하늘에서 받게 될 테니 지금은 턱없이 낮은 임금을 받아들이라고 독려하며 고용주의 편을 들었다고 비난한 사람들이 있었다. 무디를 비난한 이들은 복음의 메시지를 왜곡했다. 우리가 언젠가 의로운 재판장 앞에 서야 한다는 사실을 기억하며 산다면 우리는 지금 이 땅에서 옳은 일을 위해 투쟁할 수밖에 없다. 그러니 불의함을 보고 침묵하라고 하지 않을 것이다. 복음은 낮은 곳에 있는 이들을 세우고 그들에게 존엄성을 부여한다. 복음이 들어간 나라는 항상 더 나아졌다. 복음은 역사상 기록된 어떤 세력보다 강력한 진보세력이다!

예수님이 말씀하신 구원

예수님은 구원에 대해 말씀하셨지만 하나님이 무엇으로부터 우리를 구원하시는지에 대해서도 분명히 말씀하셨다. 사람들이 위험에 빠져 있지 않다면, 아니 자신들이 위험에 빠져 있음을 깨닫지 못한다면 예수님이 구원하신다고 선포해도 아무런 소용이 없다. 우리가 선포하는 복음의 메시지에는 사람들이 위험한 상황에 놓여 있다는 사실, 그 진리가 포함되어야 한다. 그리스도를 믿는 믿음은 우리를 죄와 심판과 영원한 상실에서 건져 줄 것이다. 복음

> 복음의 전파는 곧 인간의 존엄성에 대한 문제다.

의 전파는 곧 인간의 존엄성에 대한 문제다.

요한복음은 예수님의 가르침의 두 가지 대조적인 요소를 기록한다. 바로 약속과 경고다. 다음의 두 구절에서 예수님은 그분의 구원의 능력에 대해 말씀하시고, 만약 우리가 구원받지 못하면 어떤 일이 일어나게 될지에 대해 말씀하신다.

> "아들을 믿는 자는 영생이 있고 아들을 순종치 아니하는 자는 영생을 보지 못하고 도리어 하나님의 진노가 그 위에 머물러 있느니라" (요 3:36).

> "무덤 속에 있는 자가 다 그의 음성을 들을 때가 오나니 선한 일을 행한 자는 생명의 부활로, 악한 일을 행한 자는 심판의 부활로 나오리라" (요 5:28-29).

심판은 예수님의 생각에서 멀리 떨어져 있는 요원한 존재가 아니었다. 위의 두 번째 구절이 등장하는 본문에서 예수님은 38년간 병자였던 사람을 고치셨다. 예수님의 치유를 받은 사람은 거의 40년 만에 처음으로 두 발로 걷는 기적을 경험한다. 하지만 예수님은 이를 통해 죽은 자 가운데서 살아나 두려운 심판을 맞닥뜨리게 될 사람들에 대해 말씀하셨다! 상당히 뜬금없는 말씀처럼 느껴질지 모르나, 이를 통해 우리는 예수님의 가르침이 다가올 심판과 얼마나 밀접하게 연결되어 있었는가를 재차 확인하게 된다.

예를 들어, 망대가 무너져 열여덟 명이 치어 죽었다는 소식과 빌라도의 군사들이 많은 갈릴리 사람들을 죽였다는 소식을 듣고 예수님은 거의 연민을 보이지 않으셨다. 대신 이렇게 말씀하셨다. "너희도 만일 회개치 아니하면 다 이와 같이 망하리라"(눅 13:3, 5). 우리라면 그 소식에 얼마나 마음이 아픈지 이야기하며 유가족들을 위해 기도하겠다고 약속하느라 분주했을 게다. 하지만 그리스도께는 죄와 회개치 않음이야말로 진정한 비극이었다. 회개치 않는 자들에게는 훨씬 더 참혹한 운명이 기다리고 있다. 예수님은 사람들이 아직 충격에 사로잡혀 있을 그 때, 모든 비극 중 가장 참혹한 비극, 바로 죄 가운데 사람들이 죽어 가는 것에 대해 말씀하셨다.

사도들의 전도에 나타난 심판

"우리가 다 하나님의 심판대 앞에 서리라"(롬 14:10).

신약은 강력한 심판의 표현을 많이 담고 있다. 요한계시록 20장 11절은 백 보좌 심판에 대해 기록한다. 히브리서 9장 27절은 "한번 죽는 것은 사람에게 정하신 것이요 그 후에는 심판이 있으리니"라고 기록한다. 바울은 벨릭스와 드루실라 앞에서 의와 절제와 장차 오는 심판에 대해 강론했다(행 24:25). 단 두 사람의 회중을 향한 아주 대담하고 직설적인 선포였다! 바울이 누구를 향해 이야기하고 있는지에 대해서는 의심의 여지가 없다.

신약의 모든 기자들은 죄의 결말은 쓰디쓴 대가뿐이라고 선포했다. 악한 이들 가운데 지금은 잘 사는 듯 보이는 사람도 있을 수 있으나 결국은 모든 악인들이 대가를 치르게 된다고 선포한다. 죄를 회개하고 그리스도의 자비에 우리를 내어 맡기지 않는다면 우리는 결국 우리의 죄 가운데 죽게 될 것이다. 죄의 대가는 피할 수 없다. 죄는 심판으로 이어진다. 이 두 가지는 결코 분리할 수 없다. 그리스도는 바로 그 지점에 들어오셔서 우리의 빚을 대신 갚아 주시며 우리를 대신해 그 대가를 감내하신다.

성경은 악한 사람들이 결국 멸망하게 된다고 직접적으로 이야기하지 않는다. 대신 그리스도를 신뢰하는 이들은 멸망치 않을 것이라는 긍정적인 선포를 한다. 이 선포를 통해 유추할 수 있는 것은 한 가지, 그리스도를 신뢰하지 않는 이들은 멸망하게 되리라는 것이다. 물론 불의한 자와 믿지 않는 이들이 심판 아래 놓인다고 명백하게 밝히는 구절들도 있다. 하지만 많은 경우 우리는 추론을 통해서만 이 결론에 도달하게 된다. 그 이유는 무엇일까?

바로 예수 그리스도가 우리를 파멸에서 구원하기 위해 이 땅에 오셨기 때문이다. 그리스도를 거부하는 것은 곧 해법을, 탈출구를 거부하는 것이다. 그리스도는 우리를 돕기 위해 오셨다. 그분을 거절한다면 우리는 다가올 심판을 고스란히 당하는 수밖에 없다.

사람들은 자신들이 멸망하게 되리라는 것을 언제나 인식하고 있다. 예수님과 사도들은 굳이 사람들에게 그 사실을 말할 필요가 없었고, 우리도 마찬가지다. 하지만 복음은 소망을 준다. 복음은 죽음과 절망에 대한 모든 이들의 두려움에 대한 해답이다.

예수님 당시에 로마 제국 사람들은 죽음을 공포의 왕이라고 믿었다. 일반적으로 사람들은 죽음이 지하세계의 그늘에서 반(半) 존재로 살아가는 것을 의미한다고 생각했다. 개인의 성격이 소멸하고, 심지어 강한 전사들도 유약하고, 핏기 없고, 가느다란 소리를 내는 유령에 불과한 존재가 된다고 믿었다. 하지만 예수님은 그분을 믿는 이들에게는 이러한 숙명이 닥치지 못할 거라 말씀하셨다. 예수님께 속한 자들은 변치 않는 풍성한 실체, 바로 영생을 누리게 될 것이다.

예수님 때에 대부분의 이스라엘 사람들은 사후 세계를 믿었다. 헬라어 '하데스'는 죽은 자들이 머무는 곳과 그들의 일반적인 상태를 동시에 의미했다. 하지만 사람들은 이와 함께 사후 세계에 차등이 있을 거라 확신하며 하나님이 소중히 보시는 이들을 위해 예비된 특별하고 즐거운 장소로서(일종의 '중간 지점' 같은 의미로) '아브라함의 품'에 대해 이야기했다(눅 16:22). 다른 이들에게는 그다지 유쾌하지 않은 곳이 준비됐다고 믿었다. 이스라엘의 선생들과 서기관들과 랍비들은 율법을 알지 못하는 자는 저주를 받는다고 말했다(요 7:49). 이스라엘 백성들은 죽음과 인간의 삶과 죽음 이후의 삶에 대해 매우 심도 있는 관점을 가지고 있었다. 이들은 다양한 생각을 가지고 있었으나 확실함이나 확증과는 거리가 멀었다.

이스라엘의 바깥 세계에는 "내일이면 죽으리니 먹고 마시고 즐거워하자"는 생각이 팽배했다. 많은 이들이 자신들에게 영혼이 있다는 것조차 믿지 않았다. 하지만 이집트인들은 죽음에 심각할 정도로 집착했고, 죽음 이후에도 번영을 누리기 위해 막대한 재물을 들였다.

성경은 죽음이 곧 실질적인 멸절을 의미한다고 믿는 스토아 철학자들과 바울이 쟁론했다고 기록한다(행 17:18). 스토아 철학자들은 죽음의 순간에 인간의 영이 빗방울이 바다로 흘러들어가듯 영혼의 대양으로 돌아간다고 믿었다. 때문에 부활에 대한 이야기를 '허풍'이라고 여겼다.

오늘날 불교 신자들도 이와 비슷한 생각을 한다. 윤회를 믿으며 영혼이 결국 무(無)의 대양에 침잠하게 될 때까지 수천 번을 계속 돌고 돈다고 믿는다. 존재하기를 멈춤으로써 존재의 짐에서 해방된다는 논리다.

플라톤의 「파이돈」을 보면 소크라테스가 자신이 죽으면 어떻게 될까에 대해 인생의 마지막 몇 시간 동안 사유하는 장면이 등장한다. 소크라테스는 "살았거나 죽었거나 그 무엇도 선한 사람을 해할 수 없다"고 말한다. 하지만 그의 마지막 말은 그 당시 미신에 대한 기이할 정도의 집착을 보여 준다. 그가 죽기 직전 남긴 유언은 "크리톤, 아스클레피오스에게 닭 한 마리를 빚졌네. 잊지 말고 갚아 주게나"였다.

그리스도인들은 영혼을 인격이 온전히 담겨 있는 자기 자신으로 생각한다(마 16:26, 눅 9:25). 고대 그리스인들은 영혼이 자신의 본질임을 깨닫지 못했고, 영혼이 죽음 이후에도 계속 죽지 않고 남아 있다는 점에 대해서는 전혀 생각하지 못했다. 이들에게 영혼은 눈에 보이지 않는 잔여물일 뿐이었다. 죽는다는 것은 사람이 아닌, 물질이 된다는 의미였다. 그리스 철학자들이 큰 공헌을 한 부분도(영혼에 대한 이들의 생각을 포함해서) 분명 있지만, 다른 이교도들처럼 이들 역시 인간을 영·육·혼의 놀라운 연합으로 빚으신 살아 계신 하나님의 계시를 알지 못했다. 이 연합은 인간의 타락 이후 예수 그리스도의 구속의 역사를 통해 회복되었다. 이는 예수님의 부활과 성령님을 보내신 것을 통해 확증되었다(창 2:7, 고전 15:45, 요 20:20, 22, 살전 5:23 참고).

그리스도는 우리가 결코 멸망하지 않을 것이라 약속하신다. 구원은 죽음 이후 그리스도와 함께하는 삶에 대한 확증이며, 당시 사회에 생명과 죽음에 대한 전혀 다른 관점을 제시한 부활의 확증이다. 구원받은 자들은 죽음을 이기신 능하신 구세주의 손 안에 보호받는다. 즉 죽음의 문 앞에서 우리를 지키시고 돌보실 분이 있다는 것이다. 얼마나 놀라운 구원의 능력인가! 얼마나 능하신 구세주이신가! 그는 어두움 가운데 빛이시며, 불확실한 삶 속의 피난처요, 바위시다!

서구 사회에서는 불확실성의 먹구름이 부유하고 유명하고 힘 있는 이들을 포함한 수많은 이들을 뒤덮고 있다. 이들은 미래에 대해 근심하고 두려워하고 있음을 인정한다. 미국의 베이비붐 세대는 나이가 들어감에 따라 자신들이 쇠약해지고 있음을 인식하게 됐다. "땅에 쏟아진 물을 다시 모으지 못함"(삼하 14:14) 같이 변하고 있음을 알고 있다. 질병과 기력의 약화를 몸으로 느끼면서 이들은 자신들이 마치 촛불이 꺼지듯 사라져 가고 있음을 느낀다. 하지만 복음은 암울하고 무기력한 사고에 대한 해답이다.

> "우리 구주 그리스도 예수의 … 사망을 폐하시고 복음으로써 생명과 썩지 아니할 것을 드러내신지라"(딤후 1:10).

복음은 구원이요, 소망이다. 나는 복음이 주는 것과 같은 소망을 주면서 인간의 영혼을 움직이는 종교를 한 번도 본 적이 없다.

그리스도는 죽음을 완전히 바꾸어 놓으셨다. 믿는 자들에게 죽음은 더 이상 벌이 아니다. "주 안에서 죽는 자들은 복이 있도다"(계 14:13). "성도의 죽는 것을 여호와께서 귀중히 보시는도다"(시 116:15). 성경은 이와 같이 기록한다. 죽음은 더 이상 추측의 대상이 아니다. 우리는 폭풍과 벼락에 쓰러진 나무가 뿌리를 드러낸 채 말라죽어 가듯 멸망할 존재가 아니다. 우리는 구원받았다. 우리는 그분 안에서 산다! 할렐루야!

서기 2천 년을 넘어선 지금, 인간의 지식은 200년 전에는 상상조차 할 수 없었을 만큼 진보했다. 기술은 모든 가정에서 매시간 '불가능'을 '가능'으로 만들고 있다. 하지만 악함과 두려움, 심판, 질병과 같은 오랜 문제들이 여전히 우리를 떠나지 않고 있다.

지난 2년간 수천 개의 크고 작은 새로운 종교들이 생겨났다. 하지만 이들 가운데 그 어떤 종교도 죄와 두려움의 문제에 대한 해답이나 거룩하신 하나님의 의의 심판에 대한 설명을 제시해 주지 못했다. 우주를 설명하기 위해 수많은 새로운 아이디어들이 나왔지만, 이 중 우리를 우리 자신에게서 구원하고, 인류의 역경을 해결해 줄 수 있는 아이디어는 하나도 없었다.

하지만 해법은, 아니 해법을 가지신 그분은 지금도 살아 계시며 우리가 그분을 초청하는 모든 곳에서 바삐 문제를 해결하고 계시다. "나는 처음이요 나중이니 곧 산 자라 내가 전에 죽었었노라 볼찌어다 이제 세세토록 살아 있어 사망과 음부의 열쇠를 가졌노니"(계 1:17-18).

복음은 결코 실패하지 않는다. 복음은 하나님의 아들, 예수 그리스도 안에서 나타난 하나님의 계시다. 그분을 바라볼 때 우리는 결코 실망하지 않는다. 그분은 역사를 초월하시는 유일하신 구세주시며, 새 천 년에 견고히 발을 딛고 서 계신 분이시다.

바울은 로마에서 복음을 전하길 원했다. 그는 이방 제국의 중심부에서도 복음을 부끄러워하지 않는다고 고백한다. 나도 복음을 전한다. 나도 복음을 부끄러워하지 않는다. 복음은 지금도 모든 믿는 자에게 하나님의 구원의 능력이기 때문이다.

마지막으로

언젠가 마지막 찬양이 울려 퍼지고, 마지막 메시지가 선포되고, 마지막 기도를 드리는 날이 올 것이다. 심판은 반드시 올 것이다. 구세주이신 주 예수 그리스도께 발견되고 그분을 따라 집을 찾아간 잃어버린 양 떼, 하나님의 성도들은 하늘의 상급을 받게 될 것이다. 얼마나 놀라운 날이 되겠는가!

주인 되시는 그분과 얼굴과 얼굴을 맞대어 보고, 하늘의 아름다움에 감탄하며, 하나님의 가족들과의 교제를 기뻐하며, 우리의 영원한 목적에 대해 더욱 배울 수 있는 놀라운 기회가 주어질 것이다. 우리는 오랜 소망이 성취되는 아름다운 모습을 보게 될 것이다. 하지만 그제야 전도를 하려고 하면 이미 때는 늦는다. 천국에는 잃어버린 양이 단 한 마리도 없다.

"보라 지금은 은혜 받을만한 때요 보라 지금은 구원의 날이로다" (고후 6:2).

각주

6장 선교를 위한 기름부음

1) 은사라는 표현은 잘못된 표기다. 이들은 '은사주의자'(Charismatics)가 아닌 '성령충만주의자' (Pneumatics)들이다. 방언은 왕이 주재하심을 보여 주기 위한 왕가의 표식이다.

10장 복음과 죄

1) 구약을 들어 복음서를 설명할 수도 있기는 하지만, 이는 그리 권할 만한 방법은 아니다. 구약의 이야기와 우리가 읽는 모든 성경은 각자의 메시지를 담고 있다. 각각의 이야기마다 주제가 있으며, 진리에 대한 계시를 담고 있다. 이 이야기들은 진리에 대한 비유가 아니라 하나하나가 진리를 담고 있다. 따라서 신약에 구약을 맞추려 해서는 안 된다. 구약은 그리스도의 진리를 향해 이야기를 점증시켜 나간다.